依法⚖抗疫

新冠肺炎法律热点160问

中国法学会中国法律咨询中心 ◎ 编著

任伊珊 ◎ 主编

人民出版社

策划编辑：郑海燕
责任编辑：郑海燕　张　燕　李甜甜　孟　雪
责任校对：吴容华
封面设计：吴燕妮

图书在版编目（CIP）数据

依法抗疫：新冠肺炎法律热点 160 问／中国法学会中国法律咨询中心编著；
　任伊珊主编．— 北京：人民出版社，2020.4
ISBN 978 - 7 - 01 - 021962 - 2

I.①依…　II.①中…②任…　III.①法律 - 中国 - 问题解答　IV.① D920.5

中国版本图书馆 CIP 数据核字（2020）第 043360 号

依法抗疫

YIFA KANGYI

——新冠肺炎法律热点 160 问

中国法学会中国法律咨询中心　编著

任伊珊　主编

人民出版社 出版发行

（100706　北京市东城区隆福寺街 99 号）

北京盛通印刷股份有限公司印刷　新华书店经销

2020 年 4 月第 1 版　2020 年 4 月北京第 1 次印刷
开本：710 毫米 ×1000 毫米 1/16　印张：21
字数：272 千字

ISBN 978 - 7 - 01 - 021962 - 2　定价：80.00 元

邮购地址 100706　北京市东城区隆福寺街 99 号
人民东方图书销售中心　电话（010）65250042　65289539

编　委　会

任伊珊　中国法学会中国法律咨询中心副主任，法学博士

史学锋　中国法学会中国法律咨询中心副主任

史智军　北京市第三中级人民法院法官

王显勇　中国政法大学民商经济法学院教授

张爱艳　山东政法学院刑事司法学院教授

张　帅　共青团北京市朝阳区律师协会团委书记，
　　　　北京中策律师事务所律师、党支部书记

主　编

任伊珊　中国法学会中国法律咨询中心副主任，法学博士

撰稿人

包一明　中国法学会中国法律咨询中心项目主任

曹玉乾　北京市高级人民法院四级高级法官

程　阳　北京市兰台律师事务所律师、合伙人

丁建中　北京市高级人民法院法官助理

段　威　中央民族大学法学院教授、博士生导师，
　　　　中国法学会商法学研究会理事

范　琳　北京市高级人民法院法官助理

关凯文　北京中策律师事务所律师，法律硕士

何依依　北京市兰台律师事务所律师

胡印富　山东政法学院刑事司法学院教学科研秘书，法学博士

姜　磊　呼和浩特民族学院法学院讲师，中央民族大学法学院博士生

蒋　菲　中央财经大学 2018 级诉讼法研究生

鞠海艳　北京市兰台律师事务所实习律师

李　惠　北京市第三中级人民法院法官助理，法学硕士

李　青　中国法学会中国法律咨询中心项目主任

李筱永　首都医科大学卫生法学系主任、副教授，法学博士

刘光明　山东省人民检察院法律政策研究室二级检察官助理

刘建利　东南大学法学院副教授，法学博士

刘　娟　济宁市人民检察院第三检察部一级检察官

刘君博　中央财经大学法学院副教授，北京市房山区人民法院副院长
　　　　（挂职）

刘伟杰　中央财经大学 2019 级诉讼法研究生

刘炫麟　中国政法大学副教授，中国卫生法学会副秘书长

罗金川　北京市兰台律师事务所合伙人

马剑银　北京师范大学法学院副教授，法学博士

任伊珊　中国法学会中国法律咨询中心副主任，法学博士

史学锋　中国法学会中国法律咨询中心副主任

史智军　北京市第三中级人民法院法官

宋丽芹　北京市兰台律师事务所律师

宿云达　北京市东城区人民法院法官助理，
　　　　中央民族大学法学院博士生

睢素利　北京协和医学院人文学院伦理与法律学系主任

田　晔　北京市西城区人民法院法官，法学硕士

童云洪　北京市华卫律师事务所合伙人、律师，党支部书记

王　成　北京市第三中级人民法院三级高级法官

王翠霞　山东政法学院刑事司法学院讲师，法学博士

王显勇　中国政法大学民商经济法学院教授

王　岳　北京大学医学人文学院副院长、卫生法学教授、博士生导师

王跃霖　北京市怀柔区人民法院法官助理

吴　鹏　山东省人民检察院第三检察部四级高级检察官

伍巧玲　中国银河证券北京知春路营业部总经理，法学硕士

杨逢柱　北京中医药大学法律系主任、副教授，法学博士

杨丽秋　北京市兰台律师事务所律师

游宗源　北京市兰台律师事务所实习律师

余　燕　北京市兰台律师事务所律师

袁家鹏　聊城经济技术开发区人民检察院副检察长，
　　　　聊城市人民检察院第二检察部负责人

张爱艳　山东政法学院刑事司法学院教授、副院长

张善古　北京市凯驰兄弟生物科技有限公司法务，法学硕士

张　帅　共青团北京市朝阳区律师协会团委书记，
　　　　北京中策律师事务所律师、党支部书记

张　颖　北京市云亭律师事务所合伙人、律师，法律硕士

钟艳双　北京中策律师事务所律师，法学硕士

朱阔航　中央财经大学 2019 级诉讼法研究生

组织动员广大法学法律工作者在统筹推进新冠肺炎疫情防控和经济社会发展工作中充分发挥职能作用

新冠肺炎疫情发生以来，各级法学会、各研究会坚决贯彻习近平总书记重要指示精神和党中央决策部署，主动担当、积极作为，在依法防控疫情方面做了大量富有成效的工作。为深入贯彻落实习近平总书记关于统筹推进新冠肺炎疫情防控和经济社会发展工作的系列重要讲话精神和党中央决策部署，贯彻落实习近平总书记关于"切实保持和增强党的群团工作和群团组织的政治性、先进性、群众性"等重要指示精神，进一步发挥中国法学会作为"党领导的人民团体，法学界、法律界的全国性群众团体、学术团体和政法战线的重要组成部分"职能作用，抓好各项工作落实，组织动员全国广大法学法律工作者在统筹推进新冠肺炎疫情防控和经济社会发展工作中充分发挥职能作用。

一、切实增强政治性，团结引领广大法学法律工作者切实把思想和行动统一到习近平总书记重要讲话精神和党中央决策部署上来

这次新冠肺炎疫情，是新中国成立以来在我国发生的传播速度最快、感染范围最广、防控难度最大的一次重大突发公共卫生事件。经过艰苦努力，目前疫情防控形势积极向好的态势正在拓展。实践证明，党中央对疫情形势的判断是准确的，各项工作部署是及时的，采取的举措是有力有效的。近期，习近平总书记多次作出重要指示，为统筹推进新冠肺炎疫情防控和经济社会发展工作提供了根本遵循。各级法学会、各研究会要团结引领广大法学法律工作者特别是 70 多万会员，认真学习贯彻习近平总书记系列重要讲话精神，增强"四个意识"、坚定"四个自信"、做到"两个维护"，充分认识此次疫情防控工作取得的成效及其彰显出的中国共产党领导和中国特色社会主义制度显著优势，将广大法学法律工作者最广泛、最紧密地团结在以习近平同志为核心的党中央周围，坚定必胜信念，咬紧牙关，继续毫不放松抓紧抓实抓细各项防控工作，为打好、打赢这场疫情防控的人民战争、总体战、阻击战贡献力量；坚持用全面、辩证、长远的眼光看待我国发展，增强信心、坚定信心，按照"变压力为动力、善于化危为机"的要求，在开展法学研究、法学交流、法治实践和法律服务中切实履职尽责，在大战中践行初心使命，为实现决胜全面建成小康社会、决战脱贫攻坚的目标任务而努力奋斗。

二、切实增强先进性，组织动员广大法学法律工作者积极投身统筹推进疫情防控和经济社会发展工作

疫情发生以来，各级法学会、各研究会组织广大会员围绕依法科学有序做好疫情防控工作、从法律角度防止滥食野生动物、借鉴域外野生动物保护与管理相关立法、依法应对"国际关注的突发公共卫生事件"认定、依法加强投资拉动推动健康产业等六方面产业发展、依法保障企业复工复产、依法采取有效措施防止人员跨境流动中疫情输出或输入等问题集中攻关、提出对策建议，努力服务党和国家工作大局，做了大量富有成效的工作。有的疫情防控重点地区法学会抽调专门人员参加当地疫情防控指挥部相关工作，与基层社区对口开展疫情排查、防控、预警，参与制定当地

《关于依法严厉打击涉医违法犯罪维护医疗秩序的指导意见》等政策法规，取得显著成绩。各级法学会、各研究会要认真总结推广这些做法，按照中央领导同志的指示精神和中央政法委的统一部署，按照中国法学会《关于做好新型冠状病毒感染的肺炎疫情防控工作的通知》精神，更充分地发挥法学会作为学术团体专业性强的特点和人才、智力优势，结合实际继续有针对性地开展工作，努力服务党委政府科学决策、服务经济社会发展，发挥"智囊团""思想库""人才库"的重要作用。

要加强疫情防控和经济社会发展重点问题研究。紧紧围绕依法防控疫情、分区分级精准复工复产、加大宏观政策调节力度、全面强化稳就业举措、坚决完成脱贫攻坚任务、推动企业复工复产等重大部署中涉及的法律政策问题，针对"涉疫新型诉讼纠纷"如财产征用、劳动纠纷、合同违约、人身财产保险等问题，针对疫情对外资外贸和"一带一路"建设带来的影响及法律应对等问题，加强调查研究，组织集中攻关，从法治角度提出切实管用的对策建议。卫生法、行政法、社会法等相关学科研究会要针对这次应对疫情中暴露出我国在重大疫情防控体制机制、公共卫生应急管理体系等方面存在的短板，围绕强化公共卫生法治保障、改革完善疾病预防控制体系、改革完善重大疫情防控救治体系、健全重大疾病医疗保险和救助制度、健全统一的应急物资保障体系等法律问题加强研究，为提高应对突发重大公共卫生事件的能力提供理论支持和智力服务。

要积极参与法治实践。坚持依法防控、依法治理，组织动员法学法律工作者积极参与疫情防控和应急处置法律法规风险评估等工作，积极参与依法严惩扰乱医疗秩序、防疫秩序、市场秩序、社会秩序等违法犯罪，积极参与依法严厉打击妨害疫情防控、企业复工复产违法犯罪，充分发挥政法战线重要组成部分的职能作用，为切实维护社会稳定贡献力量。组织动员法学法律工作者在党委和政府统一领导下，全面落实联防联控措施，积极参与社区联防联控、群防群控相关工作，服务科学精准防疫、有序复工复产，构筑群防群治的严密防线。

要深化对外法学交流。充分发挥对外法学交流重要渠道的作用，组织专家学者积极主动发声，向国际社会大力宣传中国人民在疫情防控中展现的中国力量、中国精神、中国效率，展现的负责任大国形象，宣传我国坚持依法科学有序做好疫情防控工作的有力、有效措施，宣传在防控工作中彰显的中国共产党领导和中国特色社会主义制度的显著优势，讲好中国抗疫故事，争取国际社会支持，为抗击疫情、为经济社会发展营造良好外部环境。加强公共卫生等国际法治领域交流与合作，加强相关国际法研究和运用，为维护地区和世界公共卫生安全贡献力量。

三、切实增强群众性，组织动员广大法学法律工作者更好服务群众

疫情发生以来，各级法学会、各研究会始终坚持以人民为中心，通过多种形式组织开展法治宣传和法律服务，有的地方法学会组建以优秀律师和党员为骨干的法律服务团队、就疫情防控工作提供法律咨询和法律服务，有的组织"疫情防范期间法律适用问题及风险防范"线上论坛，有的组织发动会员深入基层社区宣讲《传染病防治法》等法律法规、面向中小企业印发《法律风险告知书》《疫情防控期间企业复工指南》，有的开通防控疫情心理援助热线、及时了解各类人群心理健康状况、提供心理疏导服务，这些工作都取得了很好的成效。各级法学会、各研究会要总结借鉴这些做法，充分发挥基础广泛、联系面广、人才荟萃等优势，组织动员广大法学法律工作者面向基层、更好服务群众，及时解决群众所急所忧所思所盼。

要积极参与法律服务工作。组织法学法律工作者积极参与对疫情期间和疫情后可能引发社会矛盾纠纷的分析研判、排查化解工作，为重点人群

提供有效的法律援助，对困难群众进行帮扶救助等，支持有关法学法律工作者开展心理疏导、情绪支持、保障支持等服务，及时回应社会关切特别是群众的集中诉求，及时化解疫情防控中出现的苗头性、趋势性问题，为完善矛盾纠纷源头预防、排查预警、多元化解机制贡献力量。结合实际通过组建法律服务团、法律服务组等多种形式，开展面向中小微企业的法律服务，帮助中小微企业渡过难关。

要积极参与法治宣传教育和舆论引导工作。结合实际组织编写《新冠肺炎疫情相关法律法规宣传手册》，或利用微信、微博等新媒体开展法治宣传教育，深入宣传解读党中央重大决策部署，宣传《传染病防治法》《野生动物保护法》《突发事件应对法》《全国人民代表大会常务委员会关于全面禁止非法野生动物交易、革除滥食野生动物陋习、切实保障人民群众生命健康安全的决定》及其他相关法律法规。组织法学法律专家对疫情防控热点法律问题进行权威解答，以出版书籍、有声读物、网络传播等多种形式发布，引导广大人民群众增强法治意识，依法支持和配合疫情防控工作，向社会传递抗击疫情的法治正能量。加强劳动就业、民生保障以及疫情防控期间维护社会秩序、经济秩序相关法治宣传，引导全社会依法行动、依法行事。以劳动法等法律法规为重点，针对企业复工复产中出现的法律问题进行宣传解读，加强以案普法，促进企业加强疫情防控期间合规管理，防范各类法律风险，依法依规复工复产。

要认真贯彻落实中共中央《关于加强党的领导、为打赢疫情防控阻击战提供坚强政治保证的通知》，加强党的领导，践行初心使命，充分发挥基层党组织战斗堡垒作用和党员干部先锋模范作用，让党旗在法学会疫情防控斗争第一线高高飘扬。各级法学会、各研究会党组织要认真履行领导责任特别是抓落实的职责，把党中央各项决策部署抓实抓细抓落地，切实做到守土有责、守土担责、守土尽责。法学会党员干部特别是各级领导干部要增强必胜之心、责任之心、仁爱之心、谨慎之心，勇当先锋，敢打头阵，主动担当、积极作为，在打好、打赢这场疫情防控的人民战争、总体战、阻击战中扛起责任、经受考验。要在斗争一线考察识别干部，对表现突出的要大力褒奖、大胆使用，对不担当不作为、失职渎职的要严肃问责，对紧要关头当"逃兵"的就地免职。对在斗争一线表现突出的入党积极分子，可火线发展入党。对表现突出的先进集体和个人，予以表彰和嘉奖。

中国法学会

2020 年 2 月 28 日

目　录

公共卫生法篇

民商法篇

劳动法篇

刑 法 篇

市场监管法篇

公益慈善法篇

诉讼仲裁法篇

公共卫生法篇

　　新型冠状病毒肺炎（以下简称"新冠肺炎"）疫情对我国的影响是全方位的，它不仅造成了个人身体与情感上的"隔离"，也考验着我国应对突发公共卫生事件时的治理体系和治理能力，还检验着自改革开放四十余年来我国以健康权为核心的卫生法体系建构和制度建设。本篇以《中华人民共和国传染病防治法》（以下简称《传染病防治法》）、《中华人民共和国突发事件应对法》（以下简称《突发事件应对法》）、《突发公共卫生事件应急条例》等法律法规为核心，邀请一线卫生法学法律专家，共同解读这场疫情中所涉及的卫生法学热点问题。我们相信，通过本篇的专家解读，不仅让单位和个人更加清楚自身的权利、义务和责任，也让政府等行政机构更为明晰自身的职权与职责。

本篇负责人介绍

刘炫麟，法学博士，中国政法大学法律硕士学院副教授、硕士生导师，中国政法大学检察公益诉讼研究基地研究员。

主要社会兼职：国家卫生健康委员会咨询专家、中国卫生法学会副秘书长兼学术委员会委员、北京开发区法治建设研究会副会长。

曾荣获首都"百名法学英才""北京市高等学校青年英才"等荣誉称号。

主编、参编（译）著作20余部，发表学术论文60余篇，主持国家级、省部级等课题10余项，曾参与我国《药品管理法》《医疗纠纷预防和处理条例》《基本医疗卫生与健康促进法》等法律法规的起草、修订和咨询论证工作。

1. 新冠肺炎疫情是否属于突发公共卫生事件？

法律依据

《突发事件应对法》第 3 条；《突发公共卫生事件应急条例》第 2 条；《国家突发公共卫生事件应急预案》。

专家解读

2019 年 12 月，新冠肺炎疫情在素有"九州通衢"之称的特大型城市武汉被发现，时值岁末，传统春节即将来临，人员流动较大，疫情迅速传至周边邻省，然后向全国扩散。截至 2020 年 1 月 29 日，除我国港、澳、台地区外，全国 31 个省、自治区、直辖市均已启动重大突发公共卫生事件 I 级响应，属于最高级别。新冠肺炎疫情是一起典型的突发事件中的公共卫生事件。

根据《突发事件应对法》的规定，所谓突发事件是指突然发生，造成或者可能造成严重社会危害，需要采取应急处置措施予以应对的自然灾害、事故灾难、公共卫生事件和社会安全事件。按照社会危害程度、影响范围等因素，可将自然灾害、事故灾难、公共卫生事件分为特别重大、重大、较大和一般四级。根据《突发公共卫生事件应急条例》的规定，突发公共卫生事件，是指突然发生，造成或者可能造成社会公众健康严重损害的重大传染病疫情、群体性不明原因疾病、重大食物和职业中毒以及其他严重影响公众健康的事件。突发公共卫生事件具有突发性、特定性、复杂性、危害性等典型特征。

根据我国《国家突发公共卫生事件应急预案》的有关规定，突发公共卫生事件性质、危害程度、涉及范围，突发公共卫生事件被划分为特别重大（Ⅰ级）、重大（Ⅱ级）、较大（Ⅲ级）和一般（Ⅳ级）四级。其中，特别重大突发公共卫生事件主要包括：（1）肺鼠疫、肺炭疽在大、中城市发生并有扩散趋势，或肺鼠疫、肺炭疽疫情波及 2 个以上的省份，并有进一步扩散趋势。（2）发生传染性非典型肺炎、人感染高致病性禽流感病例，并有扩散趋势。（3）涉及多个省份的群体性不明原因疾病，并有扩散趋势。（4）发生新传染病或我国尚未发现的传染病发生或传入，并有扩散趋势，或发现我国已消灭的传染病重新流行。（5）发生烈性病菌株、毒株、致病因子等丢失事件。（6）周边以及与我国通航的国家和地区发生特大传染病疫情，并出现输入性病例，严重危及我国公共卫生安全的事件。（7）国务院卫生行政部门认定的其他特别重大突发公共卫生事件。

2. 新冠肺炎疫情防控应当坚持何种工作方针？

法律依据

《传染病防治法》第 2 条。

专家解读

新中国成立后，我国第一届全国卫生工作会议于 1950 年 8 月在北京召开，当时确定的卫生工作的三大方针就包括预防为主，并延续至今，这是宝贵的历史经验的传承与发展。我国《传染病防治法》《突发公共卫生事件应急条例》《突发事件应对法》《国家突发公共卫生事件应急预案》等均贯彻了此项卫生工作方针，其中《传染病防治法》更是作出明确的规定，突出强调预防在传染病防控工作中的重要地位和作用。

我国《传染病防治法》规定的传染病防治工作的原则是防治结合、分类管理、依靠科学、依靠群众。

防治结合要求防中有治、治中有防、该防时防、该治时治、以防促治、以治促防，实现防治优势互补。根据各种传染病传染性强弱、传播途径难易、传播速度快慢、人群易感范围大小等因素，对不同类型的传染病采取不同的预防、控制措施，在科学分类的基础上实行分类监测、分类监督管理。

由于传染病防治是一项系统工程，涉及方方面面，这就离不开党和政府的组织和领导，离不开有关单位、组织和个人的全面参与、相互配合。我国《传染病防治法》对政府及其相关部门、医疗机构、疾病预防控制机构、采供血机构、单位和个人在传染病防控中的职权、职责、权利、义务和法律责任进行了规定，强调全社会共同参与。

此外，我国传染病防治还坚持病人权益保护原则，做到不泄露患者的隐私和个人信息，不歧视传染病病人、病原携带者和疑似传染病病人。

相 关 案 例

2020 年 1 月 23 日，武汉市新冠肺炎疫情防控指挥部发布 1 号通告，决定自该日 10 时起，全市城市公交、地铁、轮渡、长途客运暂停运营。无特殊原因，市民不要离开武汉，机场、火车站等离汉通道暂时关闭。恢复时间另行通告。武汉市采取"封城"的控制措施，实际上就是要在传染源和健康人之间建立起一道屏障，阻断新冠肺炎的传播，这是突出强调"防"的一面。为了应对救治床位严重不足的局面，武汉市于 2020 年 1 月 23 日宣布将建设一座集中收治新冠肺炎患者的火神山医院。两日后，武汉市新冠肺炎疫情防控指挥部召开调度会，决定除火神山医院外，半月之内再建一所应急医院，即雷神山医院，这又是突出强调"治"的一面。①

3. 新冠肺炎在法律上属于何种类型的传染病？

法律依据

《传染病防治法》第 3 条。

专家解读

2020 年 1 月 20 日，国家卫生健康委员会发布了本年度第 1 号公告，即经国务院批准，将新冠肺炎纳入我国《传染病防治法》规定的乙类传染病，并采取甲类传染病的预防、控制措施，同时纳入《中华人民共和国国境卫生检疫法》规定的检疫传染病管理。由此可见，新冠肺炎属于乙类传染病，未来在修改《传染病防治法》时，会将其纳入其中。

我国传染病防治采取分类管理的原则，共分为三类，即甲类、乙类和

---

① 《疫情当前 1 月 25 日下午武汉市新型冠状病毒感染肺炎疫情防控指挥部召开调度会》，搜狐网，见 https://www.sohu.com/a/369024363_120205555，2020 年 3 月 2 日访问。

丙类。甲类传染病是指：鼠疫、霍乱。乙类传染病是指：传染性非典型肺炎、艾滋病、病毒性肝炎、脊髓灰质炎、人感染高致病性禽流感、麻疹、流行性出血热、狂犬病、流行性乙型脑炎、登革热、炭疽、细菌性和阿米巴性痢疾、肺结核、伤寒和副伤寒、流行性脑脊髓膜炎、百日咳、白喉、新生儿破伤风、猩红热、布鲁氏菌病、淋病、梅毒、钩端螺旋体病、血吸虫病、疟疾。丙类传染病是指：流行性感冒、流行性腮腺炎、风疹、急性出血性结膜炎、麻风病、流行性和地方性斑疹伤寒、黑热病、包虫病、丝虫病，除霍乱、细菌性和阿米巴性痢疾、伤寒和副伤寒以外的感染性腹泻病。

国务院卫生行政部门根据传染病暴发、流行情况和危害程度，可以决定增加、减少或者调整乙类、丙类传染病病种并予以公布。

4. 发现新冠肺炎疫情后，疾病预防控制机构、医疗机构应当如何依法履行自己的法定报告义务？

法律依据

《传染病防治法》第 30 条、第 33 条；《中华人民共和国执业医师法》第 29 条；《突发公共卫生事件应急条例》第 20 条、第 39 条；《中华人民共和国传染病防治法实施办法》（以下简称《传染病防治法实施办法》）第 35 条；《突发公共卫生事件与传染病疫情监测信息报告管理办法》第 16 条、第 18 条。

专家解读

国家建立了疫情责任报告单位和报告人制度。根据《突发公共卫生事件与传染病疫情监测信息报告管理办法》第 16 条的规定，各级各类医疗机构、疾病预防控制机构、采供血机构均为责任报告单位；其执行职务的人员和乡村医生、个体开业医生均为责任疫情报告人。

首先，建立了疫情责任报告人的发现报告制度。根据《传染病防治法实施办法》第 35 条的规定，责任疫情报告人发现甲类传染病和乙类传染病中的艾滋病、肺炭疽的病人、病原携带者和疑似传染病病人时，城镇于 6 小时内、农村于 12 小时内，以最快的通讯方式向发病地的卫生防疫机构报告，并同时报出传染病报告卡。责任疫情报告人发现乙类传染病病人、病原携带者和疑似传染病病人时，城镇于 12 小时内、农村于 24 小时内向发病地的卫生防疫机构报出传染病报告卡。

其次，如果疫情构成突发公共卫生事件，根据《突发公共卫生事件与传染病疫情监测信息报告管理办法》第 18 条的规定，责任报告单位和责任疫情报告人发现甲类传染病和乙类传染病中的肺炭疽、传染性非典型肺炎、脊髓灰质炎、人感染高致病性禽流感病人或疑似病人时，或发现其他传染病和不明原因疾病暴发时，应于 2 小时内将传染病报告卡通过网络报告。

再次，疾病预防控制中心发现疫情后执行双报告制度。根据《传染病防治法》第 33 条和《传染病信息报告管理规范（2015 年版）》的具体规定，疾病预防控制中心接到甲类、乙类传染病疫情报告或者发现传染病暴发、流行时，应当立即向当地卫生行政部门和上级疾病预防控制机构报告。

最后，医疗机构往往是最先发现疫情的场所，按照《传染病防治法》的规定，应遵循疫情报告属地管理原则，按照国务院规定的或者国务院卫生行政部门规定的内容、程序、方式和时限报告。

疾病预防控制机构未依法履行传染病疫情报告、通报职责，或者隐瞒、谎报、缓报传染病疫情的，需要承担相应的法律责任。一是行政责任，由县级以上人民政府卫生行政部门责令其限期改正，通报批评，给予警告；对负有责任的主管人员和其他直接责任人员，依法给予降级、撤职、开除的处分，并可以依法吊销有关责任人员的执业证书。二是构成犯罪的，依法追究刑事责任。依照《中华人民共和国刑法》（以下简称《刑法》）的相关规定及司法解释，疾病预防控制机构的工作人员严重失职，导致传染病传播或者流行，情节严重的，将构成传染病防治失职罪，处三年以下有期徒刑或者拘役。

5. 接到新冠肺炎疫情报告后，政府和卫生行政部门，应当如何依法履行自己的报告义务？

法律依据

《传染病防治法》第 33 条、第 41 条；《突发公共卫生事件应急条例》第 19 条、第 20 条；《突发事件应对法》第 7 条；《突发公共卫生事件与传染病疫情监测信息报告管理办法》第 21 条；《传染病防治法实施办法》第 36 条。

专家解读

根据《传染病防治法》第 33 条的规定，疾病预防控制机构接到甲类、乙类传染病疫情报告或者发现传染病暴发、流行时，不仅应当立即报告当地人民政府，而且应当同时报告上级卫生行政部门和国务院卫生行政部门。

第一，应当向当地政府及时报告。根据《传染病防治法实施办法》第36条的规定，卫生行政部门接到疫情报告后，应当立即报告当地政府。省级政府卫生行政部门接到发现甲类传染病和发生传染病暴发、流行的报告后，应当于6小时内报告国务院卫生行政部门。

第二，如果疫情构成突发公共卫生事件，根据《突发公共卫生事件与传染病疫情监测信息报告管理办法》第21条的规定，接到突发公共卫生事件报告的地方卫生行政部门，应当立即组织力量对报告事项调查核实、判定性质，采取必要的控制措施，并及时报告调查情况。

接到疫情报告，县级以上人民政府应当依法履行疫情报告和突发事件应急报告义务。

首先，根据《传染病防治法》第41条的规定，对已经发生甲类传染病病例的场所或者该场所内的特定区域的人员，所在地的县级以上地方人民政府可以实施隔离措施，并同时向上一级人民政府报告。

其次，如果疫情构成突发事件，根据《突发事件应对法》第7条的规定，发生地县级人民政府应当立即采取措施控制事态发展，组织开展应急救援和处置工作，并立即向上一级人民政府报告，必要时可以越级上报。

最后，如果疫情构成突发公共卫生事件，根据《突发公共卫生事件应急条例》第19条和第20条的规定，有下列情形之一的，省、自治区、直辖市人民政府应当在接到报告1小时内，向国务院卫生行政主管部门报告；县级人民政府应当在接到报告后2小时内向设区的市级人民政府或者上一级人民政府报告；设区的市级人民政府应当在接到报告后2小时内向省、自治区、直辖市人民政府报告：（一）发生或者可能发生传染病暴发、流行的；（二）发生或者发现不明原因的群体性疾病的；（三）发生传染病菌种、毒种丢失的；（四）发生或者可能发生重大食物和职业中毒事件的。

6. 疾病预防控制机构发现新冠肺炎疫情或者接到新冠肺炎疫情报告时，应当及时采取哪些措施？

法律依据

《传染病防治法》第 33 条、第 40 条、第 48 条；《突发公共卫生事件与传染病疫情监测信息报告管理办法》第 18 条、第 19 条。

专家解读

疾病预防控制机构，属于我国卫生行政部门直属事业单位，以疾病的预防与控制为宗旨，通过应急预警、疫情报告、监测检验、业务培训、技术服务等活动，实现政府对社会疾病控制的职能。疾病预防控制机构发现疫情或者接到疫情报告时，应当依法主动收集和分析疫情信息，报告当地卫生行政部门；开展疫情调查，提出疫情控制方案；指导下级疾病预防控制机构实施传染病预防与疫情控制措施。

第一，疾病预防控制机构应当主动收集、分析、调查、核实传染病疫情信息。根据《传染病防治法》第 33 条的规定，疾病预防控制机构接到甲类、乙类传染病疫情报告或者发现传染病暴发、流行时，应当立即报告当地卫生行政部门，由当地卫生行政部门立即报告当地人民政府，同时报告上级卫生行政部门和国务院卫生行政部门。疾病预防控制机构应当设立或者指定专门的部门、人员负责传染病疫情信息管理工作，及时对疫情报告进行核实、分析。

第二，疾病预防控制机构应当及时采取具体措施，防控疫情。根据《传染病防治法》第 40 条的规定，疾病预防控制机构发现传染病疫情或者接到传染病疫情报告时，应当及时采取下列措施：（一）对传染病疫情进行流行病学调查，根据调查情况提出划定疫点、疫区的建议，对被污染的场所进行卫生处理，对密切接触者，在指定场所进行医学观察和采取其他必要的预防措施，并向卫生行政部门提出疫情控制方案；（二）传染病暴发、流行时，对疫点、疫区进行卫生处理，向卫生行政部门提出疫情控制方案，并按照卫生行政部门的要求采取措施；（三）指导下级疾病预防控制机构实施传染病预防、控制措施，组织、指导有关单位对传染病疫情的处理。

第三，疾病预防控制机构在必要情况下应当进入传染病疫点、疫区进行调查、采集样本、技术分析和检验。根据《传染病防治法》第 48 条的规定，发生传染病疫情时，疾病预防控制机构和省级以上人民政府卫生行政部门指派的其他与传染病有关的专业技术机构，可以进入传染病疫点、疫区进行调查、采集样本、技术分析和检验。权、责是对等的，作为事业单位的疾病预防控制机构，不履行或者不完全履行职责也需要承担法律责任。因此，进入传染病疫点、疫区进行调查、采集样本、技术分析和检验，既是疾病预防控制机构的职权，也是疾病预防控制机构的职责。

7. 新冠肺炎疫情暴发、流行时，政府可以采取哪些紧急措施，需要采取何种法定形式进行？

法律依据

《传染病防治法》第 42 条；《突发事件应对法》第 49 条；《文化和旅游部办公厅关于全力做好新型冠状病毒感染的肺炎疫情防控工作暂停旅游企业经营活动的紧急通知》第 1 条、第 2 条。

专家解读

传染病暴发、流行时，政府等行政机关有权采取紧急措施。行政机关采取紧急措施，应当由县级以上地方人民政府决定，必要时，报经上一级人民政府决定。虽然法律没有明确规定何种情形下属于"必要时"，但根据常理，对于采取影响面广、持续时间长的紧急措施，应当报经上一级人民政府决定。行政机关经决定采取紧急措施的，应当予以公告。公告的形式包括在政府网站、主流媒体上发布，并在相关地区张贴。

行政机关采取紧急措施应当坚持必要性原则，即在满足防控疫情必要的情况下，尽可能地缩小紧急措施的适用范围和持续时间。对于场所的封锁，应当限于存在传染源的地区，对于不存在传染源的地区或者经消毒的地区应当及时解除封锁；对于停工、停业、停课和人群聚集等行为的限制，应当限于人员聚集，即使采取相应保护措施也会引发疫情传染。行政机关在疫情得到有效的控制或者经有效评估不再需要采取有关紧急措施的情况下，应当及时解除紧急措施，并且将相关情况予以公告。

根据《传染病防治法》第 42 条的规定，传染病暴发、流行时，县级以上地方人民政府报经上一级人民政府决定，可以采取下列紧急措施并予以公告：（一）限制或者停止集市、影剧院演出或者其他人群聚集的活动；（二）停工、停业、停课；（三）封闭或者封存被传染病病原体污染的公共饮用水源、食品以及相关物品；（四）控制或者扑杀染疫野生动物、家畜家禽；（五）封闭可能造成传染病扩散的场所。

如此次新冠肺炎疫情暴发时，《文化和旅游部办公厅关于全力做好新型冠状病毒感染的肺炎疫情防控工作暂停旅游企业经营活动的紧急通知》要求，"一、即日（2020 年 1 月 24 日）起，全国旅行社及在线旅游企业暂停经营团队旅游及'机票＋酒店'旅游产品。二、已出行的旅游团队，可按合同约定继续完成行程。行程中，密切关注游客身体状况，做好健康防护"。

8. 疫情发生后，宣布、封锁疫区时应采取何种法定形式？

法律依据

《传染病防治法》第 40 条、第 43 条。

专家解读

疫情发生后，首先由疾病预防控制机构进行流行病学调查，根据调查情况提出划定疫点、疫区的建议。经过调查需要宣布、封锁疫区，需要经过专家评估提出建议。宣布疫区的决定主体和封锁疫区的决定主体是分离的。

如果需要宣布疫区，县级以上地方人民政府报经上一级人民政府决定，可以宣布本行政区域部分或者全部为疫区；国务院可以决定并宣布跨省、自治区、直辖市的疫区。如果需要封锁疫区，省、自治区、直辖市人民政府可以决定对本行政区域内的甲类传染病疫区实施封锁；但是，封锁大、中城市的疫区或者封锁跨省、自治区、直辖市的疫区，以及封锁疫区导致中断干线交通或者封锁国境的，由国务院决定。

9. 新冠肺炎疫情发生时，谁有权实施征收征用，应当坚持何种原则？

法律依据

《中华人民共和国宪法》（以下简称《宪法》）第 13 条第 3 款；《传染病防治法》第 45 条；《突发事件应对法》第 12 条、第 52 条。

专家解读

《宪法》第 13 条第 3 款规定，国家为了公共利益的需要，可以依照法律规定对公民的私有财产实行征收或者征用并给予补偿。传染病暴发、流行时，为了传染病疫情控制这一公共利益的需要，法律授权主体有权紧急调集人员或者调用储备物资，临时征用房屋、交通工具以及相关设施、设备。《传染病防治法》第45条规定，国务院有权在全国范围或者跨省、自治区、直辖市范围内，县级以上地方人民政府有权在本行政区域内紧急调集人员或者调用储备物资，临时征用房屋、交通工具以及相关设施、设备。《突发事件应对法》也有类似的规定，其中第12条规定，有关人民政府及其部门为应对突发事件，可以征用单位和个人的财产。被征用的财产在使用完毕或者突发事件应急处置工作结束后，应当及时返还。财产被征用或者征用后毁损、灭失的，应当给予补偿。第52条规定，履行统一领导职责或者组织处置突发事件的人民政府，必要时可以向单位和个人征用应急救援所需设备、设施、场地、交通工具和其他物资。

行政征收征用也属于行政机关采取的一种紧急措施。依据上述法律规定，履行统一领导职责或者组织处置突发事件的人民政府，因防控疫情需要，可以对公民、法人或者其他组织的有关物资，如口罩、手套、防护服、消毒物品以及房屋、车辆等私有财产进行征收征用。

征收征用应当掌握的原则：一是必须存在现实必要性，必须是疫情防控必要的和急需的；二是必须存在目的优位，即目的是实现比该物资原目的更重要的公共利益；三是必须严格按照法定的权限和程序进行。

行政机关进行征收征用时，应当比照正当程序原则，对相关人员履行必要的告知、听取相关人员的陈述和申辩等程序。行政机关应当告知被征收征用对象行政机关的名称、征收征用的目的、征收征用物资的范围、征收征用的时间、具体的联系人和联系方式，并听取被征收征用对象必要的陈述和申辩。如情况紧急，行政机关可以先行征收征用，待使用结束后24小时内履行上述程序，保障当事人的合法权益。此外，行政机关征收征用私有财产的，应当给予补偿。补偿的方式应当包括返还原物、现金补偿、返还相同物资等。征收征用的补偿无论采用何种方式，都应当保障被征收征用对象的合法权益，同时补偿应当限于当事人的实际损失，但不包括当事人的预期利益。另外，行政机关应当在不影响疫情防控的情况下，及时向被征收征用对象作出补偿决定，并补偿到位。

相 关 案 例

2020年2月2日，大理市卫生健康局发出《应急处置征用通知书》，对从云南省瑞丽市发往重庆市的9件口罩"依法实施紧急征用"，而该"紧急征用"的口罩物资是重庆市新冠肺炎疫情防控工作领导小组指定企业采购用于重庆市疫情防控的紧急物资，其中部分口罩还是协助此次疫情重灾区之一的湖北省黄石市采购的。该做法引起轩然大波，官方媒体严厉发声指责，网络批评持续发酵，随后大理市人民政府新闻办公室召开新闻发布会，出面解释并道歉，承诺尚未使用的口罩将全部退回，并对大理市卫生健康党工委书记、市卫生健康局局长给予免职处理。随后，云南省纪委省监委对大理市违法扣押征用途经大理的外省（市）防疫口罩问题进行了立案调查，经查决定对5个单位、8名责任人进行问责处理。

根据《传染病防治法》第45条的规定，国务院有权在全国范围或者跨省、自治区、直辖市范围内征用物资，县级以上地方人民政府只有权在本行政区域内征用物资。大理市扣押征用防疫口罩案中，防疫口罩处于运输过程中，应属跨行政区域物品，征用权属于国务院，大理市政府部门无权征用。①

10. 新冠肺炎疫情暴发、流行时，行政机关对确诊患者或者疑似病例等有关人员进行强制隔离或者强制医疗时，应当遵守何种要求？

法律依据

《传染病防治法》第 39 条。

专家解读

《传染病防治法》第 39 条规定，医疗机构发现甲类传染病时（根据国家卫生健康委员会 2020 年第 1 号公告，新冠肺炎纳入《传染病防治法》规定的乙类传染病，并采取甲类传染病的预防、控制措施），应当及时采取下列措施：（一）对病人、病原携带者，予以隔离治疗，隔离期限根据医学检查结果确定；（二）对疑似病人，确诊前在指定场所单独隔离治疗；（三）对医疗机构内的病人、病原携带者、疑似病人的密切接触者，在指定场所进行医学观察和采取其他必要的预防措施。拒绝隔离治疗或者隔离期未满擅自脱离隔离治疗的，可以由公安机关

---

① 《大理市违法扣押征用防疫口罩受到严肃查处》，云南省纪委省监委网站，见 http://www.jjjc.yn.gov.cn/info-62-88840.html，2020 年 3 月 6 日访问。

协助医疗机构采取强制隔离治疗措施。对确诊患者或者疑似病人等有关人员进行强制隔离和医疗，属于对公民人身自由的限制，原则上应当由公安机关进行。但鉴于疫情防控需要由专业医护人员实施，因此，公安机关在医护人员的协助下对确诊患者或者疑似病例等有关人员进行强制隔离或者强制医疗，应当认定为公安机关实施的强制行为。其他行政机关不得对确诊患者或者疑似病例等有关人员进行强制隔离或者强制医疗。

公安机关对确诊患者或者疑似病例等有关人员进行强制隔离或者强制医疗，应当尽可能采取说服、引导的方式让确诊患者或者疑似病例等有关人员配合隔离或医疗，如其不配合或者明确拒绝隔离或医疗的，则应当及时采取强制措施。公安机关采取强制隔离或者强制医疗措施后，应当及时通知当事人家属相关情况，包括强制隔离或者强制医疗的地点、期限等情况。在强制隔离或者强制医疗期间应当保障当事人必要的生活物品，对于经医护人员认定不再需要强制隔离或者强制医疗的当事人，应当及时解除强制措施，恢复其人身自由。公安机关对于采取强制隔离或者强制医疗的人员范围，应当结合具体情况予以确定。对于已经被确诊属于新冠肺炎的患者且拒不配合的，应当采取强制隔离或医疗；对于新冠肺炎疑似病例且拒不配合的，应当根据医护人员的意见，确定采取强制隔离。对于与确诊患者或者疑似病例密切接触过的其他有关人员拒不配合的，是否采取强制隔离，应当根据医护人员的意见，并结合当事人的接触程度相关情况予以确定。

11. 新冠肺炎疫情暴发、流行时，行政机关对于散布谣言、谎报疫情的，应当作出何种行政处罚？

法律依据

《传染病防治法》第 19 条；《中华人民共和国治安管理处罚法》（以下简称《治安管理处罚法》）第 25 条第（一）项；《互联网新闻信息服务管理规定》第 16 条、第 25 条。

专家解读

《传染病防治法》第 19 条规定，国家建立传染病预警制度。国务院卫生行政部门和省、自治区、直辖市人民政府根据传染病发生、流行趋势的预测，及时发出传染病预警，根据情况予以公布。《治安管理处罚法》第 25 条第（一）项规定，散布谣言，谎报险情、疫情、警情或者以其他方法故意扰乱公共秩序的，处 5 日以上 10 日以下拘留，可以并处 500 元以下罚款；情节较轻的，处 5 日以下拘留或者 500 元以下罚款。《互联网新闻信息服务管理规定》第 16 条规定，互联网新闻信息服务提供者和用户不得制作、复制、发布、传播法律、行政法规禁止的信息内容。第 25 条规定，互联网新闻信息服务提供者违反本规定第 3 条、第 16 条第 1 款、第 19 条第 1 款、第 20 条第 2 款规定的，由国家和地方互联网信息办公室依据职责给予警告，责令限期改正；情节严重或拒不改正的，暂停新闻信息更新，处 2 万元以上 3 万元以下罚款；构成犯罪的，依法追究刑事责任。根据上述规定，疫情有关信息应当由国家卫生健康委员会和省级人民政府发布，个人不得私自散布谣言、谎报疫情。目前关于疫情的相关谣言主要通过网络传播，对于个人以及互联网新闻信息服务提供者和用户传播谣言扰乱公共秩序，应当由公安机关和网信部门给予行政处罚。

行政机关对于谣言的认定和打击，应当结合信息内容、发布者主观恶性以及散布的范围等情况予以综合认定和处理。对于涉及疫情的谣言应当区分情形予以处理，针对容易造成社会秩序混乱的谣言，必须予以严厉打击。如对于谣言涉及疫情状况，容易造成社会秩序混乱的；对于谣言涉及污蔑国家对疫情管控不力等信息，造成社会混乱的；对于谣言涉及捏造医疗机构对疫情处置失控、治疗无效等信息，造成社会秩序混乱的以及其他容易造成社会秩序混乱的，行政机关在查实相关情况后，应当依法予以打击，追究相关人员责任。对于行为人主观存在故意且通过多渠道散布，应当给予行政处罚；对于行为人主观不存在故意、传播范围不广的，可以不予以行政处罚。

相 关 案 例

2020 年 2 月 3 日，郴州市森林公安局北湖分局刑侦治安队民警张某在与他人聊天过程中，听闻"有一名确诊的新冠肺炎患者擅自脱离隔离，且有反社会情绪，并于 2 月 2 日逃脱，至今未找到"的消息。在未对该信息真实性进行核查的情况下，张某使用其本人微信账号将该信息以语音方式发送到其他微信群，导致该信息在全市大范围传播，引发社会恐慌。2 月 4 日，经相关部门核查，该语音信息内容为虚假谣言。2 月 5 日，郴州市公安局北湖分局决定给予张某行政拘留 7 日的行政处罚，北湖区纪委区监委给予张某留党察看 1 年、政务撤职处分，按二级科员确定待遇。①

12. 新冠肺炎疫情防控期间，行政机关信息公开有哪些注意事项？

法律依据

《中华人民共和国政府信息公开条例》（以下简称《政府信息公开条例》）第 6 条、第 17 条至第 20 条、第 23 条、第 27 条。

专家解读

防疫抗疫过程中，政府信息公开具有重要意义，人民群众对真实有效的政府信息需求尤为突出。

行政机关依据《政府信息公开条例》，通过互联网持续向社会主动公开疫情的最新动态，包括确诊人数、疑似病例人数、治愈人数、死亡人数、防控新冠肺炎的方法、有关防护措施、有关对抗疫情的有效药物信息、国际动态、不实谣言、确诊患者曾经搭乘的相关交通工具、居住和出行经历等相关信息。上述信息为公众提供了一定的指引，可以有效遏制疫情的进一步扩散。行政机关依法主动公开相关政府信息时应当注意以下事项：一是加强公开信息的真实性审核，确保官方公开信息的真实性，避免

---

① 长治市司法局：《新型冠状病毒感染肺炎疫情防控期间传播疫情谣言 5 起典型案例（第一期）》，山西法制网，见 http://www.sxfzb.com/index.php/channel/details/50033，2020 年 3 月 2 日访问。

官方公开虚假信息，导致公众产生误解和诟病。二是加强不同行政机关之间的信息发布协调机制，确保不同行政机关之间发布的同一政府信息相同，避免造成公众的质疑。三是加强政府信息公开的保密审查，在行政机关公布涉及疫情的有关政府信息之前，应当加强保密审查，对于涉及国家秘密、商业秘密和个人隐私的政府信息，应当按照有关法律规定处理。四是加强政府信息公开的动态管理机制，确保真实、可靠、有用的政府信息能够第一时间公布，推动疫情的防治工作。

根据《政府信息公开条例》第 27 条的规定，在抗疫过程中，除行政机关主动公开的政府信息外，公民、法人或者其他组织可以向有关行政机关申请公开有关疫情的政府信息，如向公安机关申请公开强制隔离或强制医疗人员的相关信息；向卫生健康部门申请公开疫情治疗的具体措施；向药监部门申请公开遏制疫情有关药品或者疫苗的相关信息；向有关行政机关申请公开申请人所在区域内全部或者部分特定的确诊患者和疑似病例的全部活动轨迹、接触人群等信息。对于当事人申请公开相关的政府信息，行政机关应当严格依照《政府信息公开条例》的相关规定，结合自身已经制作或者获取的政府信息对当事人的申请进行答复，同时要注意依法处理好政府信息公开与国家秘密、商业秘密以及个人隐私保护之间的关系。

13. 新冠肺炎疫情防控期间，当事人申请公开哪些信息可以不予公开？

法律依据

《政府信息公开条例》第 2 条；《最高人民法院关于审理政府信息公开

行政案件若干问题的规定》第 2 条；《中华人民共和国行政诉讼法》（以下简称《刑事诉讼法》）第 13 条第（一）项。

专家解读

在抗疫过程中，行政机关对于当事人申请公开政府信息的，应当依法依规申请。

《最高人民法院关于审理政府信息公开行政案件若干问题的规定》第 2 条规定，公民、法人或者其他组织对下列行为不服提起行政诉讼的，人民法院不予受理：（一）因申请内容不明确，行政机关要求申请人作出更改、补充且对申请人权利义务不产生实际影响的告知行为；（二）要求行政机关提供政府公报、报纸、杂志、书籍等公开出版物，行政机关予以拒绝的；（三）要求行政机关为其制作、搜集政府信息，或者对若干政府信息进行汇总、分析、加工，行政机关予以拒绝的；（四）行政程序中的当事人、利害关系人以政府信息公开名义申请查阅案卷材料，行政机关告知其应当按照相关法律、法规的规定办理的。因此，行政机关对于当事人申请公开的政府信息属于上述情形的，可以依法不予公开。

《政府信息公开条例》第 2 条规定，本条例所称政府信息，是指行政机关在履行行政管理职能过程中制作或者获取的，以一定形式记录、保存的信息。对于当事人向行政机关申请公开非政府信息的，行政机关依法可以不予公开。比如当事人申请行政机关公开党的有关组织在疫情防控过程中制作或者获取的信息；公安机关依据《刑事诉讼法》相关规定在追究涉及疫情刑事犯罪过程中制作或者获取的信息等。

此外，对于国防、外交部门参与疫情防控工作形成的有关国防、外交信息，如有当事人申请公开和疫情相关的国防、外交相关政府信息的，行政机关也可以依法不予公开。

14. 新冠肺炎疫情暴发后，政府有关部门未依法履行传染病防治和保障职责时，应当承担何种法律责任？

法律依据

《传染病防治法》第 66 条、第 67 条；《突发公共卫生事件应急条例》第 46 条至第 49 条；《突发事件应对法》第 63 条；《刑法》第 330 条、第 409 条。

专家解读

疫情发生后，需要政府有关部门相互配合，才能有效防控疫情。因此，政府的相关部门必须要服从疫情防控指挥部的统一指挥，立即到达规定岗位，采取有关防控措施，履行传染病防治和保障职责。

按照《突发事件应对法》第 63 条的规定，疫情期间政府有关部门的失职行为主要表现为以下几种方式：（一）未按规定采取预防措施，导致发生突发事件，或者未采取必要的防范措施，导致发生次生、衍生事件的；（二）迟报、谎报、瞒报、漏报有关突发事件的信息，或者通报、报送、公布虚假信息，造成后果的；（三）未按规定及时发布突发事件警报、采取预警期的措施，导致损害发生的；（四）未按规定及时采取措施处置突发事件或者处置不当，造成后果的；（五）不服从上级人民政府对突发事件应急处置工作的统一领导、指挥和协调的；（六）未及时组织开展生产自救、恢复重建等善后工作的;(七)截留、挪用、私分或者变相私分应急救援资金、物资的;(八)不及时归还征用的单位和个人的财产,或者对被征用财产的单位和个人不按规定给予补偿的。

此外,《传染病防治法》第 66 条特别规定了县级以上人民政府卫生行政部门的失职行为:(一)未依法履行传染病疫情通报、报告或者公布职责,或者隐瞒、谎报、缓报传染病疫情的;(二)发生或者可能发生传染病传播时未及时采取预防、控制措施的;(三)未依法履行监督检查职责,或者发现违法行为不及时查处的;(四)未及时调查、处理单位和个人对下级卫生行政部门不履行传染病防治职责的举报的;(五)违反本法的其他失职、渎职行为。

依照《传染病防治法》第 67 条的规定,县级以上人民政府有关部门未依法履行传染病防治和保障职责时,应承担相应的法律责任。首先是行政责任,主要由本级人民政府或者上级人民政府有关部门责令改正,通报批评。造成传染病传播、流行或者其他严重后果的,对负有责任的主管人员和其他直接责任人员,依法给予降级、撤职或开除等行政处分。情节严重构成犯罪的,还需依法承担刑事责任。依照《刑法》第 330 条、第 409 条的规定,政府有关部门未履行该法条所规定的传染病防治和保障职责,引起甲类传染病传播或者有传播严重危险的,构成妨害传染病防治罪,对直接负责的主管人员和直接责任人员处 3 年以下有期徒刑或者拘役;后果特别严重的,处 3 年以上 7 年以下有期徒刑。而作为特殊主体,从事传染病防治的政府卫生行政部门的工作人员严重不负责任,导致传染病传播或者流行,情节严重的,构成传染病防治失职罪,处 3 年以下有期徒刑或者拘役。

15. 新冠肺炎疫情暴发后，卫生行政部门对疫情防控工作应当履行何种监督检查职责？

法律依据

《传染病防治法》第6条、第53条。

专家解读

《传染病防治法》第6条规定，国务院卫生行政部门主管全国传染病防治及其监督管理工作。县级以上地方人民政府卫生行政部门负责本行政区域内的传染病防治及其监督管理工作。

《传染病防治法》第53条规定，县级以上人民政府卫生行政部门对传染病防治工作履行下列监督检查职责：

第一，对下级人民政府卫生行政部门履行法律规定的传染病防治职责进行监督检查：下级人民政府卫生行政部门是否及时处理职责范围内的事项，是否履行了《传染病防治法》规定的传染病防治职责等。

第二，对疾病预防控制机构、医疗机构的传染病防治工作进行监督检查：（1）疾病预防控制机构是否依法履行传染病监测职责和疫情报告、通报职责，是否主动收集传染病疫情信息，对传染病疫情信息和疫情报告是否及时进行分析、调查、核实，发现传染病疫情时是否及时采取法律规定的措施，有无故意泄露传染病人以及有关个人隐私的有关信息、资料，是否按照国家规定的条件和技术标准对传染病病原体样本进行严格管理，是否执行国家输入血液、使用血液制品的有关规定等。（2）医疗机构是否按照规定承担传染病预防、控制工作，是否按照规定报告传染病疫情，发现传染病疫情时是否按照规定对传染病病人、疑似传染病病人提供医疗救护、现场救援、接诊、转诊，是否按照规定对本单位内被传染病病原体污染的场所、物品以及医疗废物实施消毒或者无害化处置，是否按照规定对医疗器械进行消毒和使用一次性使用的医疗器具，在医疗救治过程中是否按照规定保管医学记录资料，有无故意泄露传染病病人及有关个人隐私的有关信息、资料的情况，是否按照国家规定的条件和技术标准对传染病病原体样本按照规定进行严格管理，是否执行国家输入血液、使用血液制品的有关规定等。

第三，对采供血机构的采供血活动进行监督检查：是否严格执行国家有关规定以保证血液、血液制品的质量，是否按照规定报告传染病疫情，是否隐瞒、谎报、缓报传染病疫情，是否违反国家有关规定导致因输入血液引起经血液传播疾病发生等。

第四，对用于传染病防治的消毒产品及其生产单位进行监督检查，并对饮用水供水单位从事生产或者供应活动以及涉及饮用水卫生安全的产品进行监督检查：供应的饮用水是否符合国家卫生标准和卫生规范，涉及饮用水卫生安全的产品是否符合国家卫生标准和卫生规范，用于传染病防治的消毒产品是否符合国家卫生标准和卫生规范等。

第五，对传染病菌种、毒种和传染病检测样本的采集、保藏、携带、运输、使用进行监督检查：传染病菌种、毒种和传染病检测样本的采集、保藏、携带、运输、使用是否符合相关规定和管理制度等。

第六，对公共场所和有关单位的卫生条件和传染病预防、控制措施进行监督检查：公共场所和有关单位的卫生条件是否符合相关规定，是否采取了传染病预防、控制措施等。

16. 新冠肺炎疫情期间，村委会、居委会负有何种法定职责？

法律依据

《传染病防治法》第 9 条；《突发事件应对法》第 55 条；《突发公共卫生事件应急条例》第 40 条。

专家解读

《传染病防治法》第 9 条规定，居民委员会、村民委员会应当组织居民、村民参与社区、农村的传染病预防与控制活动。因此在疫情发生后，居民委员会、村民委员会应该积极发挥作为基层群众自治组织的作用，采取疫情防控措施。

根据《突发事件应对法》第 55 条和《突发公共卫生事件应急条例》第 40 条的相关规定，在我国新冠肺炎疫情暴发后，居民委员会、村民委员会和其他组织应当按照当地人民政府的决定、命令，进行宣传动员，组织群众开展自救和互救，协助维护社会秩序。同时居民委员会、村民委员会应当组织力量，团结协作，群防群治，协助卫生行政主管部门和其他有关部门、医疗卫生机构做好疫情信息的收集和报告、人员的分散隔离、公共卫生措施的落实工作，向居民、村民宣传传染病防治的相关知识。

17. 医疗机构发现传染病疫情时，未按照规定对传染病病人、疑似传染病病人提供医疗救护、现场救援、接诊、转诊的，应当承担何种法律责任?

法律依据

《突发公共卫生事件应急条例》第 39 条、第 50 条;《传染病防治法》第 69 条;《刑法》第 330 条、第 335 条;《中华人民共和国侵权责任法》(以下简称《侵权责任法》)第 54 条、第 57 条。

专家解读

根据相关法律法规，对急危患者，医疗机构应当采取紧急措施进行诊治，不得拒绝急救处置。医疗机构发现传染病疫情时，应当对突发患者提供现场救援，对来就诊的传染病病人、疑似传染病病人必须接诊治疗，对限于设备或技术条件无法诊治的患者，应当履行说明义务和转诊义务，及时将患者转诊至相应定点医疗机构。

医疗机构在防疫过程中，未按照规定对传染病病人、疑似传染病病人提供医疗救护、现场救援、接诊、转诊的，或者拒绝接受转诊的，需要承担相应的法律责任。首先是行政责任，由县级以上人民政府卫生行政部门责令改正，通报批评，给予警告;造成传染病传播、流行或者其他严重后果的，对负有责任的主管人员和其他直接责任人员，依法给予降级、撤职、开除的处分，并可以依法吊销有关责任人员的执业证书。其次是民事责任，传染病病人或疑似传染病病人在诊疗活动中受到损害，医疗机构及其医务人员有过错的，由医疗机构承担赔偿责任。最后构成犯罪的，依法追究刑事责任。依照《刑法》的相关规定，当医疗机构拒绝执行卫生防疫机构依照传染病防治法提出的预防、控制措施，未能及时对传染病病人、疑似传染病病人提供医疗救护、现场救援、接诊、转诊，引起甲类传染病传播或者有传播严重危险的，构成妨害传染病防治罪，对单位判处罚金，对负有责任的主管人员和其他直接责任人员，处3年以下有期徒刑或者拘役；后果特别严重的，处3年以上7年以下有期徒刑。此外，医疗机构在救治传染病病人或疑似传染病病人的过程中，应符合诊疗规范，尽到与当时的医疗水平相应的诊疗义务。因医务人员严重不负责任，未能及时现场救援、接诊或转诊从而造成就诊人死亡或者严重损害就诊人身体健康的，构成医疗事故罪，处3年以下有期徒刑或者拘役。

相 关 案 例

2020年1月29日，甘肃省永昌县某患者因咳嗽、气短、发热3天，由于病情加重，作为传染病的疑似患者由永昌县人民医院转送至金昌市中心医院。金昌市中心医院以重症监护室隔离病房留作新冠肺炎病人使用为由不予收治。虽经患者及家属一再请求，但该院始终拒绝收治该患者。接到患者家属反映情况后，甘肃省卫生健康委员会，依据《传染病防治法》等法律法规，责令金昌市中心医院立即改正违法行为，给予警告，并在全省作出通报批评的行政处罚。同时，对金昌市中心医院主要负责人按照干部管理权限，建议由其上级主管单位依照相关规定进一步予以行政处分。①

18. 新冠肺炎疫情期间，医疗机构、疾病预防控制机构应当如何保护患者的隐私和个人信息权益？

法律依据

《中华人民共和国民法总则》（以下简称《民法总则》）第 3 条；《传染病防治法》第 12 条、第 69 条；《侵权责任法》第 62 条；《突发事件应对法》第 11 条。

专家解读

根据我国《传染病防治法》，医疗机构、疾病预防控制机构应当依法保护患者的隐私和个人信息，并不得歧视传染病病人、病原携带者和疑似传染病病人，不得泄露涉及个人隐私的有关信息、资料。

疫情防控工作的目的是保护广大人民群众的生命健康权，这与尊重保障民事主体的合法权益并不矛盾。有关人民政府及其部门采取的应对突发事件的措施，应当与突发事件可能造成的社会危害的性质、程度和范围相适应；有多种措施可供选择的，应当选择有利于最大限度地保护公民、法人和其他组织权益的措施。疫情防控过程中，涉及具体确诊患者的疫情相

---

① 田小东：《甘肃省卫生健康委严肃处罚一起医院拒收发热病人行为》，《兰州日报》官方账号，见 https://baijiahao.baidu.com/s?id=1657621319010956407&wfr=spider&for=pc，2020 年 3 月 2 日访问。

关信息公布，应兼顾公共利益和私人权益保护。无论是疑似患者还是确诊患者，都依法享有隐私权，其个人信息都受到法律保护，任何组织和个人不得加以侵害，否则就需要承担停止侵害、排除妨碍、消除危险、赔偿损失、赔礼道歉等侵权责任。

医疗机构应当对传染病病人或者疑似传染病病人提供医疗救护、现场救援和接诊治疗，书写病历记录以及其他有关资料，并妥善保管。医疗机构应当实行传染病预检、分诊制度；对传染病病人、疑似传染病病人，应当引导至相对隔离的分诊点进行初诊。医疗机构不具备相应救治能力的，应当将患者及其病历记录复印件一并转至具备相应救治能力的医疗机构。医疗机构故意泄露传染病病人、病原携带者、疑似传染病病人、密切接触者涉及个人隐私的有关信息、资料的，由县级以上人民政府卫生行政部门责令改正，通报批评，给予警告；造成传染病传播、流行或者其他严重后果的，对负有责任的主管人员和其他直接责任人员，依法给予降级、撤职、开除的处分，并可以依法吊销有关责任人员的执业证书；构成犯罪的，依法追究刑事责任。

19. 传染病暴发、流行时，承担新冠肺炎疫情物资保障的药品、医疗器械生产供应单位以及铁路、民用航空等交通经营单位有哪些法定义务？

法律依据

《传染病防治法》第 49 条、第 72 条；《突发公共卫生事件应急条例》

第 38 条；《传染病防治法实施办法》第 27 条、第 57 条；《最高人民法院、最高人民检察院关于办理妨害预防、控制突发传染病疫情等灾害的刑事案件具体应用法律若干问题的解释》第 2 条、第 3 条。

专家解读

2020 年 2 月 4 日，《国家药监局关于严厉打击制售假劣药品医疗器械违法行为 切实保障新型冠状病毒感染肺炎疫情防控药品医疗器械安全的通知》发布，就加强新冠肺炎疫情防控期间监管执法，严厉打击制售假劣药品医疗器械违法行为进行工作部署。传染病暴发、流行时，药品和医疗器械生产、供应单位应当及时生产、供应防治传染病的药品和医疗器械。生产、经营、使用消毒药剂和消毒器械、卫生用品、卫生材料、一次性医疗器材、隐形眼镜、人造器官等必须符合国家有关标准，不符合国家有关标准的不得生产、经营和使用。对于在预防、控制突发传染病疫情等灾害期间，如果生产、销售伪劣的防治、防护产品、物资，或者生产、销售用于防治传染病的假药、劣药，构成犯罪的，以生产、销售伪劣产品罪，生产、销售假药罪或者生产、销售劣药罪定罪，依法从重处罚。如果生产用于防治传染病的不符合保障人体健康的国家标准、行业标准的医疗器械、医用卫生材料，或者销售明知是用于防治传染病的不符合保障人体健康的国家标准、行业标准的医疗器械、医用卫生材料，不具有防护、救治功能，足以严重危害人体健康的，构成犯罪的，以生产、销售不符合标准的医用器材罪定罪，依法从重处罚。

2020 年 1 月 23 日，应对新型冠状病毒感染的肺炎疫情联防联控工作机制发布《关于严格预防通过交通工具传播新型冠状病毒感染的肺炎的通知》，对各地交通运输、民航、铁路等部门（单位）及有关运营企业提出了明确的要求，防止新冠肺炎通过交通工具传播和扩散，保障人民群众的健康，维持正常的生产、生活和交通秩序。铁路、交通、民用航空经营单位在传染病暴发、流行时，必须优先运送处理传染病疫情的人员以及防治传染病的药品和医疗器械。如果未依照规定优先运送处理传染病疫情的人员以及防治传染病的药品和医疗器械的，由有关部门责令限期改正，给予警告；造成严重后果的，对负有责任的主管人员和其他直接责任人员，依法给予降级、撤职、开除的处分。

相 关 案 例

　　全国首例新冠肺炎防疫期间"问题口罩"案曾轰动一时。犯罪嫌疑人邵某某得知新冠肺炎疫情暴发市场急需口罩，于2020年1月25日先后两次从田某某（另案处理）处购置劣质仿冒"3M"口罩共计2万个，并将上述口罩销售给犯罪嫌疑人毛某某，销售金额达18万余元。犯罪嫌疑人毛某某通过微信又将该批口罩出售给他人，销售金额20万余元。案发后，涉案劣质仿冒"3M"口罩在运输途中被截获。经检验，涉案口罩的标识、头带、过滤效率均不符合标准要求，系不合格产品。2020年1月25日晚，义乌市公安局查获涉嫌销售劣质仿冒"3M"防护口罩的犯罪嫌疑人邵某某、毛某某等人，并于2020年1月27日对其刑事拘留。义乌市人民检察院于2020年1月28日提前介入该案，并于2020年1月30日对犯罪嫌疑人邵某某、毛某某作出批准逮捕的决定，并将尽快对该案进行审查并提起公诉。①

---

①　孟亚旭：《全国首例防疫期间"问题口罩"批捕案件被列入最高检典型案例》，北青网，见 http://news.ynet.com/2020/02/11/2374207t70.html，2020 年 3 月 2 日访问。

20. 新冠肺炎疫情发生时，公民负有何种法定义务？

法律依据

《传染病防治法》第 12 条、第 31 条、第 77 条；《突发公共卫生事件应急条例》第 21 条、第 36 条、第 39 条、第 51 条；《突发事件应对法》第 65 条至第 67 条；《治安管理处罚法》第 50 条。

专家解读

传染病发生时，传染病防控工作需要各主体的参与、理解、协助和配合，概括起来，公民个人的主要义务包括如实报告义务和配合义务。

根据我国《传染病防治法》的规定，当公民个人发现传染病病人或者疑似传染病病人时，应当及时向附近的疾病预防控制机构或者医疗机构报告。因为在日常生活中，个人有可能发现自己身边的人不幸罹患某种传染病，或者因为身体不适（如具有某些典型特征）而能够感觉到自己有可能罹患某种传染病，在其前往医疗机构就诊之前，往往是第一顺位的知情人，因此法律在制度设计上赋予个人疫情报告义务具有一定的合理性。需要注意的是，如果公民个人前往医疗机构就诊，经医院确诊为传染病患者或者疑似传染病患者，那么此时报告义务的主体除个人之外，还包括医疗机构。如果公民个人不履行或者不完全履行（如瞒报等），将有可能需要承担相应的法律责任。

此外，当疫情发生时，疾病预防控制机构和医疗机构基于自身的职责会开展有关传染病的调查、检验、采集样本、隔离治疗等职务行为，此时公民应当予以配合。有些个人因为法治意识不足，认为专业机构在执行职务过程中限制或者克减了自己的权利，其不配合的行为有可能已经触犯了相关法律法规，实践中往往会受到行政处罚，情节严重的，还有可能构成刑事犯罪。

————— 相 关 案 例 —————

2020年1月28日上午，济源市邵原镇高某（女，30岁）拒不执行济源新冠肺炎疫情防控工作指挥部发布的通告要求，在1月27日村干部对武汉返济人员进行排查时，故意隐瞒其1月18日曾到过武汉停留并于1月20日返济的事实。直至1月28日其本人感觉身体有发热症状后才向村干部讲明实情。按照我国《治安管理处罚法》第50条第（一）项"拒不执行人民政府在紧急状态情况下依法发布的决定、命令的"规定，公安机关已对高某作出行政拘留5日的处罚。①

21. 新冠肺炎疫情发生后，传染病病人、病原携带者和疑似传染病病人享有哪些权利、义务？

法律依据

《传染病防治法》第16条；《传染病防治法实施办法》第66条；《治安

————————————

① 李岩、崔峰：《瞒报曾去武汉事实？济源市一女子将被依法查处》，《大河报》大河客户端官方账号，见 https://baijiahao.baidu.com/s?id=1657172969880585818&wfr=spider&for=pc，2020年3月2日访问。

管理处罚法》第 50 条；《刑法》第 330 条；《最高人民法院、最高人民检察院关于办理妨害预防、控制突发传染病疫情等灾害的刑事案件具体应用法律若干问题的解释》；《最高人民法院、最高人民检察院、公安部、司法部关于依法惩治妨害新型冠状病毒感染肺炎疫情防控违法犯罪的意见》。

专家解读

疫情发生后，除了公民个人的一般性权利（如生命健康权、劳动权）和一般性义务外，《传染病防治法》以及《突发公共卫生事件应急条例》对传染病病人、病原携带者、疑似传染病病人、传染病病人的密切接触者、接受医学观察措施的病人等特定群体，还明确规定了特别的权利，提出了更高的义务性要求。

权利方面，主要表现在享有被尊重和救治的权利。国家和社会应当关心、帮助传染病病人、病原携带者和疑似传染病病人，使其得到及时救治。任何单位和个人不得歧视传染病病人、病原携带者和疑似传染病病人。

义务方面，主要有：（1）告知义务；（2）合作诊疗义务；（3）隔离治疗义务；（4）遵守道德义务。传染病病人、病原携带者、疑似传染病病人、传染病病人的密切接触者、接受医学观察措施的病人对政府有关部门或者有关机构依法采取的隔离治疗、医学观察等措施拒不配合的，由公安机关依法协助强制执行；传染病病人、病原携带者和疑似传染病病人，在治愈前或者在排除传染病嫌疑前，不得从事法律、行政法规和国务院卫生行政部门规定禁止从事的易使该传染病扩散的工作。

相 关 案 例

浙江省湖州市南浔区人民法院 2020 年 2 月 9 日公开开庭审

理并当庭宣判了一起涉疫情居家隔离人员妨害公务案，被告人王某被判处有期徒刑9个月。这是浙江省首例宣判的居家隔离人员违反居家隔离规定、妨碍公务案件。2月2日上午，湖州市南浔区旧馆镇工作人员进行疫情防控巡查时，发现居家隔离人员王某有违反居家隔离规定、擅自外出的行为，遂对其进行劝导，要求其遵守居家隔离规定，但王某不予配合，并与工作人员发生争执。后旧馆派出所社区民警朱某某到场协助开展劝导工作，王某仍不配合，并用手攻击朱某某，抓伤朱某某脸部、颈部。当日，王某被带至派出所接受调查，并被刑事拘留。2月6日，湖州市南浔区人民检察院作出批准逮捕决定，并于2月9日以王某涉嫌妨害公务罪向湖州市南浔区人民法院提起公诉。湖州市南浔区人民法院审理认为，被告人王某在疫情防控期间，以暴力方法阻碍人民警察依法执行公务，且暴力袭击正在依法执行公务的人民警察，其行为已构成妨害公务罪，并依法从重处罚，遂作出有期徒刑9个月的判决。①

22. 新冠肺炎疫情期间，如果公民个人被实施隔离措施，其享有哪些权利？

法律依据

《传染病防治法》第12条、第41条；《人力资源社会保障部办公厅关

---

① 余建华、胡萱、朱婧：《湖州南浔宣判首例拒绝居家隔离袭警妨害公务案》，中国法院网，见 https://www.chinacourt.org/article/detail/2020/02/id/4793722.shtml，2020年3月2日访问。

于妥善处理新型冠状病毒感染的肺炎疫情防控期间劳动关系问题的通知》第 1 条；《中华人民共和国劳动合同法》(以下简称《劳动合同法》) 第 40 条、第 41 条。

专家解读

公民个人被实施隔离措施后，其享有的权利包括以下几项：

第一，获得生活保障的权利。《传染病防治法》第 41 条规定，在隔离期间，实施隔离措施的人民政府应当对被隔离人员提供生活保障。

第二，继续获得工作报酬的权利。《传染病防治法》第 41 条规定，在隔离期间，被隔离人员有工作单位的，所在单位不得停止支付其隔离期间的工作报酬。根据《人力资源社会保障部办公厅关于妥善处理新型冠状病毒感染的肺炎疫情防控期间劳动关系问题的通知》，对新型冠状病毒感染的肺炎患者、疑似病人、密切接触者在其隔离治疗期间或医学观察期间以及因政府实施隔离措施或采取其他紧急措施导致不能提供正常劳动的企业职工，企业应当支付职工在此期间的工作报酬，并不得依据《劳动合同法》第 40 条、第 41 条与职工解除劳动合同。在此期间，劳动合同到期的，分别顺延至职工医疗期期满、医学观察期期满、隔离期期满或者政府采取的紧急措施结束。

第三，隐私权。《传染病防治法》第 12 条第 1 款规定，疾病预防控制机构、医疗机构不得泄露涉及个人隐私的有关信息、资料。

第四，提起行政复议、行政诉讼的权利。《传染病防治法》第 12 条第 2 款规定，卫生行政部门以及其他有关部门、疾病预防控制机构和医疗机构因违法实施行政管理或者预防、控制措施，侵犯单位和个人合法权益的，有关单位和个人可以依法申请行政复议或者提起诉讼。

23. 新冠肺炎疫情发生后，卫生行政部门监督检查时，被检查单位应当负有何种义务？

法律依据

《传染病防治法》第 12 条、第 54 条；《最高人民法院、最高人民检察院关于办理妨害预防、控制突发传染病疫情等灾害的刑事案件具体应用法律若干问题的解释》第 8 条。

专家解读

根据《传染病防治法》第 54 条的规定，县级以上人民政府卫生行政部门在履行监督检查职责时，有权进入被检查单位和传染病疫情发生现场调查取证，查阅或者复制有关的资料和采集样本。被检查单位应当予以配合，不得拒绝、阻挠。拒绝是明确表示不愿意或不同意，阻挠是暗中阻止或破坏，无论是拒绝还是阻挠卫生行政部门履行监督检查职责，都可能使得传染病的防控措施难以落实，造成传染病的传播和扩散，给国家和人民造成巨大的损失。

以此次新冠肺炎疫情为例，由于其防控难度大，而且关系到全国人民的生命、财产安全，一方面要求卫生行政部门依法履行监督检查职责以及疫情防控职责，另一方面需要各地区、各部门、各行业、各单位和各位公民的配合、协助和联动。如果以暴力、威胁方法阻碍国家机关工作人员依法履行为防治突发传染病疫情等灾害而采取的防疫、检疫、强制隔离、隔离治疗等预防、控制措施的，依照《刑法》第 277 条第 1 款、第 3 款的规定，将以妨害公务罪定罪处罚。

24. 新冠肺炎疫情期间，如果公民个人违反规定导致传染病传播、流行，给他人造成人身、财产损害的，应当承担何种法律责任？

法律依据

《传染病防治法》第 12 条、第 77 条；《侵权责任法》第 6 条；《刑法》第 115 条；《治安管理处罚法》第 30 条。

专家解读

新冠肺炎感染者、疑似感染者及其家属或者密切接触人员必须遵守疫情期间的各种相关规定，依法接受疫情预防及控制措施，避免疫情传播。按照我国《传染病防治法》第 12 条的规定，在中华人民共和国领域内的一切单位和个人，必须接受疾病预防控制机构、医疗机构有关传染病的调查、检验、采集样本、隔离治疗等预防、控制措施，如实提供有关情况。

民事责任方面，按照《传染病防治法》第 77 条的规定，单位和个人违反本法规定，导致传染病传播、流行，给他人人身、财产造成损害的，应当依法承担民事责任。同时，依据《侵权责任法》第 6 条的规定，行为人因过错侵害他人民事权益，应当承担侵权责任。根据法律规定推定行为人有过错，行为人不能证明自己没有过错的，应当承担侵权责任。因此新冠肺炎感染者、疑似感染者及其家属或其他密切接触人员故意不接受疫情预防及控制措施导致传染给他人的，给他人造成人身、财产损害的，需承担民事侵权法律责任，赔偿由此导致的医疗费、护理费、营养费、伙食补助费、交通费、误工费、残疾赔偿金、丧葬费、死亡赔偿金、财产损失等。

行政责任方面，《治安管理处罚法》第30条规定，违反国家规定，制造、买卖、储存、运输、邮寄、携带、使用、提供、处置爆炸性、毒害性、放射性、腐蚀性物质或者传染病病原体等危险物质的，处10日以上15日以下拘留；情节较轻的，处5日以上10日以下拘留。据此，公安机关对于故意传播传染病病原体的行为，具有依法作出行政处罚的法定职责。对于明知自己感染新冠肺炎或者属于疑似病例，未按照相关规定接受检疫、强制隔离或者治疗，意图造成他人感染，使疫情扩大的，应当依法行政拘留。对于此种情况，行政机关应当主要审查行为人的主观情况，如行为人故意或者具有明显的过失，则应当依法行政拘留；如果行为人系一般过失，如行为人并不知道自己已经被感染新冠肺炎，且没有故意传染他人的行为，则不应当处以行政拘留。另外，行政机关对公民实施的行政处罚，应当注意与强制隔离的区分，不能将强制隔离期限与行政拘留期限混同，受处罚人被处以行政拘留的，应当待其隔离期结束后实施。

应当注意的是，在疫情防控期间，除个别情形外，故意传播传染病病原体的行为很容易涉嫌危害公共安全罪等刑事犯罪，因此行政机关有必要加强对此种违法行为行政处罚和刑事处罚的衔接。

相 关 案 例

在我国防控新冠肺炎疫情期间，某地区一村委干部因故意隐瞒儿子、儿媳、孙女、孙子从武汉疫情暴发地返乡的事实，被免去村党支部书记职务。如果其故意隐瞒导致家人或自己把肺炎传染给他人，则一方面要承担侵权损害赔偿责任，另一方面可能会按过失以危险方法危害公共安全罪予以刑事处罚。①

---

① 刘洪:《疫情防控失职! 这些干部被通报处理!》，搜狐网，见 https://www.sohu.com/a/369831091_168582，2020 年 3 月 2 日访问。

民商法篇

　　此次新冠肺炎疫情给我国社会生产和人民生活造成了巨大影响。民商事法律作为调整平等主体间人身、财产关系的基础法律，为维持企业组织生产、经营、融资、复工、破产等各环节的平稳运行，保障老百姓吃、穿、住、行等各个方面的生活秩序，提供了基本的遵循依据。党和国家的监管机构、立法部门、司法部门及行业自治组织也陆续出台了一系列政策性文件及时调整疫情下的民商事法律关系。

　　受新冠肺炎疫情影响，原本订立的合同无法履行甚至造成巨大损失的，应当如何处理？因疫情导致的人身损害或者信息泄露，应当如何维权？正常的公司决策治理机制被疫情打乱了，应当如何调整？企业因疫情而濒临破产的，应当如何拯救？疫情给公众性上市公司的信息披露、资金融通带来了哪些影响？面对公共利益，药物企业应当履行哪些义务？为此，本篇课题组组织了来自政府部门、司法机关、高校、企业及律师事务所的资深专业人员，解答了新冠肺炎疫情期间合同、侵权、公司、破产、金融证券及知识产权等方面的热点法律问题，共克时艰，你我同行。

本篇负责人介绍

段威，法学博士，中央民族大学法学院教授、博士生导师、副院长。

主要社会兼职：中国商法学研究会理事、北京市消费者权益保护法学会副会长，最高人民法院诉讼咨询监督员、鄂尔多斯仲裁委员会仲裁员、包头仲裁委员会仲裁员。

出版《有限责任公司股东退出机制：法理·制度·判例》等个人专著、译著4部，主编、参编多部教材，在《法律科学》《现代法学》《社会科学》等全国性核心期刊、专业期刊发表学术论文30余篇。主持或参与各级课题10余项。

25. 新冠肺炎疫情期间，当事人因系肺炎患者、疑似肺炎患者或者被隔离对象等因素，导致不能及时行使请求权的，诉讼时效应当如何计算？

法律依据

《民法总则》第 194 条；《中华人民共和国合同法》（以下简称《合同法》）第 117 条。

专家解读

诉讼时效中止是指在诉讼时效进行期间，因发生法定事由阻碍权利人行使请求权，诉讼依法暂时停止进行，并在法定事由消失之日起继续进行的情况，又称时效的暂停。根据上述定义及法律规定可知，此次疫情适用诉讼时效中止制度须同时满足以下两个条件：第一，因疫情影响，致使当事人不能行使请求权（如当事人因确诊新冠肺炎被隔离治疗，无法行使请求权的）；第二，疫情发生时点在诉讼时效期间的最后 6 个月的期间之内。不能同时满足以上两个条件的将不能以诉讼时效中止作为抗辩的理由。

诉讼时效中断是因当事人一方提起诉讼、提出要求或者同意履行义务而发生，其直接的法律后果是诉讼时效重新开始计算。此次疫情防控不属于上述情形，因此，疫情防控本身不构成诉讼时效的中断。

相关建议：对属于新冠肺炎患者、疑似患者或者被隔离对象等确实无法行使请求权，而疫情发生时点又在诉讼时效期间最后 6 个月之内的当事人，应注意保存相应证据以证明此次疫情对诉讼权利行使的影响，已达到无法行使请求权的程度。如后期双方发生诉讼，作为反驳被告提出诉讼时效中止的抗辩意见的证据，以此寻求权利救济。可重点收集以下几方面的证据：（1）当事人被确诊为新冠肺炎患者、疑似患者或者密切接触者的相关证明材料。（2）能够证明当地因受疫情影响采取"封村或封路"等限制出行的材料。（3）当地邮政、快递行业停业的证据。（4）其他因疫情衍生的原因，以致当事人无法行使请求权的证据。

对无法及时行使请求权的当事人而言，在诉讼时效即将届满的情况下，可区分以下情形选择不同的权利救济途径，使得诉讼时效中断，从而保障自身的诉讼权利。如：（1）对将要提起诉讼的案件，当事人可查询各地人民法院公示的网上立案、邮寄立案等立案方式进行立案，在完成网络登记、诉讼材料邮寄等工作后，诉讼时效依法中断。（2）对暂不具备条件提起诉讼的争议，可通过以下途径主张权利：以发送信件或者数据电文的方式向对方当事人主张权利；当事人一方因疫情下落不明的，在国家级媒体或者下落不明的当事人一方住所地的省级媒体上刊登具有主张权利内容的公告。

26. 新冠肺炎疫情期间，因疫情防控导致合同不能履行的不可抗力影响消除后，合同如何处理？

法律依据

《合同法》第77条、第94条、第96条、第117条、第118条。

专家解读

根据法律的有关规定，因疫情防控导致合同不能履行可分为三种情况：合同暂时不能履行、部分不能履行和全部不能履行。三种情况引起的法律后果有：延期履行、部分履行或者不履行、合同变更或者解除。疫情发生后，全国人大常委会法制工作委员会发言人在2020年2月10日表示，当前我国发生新冠肺炎疫情，为了保护公众健康，政府也采取了相应的疫情防控措施。对于因此不能履行合同的当事人来说，属于不能预见、不能避免并不能克服的不可抗力。根据《合同法》的相关规定，因不可抗力不能履行合同的，根据不可抗力的影响，部分或者全部免除责任，但法律另有规定的除外。因此，因疫情防控导致合同不能履行的，并不必然导致双方合同解除，要根据受疫情影响的程度、合同的履行进度等因素进行综合判断。

如因疫情导致出现合同不能履行的情况，可采取以下措施：（1）及时通知合同相对方。如因执行疫情防控命令或措施导致合同不能实际履行的情况，应当以双方约定的通知方式及时通知对方，同时在合理期限内提供证明（如政府的通知或者命令等），从而使对方及时知晓不可抗力的情形并采取补救措施，以达到减少双方损失的效果。（2）采取适当减损措施。无论是受到疫情影响的一方，还是不受疫情影响的一方，按照法律规定，均应在发生或知悉合同受疫情影响履行困难的情况后，及时采取适当减损措施（如变更交付方式、延长交付期限、及时处理易损易耗标的物等），防止损失扩大，避免加重自身责任。同时，在疫情影响减轻或消除后，还应根据情况尽快恢复履行。（3）对合同部分不能履行或暂时不能履行的，当事人可协商变更合同，约定延期履行或部分履行。如因疫情影响无法按约履行合同应及时向对方提出合同变更，请求延期履行或部分履行。（4）解除合同。如果由于疫情致使合同目的无法达成的，属于法定解除事由，一方可以解除合同，并可以根据不可抗力的影响，要求部分或者全部免责。

27. 新冠肺炎疫情期间，企业因推迟复工导致买卖合同迟延履行甚至不能履行是否承担违约责任？

法律依据

《民法总则》第 180 条；《合同法》第 94 条、第 117 条、第 118 条。

专家解读

近期不少企业有这样的困扰，因受此次疫情影响需要推迟复工，很多合同订单无法在约定的时间内正常履行。在此次疫情事件构成不可抗力的情形下，当事人能否在个案中减轻或者免除自身的法律责任，需要考虑如下因素：（1）当事人在订立合同当时对此次疫情事件的发生是不可预见的。在疫情形势明朗、防控措施实施后订立的合同，一般认为当事人已有相应预期，在无其他因素影响下仍应承担相应责任。（2）迟延履行或者履行不能系受政府防控措施直接导致，或者受疫情影响，导致企业自身经营不能等客观因素，则可部分或全部免除相应的违约责任。（3）对于已经正常复工的企业来说，不能以受疫情影响作为任意解除合同，不承担违约责任或者减少违约责任的依据，而是应当按照实际情况，在不放松抗击疫情的前提下，积极开展相关的生产经营活动，遵守契约精神，及时履行合同义务。

相关建议：（1）延迟复工的企业尽快对正在履行中及将要履行的合同进行梳理，以判断合同的履行是否会受到此次疫情的影响，如能否按照合同约定按期交货、竣工或按时履行付款义务。（2）对履行可能受到影响的合同，进一步审查合同中有无"不可抗力"条款的约定及"不可抗力"条款所包含的情形。（3）如企业因受疫情影响无法按照合同约定及时履行义务，但可部分履行时，企业可以尽快向合同相对方告知相关情况，并提出按照"不可抗力"情形对合同作出变更，如延期履行或部分履行义务。（4）如因此次疫情影响，企业已完全无法履行合同义务，不能实现签订合同的目的，则可直接按合同约定的方式向合同相对方发出书面解除合同通知书，告知其解除合同。（5）受疫情影响的企业应及时将相关情况通知合同相对方，以便于客户采取替代采购、调整生产经营节奏或其他相应措施，防止客户的损失进一步扩大；合同相对方在收到对方的通知后，应采取有效的措施防止损失的发生或者扩大。

28. 新冠肺炎疫情期间，已售房屋出现延期交付、延期办证情况，责任如何划分？

法律依据

《民法总则》第 180 条；《合同法》第 117 条、第 118 条、第 130 条。

专家解读

新冠肺炎疫情期间，因疫情防控导致房屋未能在合同约定日期内向买方交付房屋的，商品房买卖合同卖方可依据不可抗力相关法律规定、合同约定条款主张免除违约责任，顺延交付房屋日期。

首先，新冠肺炎疫情构成法律上规定的不可抗力的免责事由。此次疫情属于突发性社会公共事件，以现有社会的科技水平和认知能力难以科学明确地确定病毒来源，因此，符合不能预测、不能避免、不能克服的三要件，该客观事件一般被认为属于法律上规定的不可抗力事件。该事件被认定为不可抗力后的法律效果为：因不可抗力导致合同履行障碍的，部分或全部免除行为人的违约责任。有鉴于此，当交通管制、人员限流、工程暂停复工等疫情管控措施对工程进度产生了实质性影响时，商品房买卖合同中卖方可以不可抗力为由，免除迟延交付房屋的违约责任。

其次，疫情应与房屋迟延交付具有直接因果关系。如果疫情的发生和疫情的防控措施未能直接导致卖方不能按期交付房屋，那么卖方无法将不可抗力作为免除责任的抗辩理由。就因果关系的判定应将疫情在不同地区造成履约不能的严重程度、具体地方政府管控措施等因素考虑在内。例如部分地区采取的"封城"、严禁复工等措施明显导致了工期的延误，应认定不可抗力与逾期交房之间存在直接因果关系。反之，如果因房产建设主观判断疫情态势而暂停施工的，则两者之间不存在直接因果关系，不能以不可抗力为由免除违约责任。

最后，商品房买卖合同卖方应及时通知买方关于不可抗力情况出现的情况及后果。根据法律规定，卖方应在不可抗力情形影响按期交付房屋的合理期限内，以合同约定的有效方式通知买方延期交付房屋，并保留固定证据，否则将影响买受人的经济安排，使得以不可抗力作为理由免责的主张存在瑕疵。

29. 新冠肺炎疫情期间，买受人能否以疫情影响为由解除已签订的房屋买卖合同？

法律依据

《民法总则》第 180 条；《合同法》第 94 条、第 117 条、第 118 条、第 130 条；《最高人民法院关于适用〈中华人民共和国合同法〉若干问题的解释（二）》第 26 条。

专家解读

一般而言，房屋买受人不能以疫情构成不可抗力为由解除已签订的房屋买卖合同，也很难以情势变更为由解除合同。除非个案中，当事人之间订立的合同有明确约定或经人民法院判定合同目的不能实现、继续履行显失公平。

首先，疫情并不必然致使合同目的不能实现。根据《合同法》第 94 条的规定，因不可抗力致使不能实现合同目的的，当事人可以解除合同。一方面，对于商品房买受人而言，其主要义务为按照约定支付相应房屋价款，作为金钱给付的债务很难为疫情本身和疫情防控措施所完全阻碍。例如买受人因医疗机构隔离，虽不能以现金或当面支付的方式支付价款，但网上银行账户转账、支付宝支付和微信支付等方式亦可以实现房屋价款的支付义务。该事件对此类个案而言很大程度上属于可以克服的事件，不能构成不可抗力，也不会导致合同目的不能实现，因此不享有法定解除权。另一方面，即使其履行不能确实因疫情这一不可抗力事件导致，也难以达到房屋买卖合同目的落空的程度，仅能以不可抗力作为抗辩事由，免除逾期支付房款的违约责任，但同样不能享有法定解除权。

其次，以疫情发生导致的履约障碍难以构成情势变更。情势变更情形下的合同解除权必须符合情况重大变更导致继续履行合同将对于合同一方显失公平或合同目的难以实现，而对于以依约支付房屋价款为主要义务的买受人而言，疫情所导致的人员流动性下降、交通管制、暂停复工等很难对其继续支付房款造成较大程度上的不公平，所以买受人难以主张适用情势变更原则请求解除房屋买卖合同。当然，难以适用并不意味着完全不能适用，如果在新冠肺炎疫情期间的特殊案件中，案件事实确实达到了对买受人"显失公平"的程度，还是具有适用的可能性的。但需要提醒，为保护交易的稳定性，人民法院对于情势变更原则的适用十分谨慎，因此买受人也需要理性谨慎判断，根据具体情况加以分析，并将诉讼成本、时间成本和可操作性考虑在内，审慎解决纠纷，避免造成其他风险损失，减少可能造成的诉累结果。

30. 新冠肺炎疫情期间，借款合同贷款人还款义务迟延履行的，违约责任如何承担？

法律依据

《合同法》第 107 条、第 114 条、第 206 条、第 207 条。

专家解读

受此次疫情影响，中国人民银行、各地政府相关部门结合当地疫情防控情况就企业及个人的还款期限、还款比例等出台了一系列的政策。支持对因感染新冠肺炎住院治疗或隔离人员、疫情防控需要隔离观察人员、参加疫情防控工作人员以及受疫情影响暂时失去收入来源的人群，要求金融机构在信贷政策上予以适当倾斜，灵活调整住房按揭、信用卡等个人信贷还款安排，合理延后还款期限，新冠肺炎疫情期间因不便还款发生逾期的，不纳入征信失信记录。因此，当事人能够举证证明因疫情防控措施而客观上导致金钱给付义务迟延履行的，可根据个案情况结合政府相关支持性政策依照公平原则予以衡量。但需指出，疫情影响与还款义务迟延履行之间的因果关系较为间接。因为实践中造成无法按期还款的原因是多重的，比如借款人有无合理评估可能产生的经营风险并储备一定的应急资金、企业能否通过其他途径获得一部分资金用于偿还借款、当地受疫情影响的程度是属于商业风险的范畴还是列入不可抗力等因素。只有在确定此次疫情的影响是导致迟延履行还款的唯一、直接原因的情形下，才可免除其民事责任。否则，对于借款人以此为由而迟延履行还款义务的，贷款人仍应按约定承担相应的违约责任，当约定的违约金过分高于其所造成的损失的，贷款人可以请求人民法院或者仲裁机构予以适当减少。

《中国人民银行、财政部、银保监会、证监会、外汇局关于进一步强化金融支持防控新型冠状病毒感染肺炎疫情的通知》指出，对因感染新型肺炎住院治疗或隔离人员、疫情防控需要隔离观察人员、参加疫情防控工作人员以及受疫情影响暂时失去收入来源的人群，金融机构要在信贷政策上予以适当倾斜，灵活调整住房按揭、信用卡等个人信贷还款安排，合理延后还款期限。感染新型肺炎的个人创业担保贷款可展期一年，继续享受财政贴息支持。对感染新型肺炎或受疫情影响受损的出险理赔客户，金融机构要优先处理，适当扩展责任范围，应赔尽赔。因此，考虑到此次疫情影响的客观情况，如确因感染新冠肺炎住院治疗或被隔离的人员、疫情防控需要隔离观察的人员、参加疫情防控的工作人员以及受疫情影响暂时失去收入来源的人或者受疫情影响到期还款困难的贷款人，应在还款日到期之前积极同贷款人进行沟通协调，可提出延期还款申请，由相关金融部门工作人员或其他相关主体做好登记。同时，准备好以下相关证明材料：（1）因感染新冠肺炎住院治疗或被隔离、疫情防控需要隔离观察、参加疫情防控工作的证明。（2）企业或者个人所在地政府、机构出具的疫情防控影响还款事实的证明。（3）疫情期间及非疫情期间的个人工资流水记录及企业在疫情期间及非疫情期间的经营数据。（4）其他所能提供的可以证明因疫情防控而导致收入来源减少或企业经营困难的证明。

31. 新冠肺炎疫情期间，经营性物业租赁方可否以不可抗力为由向业主申请减免房租？

法律依据

《合同法》第 94 条、第 97 条、第 117 条、第 118 条；《最高人民法院关于适用〈中华人民共和国合同法〉若干问题的解释（二）》第 26 条。

专家解读

因疫情防控，导致承租人不能使用或不能完全使用租赁的经营性房屋，如继续按照原合同履行，承租人将负担过重。因此，应根据疫情对合同履行的不同影响来判断是否对租金予以调整或者解除租赁合同：（1）满足一定条件的情况下，租赁方可以要求减免租金等变更租金，不涉及解除租赁合同。根据《最高人民法院关于适用〈中华人民共和国合同法〉若干问题的解释（二）》第 26 条的规定，当出现非不可抗力亦非正常商业风险的客观情形，导致继续履行合同对一方当事人明显不公时，当事人双方可以协商对合同内容进行变更调整，比如降低租金或适当延长租期以弥补承租人损失，也可以协商解除租赁合同。经协商无法达成一致意见的，可以由人民法院依法判决变更或解除租赁合同，对损失可以根据公平原则由出租人和承租人合理分担。此外，根据《合同法》第 117 条的规定，租金是否减免以及减免的程度应根据疫情对合同产生的影响来判断，不能超出疫情影响的范围，按照疫情给合同履行带来的实际影响，判断部分还是全部减免租金，如果疫情不是导致合同不能按约履行或者合同目的不能实现的原因，则不能作为免责事由。同时，租赁方要获得减免租金在法律上的支持还需要满足以下条件：疫情发生在合同的履行期间内。如此次疫情发生在合同订立之前或履行之后，或在一方履行迟延而又经对方当事人同意时，则不能以不可抗力为由要求减免租金；当事人在履行不能或者合同目的不能实现中是不存在迟延履行、不适当履行等行为的，如果存在这些行为则不能要求减免租金。（2）当承租方无法使用原房屋，合同目的不能实现，可要求解除合同，不再支付合同解除后的房屋租金。此时，承租方需提供证据证明无法再租赁该房屋或租赁该房屋的合同目的已然不能实现的事实系因疫情导致。如根据政府命令该房屋所在地今后不得再从事某项业务，则从事该项业务的租客可以提出解除合同要求。在租赁合同合法解除后，才可免除解约后的租金。

总之，对于经营性物业租赁方的租金能否减免要综合考量承租人的性质（自然人还是企业）、租房的用途（如租房用于开设药店或销售防护用品的房屋获得了比往常更大的收益，对于这种情形，应不予减免租金。而对于承租其他经营用房的可酌情考虑）、疫情对租赁合同履行产生的影响（全部不能使用还是部分不能使用）等因素进行判断。

32. 新冠肺炎疫情期间，居住房屋因疫情防控暂时无法使用的，承租人能否要求延长租期、减免租金或解除合同？

法律依据

《民法总则》第 180 条；《合同法》第 117 条、第 118 条、第 212 条。

专家解读

居住房屋租赁合同中，承租人请求延长租赁期、减免租金、解除合同主要涉及合同的变更和解除问题。根据行为人意思自治——"有约定，从约定"的原则，如果当事人之间已签订的房屋租赁合同中约定了相应的合同变更和解除条款，则承租人可依照约定行使该权利，自不待言。但如果合同无相应约定条款的，根据法律规定和司法实务可作以下解读。

疫情事件虽然在房屋租赁合同语境下可认定为不能预见、不能避免、不能克服的不可抗力事件，但是不可抗力产生的法律结果为"部分或全部免除责任"，而不能直接产生变更合同的法律效果。因此，承租人一般不能以不可抗力为由延长租期或减免租金。另外，不可抗力事件要达到"合同目的不能实现"的程度才能主张解除合同。如前所论，鉴于疫情防控具有短期性，疫情这一不可抗力情形不能导致承租人完全不能实现居住房屋的目的，很难以不可抗力为由解除合同。即使承租人因患病隔离无法入住或房屋、小区被强制封锁而无法进入，承租人依然可以在疫情防控结束后继续居住，合同可以继续履行，如果因此解除合同属于过当反应，会对交易安全产生极大的负面影响，也会造成出租人一方的经济损失。例外的情况是，一般而言承租人难以主张适用情势变更规则变更合同内容，但如果部分地区人民法院根据个案情况或地方政策文件精神，不完全排除适用的可能性，则需要根据个案情况加以谨慎判定。

综上分析，提出以下建议：（1）承租人可在合同框架内与出租人积极协商能否变更合同。新冠肺炎疫情期间，地方政府陆续出台政策指引，提倡出租人合理减免确实因疫情影响而暂停使用房屋的承租人的租金。在此背景下，以补充协议方式协商解决潜在纠纷更具有实践上的可行性。（2）承租人应将因情势变更而主张变更合同的经济、时间等诉讼成本考虑在内，避免诉累。虽然不能排除个案适用情势变更规则变更合同的可能性，但人民法院对情势变更的判定较为审慎，承租人在诉前应根据具体情况将风险考虑在内，采取较为稳妥的纠纷解决方式。

33. 新冠肺炎疫情期间，建设施工合同因推迟复工导致工程迟延交付应如何处理？

法律依据

《民法总则》第 180 条；《合同法》第 117 条；《最高人民法院关于审理建设工程施工合同纠纷案件适用法律问题的解释（二）》第 6 条。

专家解读

疫情防控期间，为防止疫情扩散，中央和地方政府密集出台了延期复工的相关政策，并在部分地区采取较为严格的交通管制措施，这无疑对建设工程施工合同的履行产生了严重影响，因疫情导致的工期延误、违约责任及损失承担问题需进一步解决。从相关法律规定、司法解释和司法实践上看，可一般性判断：重大疫情属于不可抗力的客观情形，承包人可据此理由主张顺延工期，并免除因工期延误而导致的违约责任，其间所产生的费用损失可依照合同具体约定请求发包方支付部分费用。

首先，因此次疫情事件构成不可抗力，可免除承包人工期延误的违约责任。新冠肺炎疫情具有突发性、异常性特点，且在现有技术条件和认知能力上超出行为人认知，工程承包人亦无法避免、无法克服，显然属于法律规定的不可抗力情形。此外，可类比参考2003年间非典型肺炎疫情相关司法实践，《最高人民法院关于在防治传染性非典型肺炎期间依法做好人民法院相关审判、执行工作的通知》（已失效）第3条第（三）项规定，因政府及有关部门为防治"非典"疫情而采取行政措施直接导致合同不能履行，或者由于"非典"疫情的影响致使合同当事人根本不能履行而引起的纠纷，按照《合同法》第117条和第118条的规定妥善处理。虽然该通知业已失效，但鉴于"非典"与此次疫情情况较为相似，可窥见人民法院对不可抗力情形适用的认定标准。结合全国人大常委会法制工作委员会相关室负责人"新冠肺炎疫情属于不可抗力"的表示，由此可以认为：因疫情防控措施导致的工期延误可依据《民法总则》和《合同法》中关于不可抗力的规定，免除承包人迟延交付工程的违约责任。

其次，因不可抗力导致工期延误，承包人可依约要求顺延工期。根据"有约定，从约定"的合同法原则，当事人间签订的建设施工合同中如在合同履行条款或不可抗力条款中约定了延期事宜的，可以依照约定执行。以实践中使用最为广泛的《建设工程施工合同（示范文本）》（GF-2017-0201）为例，其中17.3中约定，因不可抗力以至引起或将引起工期延误的，应当顺延工期。在此情况下，工程承包人可依合同约定，要求顺延工期，具体顺延时间，应根据影响工程进度的疫情防控措施的结束时间和具体可复工时间等因素综合判断。

最后，工程承包人可根据合同约定请求发包人承担在此期间产生的部分损失和费用。不可抗力情形导致建设工程项目的损失应秉承公平原则合理共担。在实践中，建设工程施工合同大多对不可抗力导致的停工损失进行了约定。仍以《建设工程施工合同（示范文本）》为例，其中约定发包人要求赶工的，由发包人承担赶工费用，承包人在停工期间按照发包人要求照管、清理和修复工程的费用也由发包人承担等。

34. 新冠肺炎疫情期间，因人工、材料等价格上涨或采取疫情防控措施导致费用增加的，建筑施工方可否请求调整价款？

法律依据

《民法总则》第 180 条；《合同法》第 117 条、第 118 条、第 269 条；《最高人民法院关于适用〈中华人民共和国合同法〉若干问题的解释（二）》第 26 条。

专家解读

新冠肺炎疫情期间，因交通管制措施、人员流动限制措施以及因供求关系影响导致特定建设工程的人工、材料等价格上涨应属于商业范畴，建设施工方无法就此请求调整工程价款，但合同约定了价格调整条款，或经双方协商签订补充协议提高工程价款的除外。

首先，不可抗力情形不必然导致合同变更。疫情属于当事人不能预见、不能避免且不能克服的客观事件，其本身构成不可抗力，但在个案中是否适用需要进一步判断因果关系是否构成，法律规定中不可抗力所产生的法律效果为"部分或全部免除违约责任"，如进一步导致合同目的无法实现的，可依法解除合同。由此可见，不可抗力本身是违约责任的免责事由，而非主张变更工程施工合同价款的法定事由，因疫情导致的施工成本增加而请求提高工程价款并不属于不可抗力制度安排的范围。

其次，因疫情防控措施导致的人工、原材料成本增加属于商业风险的范围，应由建设施工方自行承担。疫情防控措施对建设工程而言直接导致的结果可能为工期延误等损失，但交通管制、市场供求关系变化导致的成本增加仅为疫情这一不可抗力因素的间接结果，非疫情状态下，如价格改革、环评督导等政府措施亦可产生同等效果的成本增加，因此该部分增加成本的性质应属于商业风险，由工程施工方自行承担。

最后，一般情况下，疫情防控导致的成本增加难以适用情势变更相关法律规定。在实践中，绝大多数建设施工合同都约定以固定价结算工程价款，在合同明确固定了工程价款后施工方难以就其因疫情导致的成本增加而请求增加工程款。此外，按照法律规定的情势变更规则来请求变更合同亦难获支持。一方面，该情形不完全符合"合同成立以后客观情况发生了当事人在订立合同时无法预见的、非不可抗力造成的不属于商业风险的重大变化"；另一方面，根据《最高人民法院关于正确适用〈中华人民共和国合同法〉若干问题的解释（二）服务党和国家的工作大局的通知》的规定及精神，认定情势变更有非常严格的司法程序，出于对交易安全保护的目的，除非充分证明明显不公平，否则难以适用情势变更规则变更合同价款。

35. 新冠肺炎疫情期间，货物运输合同因交通管制导致合同迟延履行或无法履行应如何处理？

法律依据

《民法总则》第 180 条；《合同法》第 117 条、第 118 条、第 288 条。

专家解读

出于新冠肺炎疫情防控的需要，中央和地方政府实行了较为严格的隔离、"封城"、交通管制等控制交通流量的措施，这些措施无疑对相关运输合同的依约履行产生了不同程度的障碍。在此情况下，运输合同因新冠肺炎疫情期间交通管制而导致迟延履行或无法履行的情形可以适用不可抗力相关规定，承运人可以主张部分或全部免除责任，合同目的无法实现的，可以主张解除该合同。

新冠肺炎疫情具有突发性，其传染源、致病原理、治疗方案至今尚未明确，且合同当事人无法避免亦无法克服，政府为疫情防控限制交通导致相关运输合同迟延履行或无法履行的，当事人可以在及时通知对方并提供相应证明的前提下，部分或全部免除违约责任，因不可抗力事件导致合同目的根本无法实现的，可以主张解除该运输合同。

运输合同在具体实践中可大体分为旅客运输合同与货物运输合同，因此应依据不同情况采取不同的应对方案和措施。

对于旅客运输合同，如果因疫情交通管制导致国内和国际航空、铁路、公路客运公司取消航班和车次，合同已不能继续履行，承运人可依法、依约解除相关旅客运输合同，但承运人应采取及时有效的方式通知旅客，并以合理方式返还已付费用。

对于货物运输合同，作为具有专业能力的承运人应尽最大的努力，采取合理的措施（如更改路线、更换运输工具等）履行已签订生效的货物运输合同，由此产生的成本可与合同对方协商，合理增加运费。如经过必要的努力，依然无法切实履行合同的，承运人可及时通知托运人，在避免损失进一步扩大的情况下，免除部分或全部责任，在因"封城"、交通封锁导致运输货物至约定地点的合同目的根本无法实现时，承运人可以依法解除相关货物运输合同。

36. 新冠肺炎疫情期间，因疫情影响导致旅游服务合同无法正常履行的，旅游服务合同是否可以依法解除？

法律依据

《中华人民共和国旅游法》第 67 条；《最高人民法院关于审理旅游纠纷案件适用法律若干问题的规定》第 13 条。

专家解读

因疫情影响可能导致旅游服务合同不能继续履行和不能完全履行的情

况发生，旅游服务合同能否依法解除要结合具体情形予以判断。

（1）合同不能继续履行的情况下（如交通受限，航班、车次等交通方式取消且无替代交通方式；景点关闭等），旅游者和旅游经营者均可请求解除合同。合同解除后，组团社应当在扣除已向地接社或者履行辅助人支付且不可退还的费用后，将余款退还旅游者。但合同因疫情而解除，旅游经营者、旅游者请求对方承担违约责任的，无法获得支持。（2）合同不能完全履行的（如因疫情导致旅游目的地的餐饮等服务项目受限缩小、景区不完全开放等），旅行社应向旅游者作出说明，询问旅游者的意向。旅游者同意变更旅游行程的，可以在合理范围内变更合同。合同旅游行程变更的，因此增加的费用由旅游者承担，减少的费用退还旅游者。旅游者不同意变更的，可以解除合同，按照解除合同的有关规定处理。（3）因疫情影响旅游行程的，如产生危及旅游者人身、财产安全的情况，旅行社应当采取相应的安全措施，因此而支出的费用，由旅行社与旅游者分担。（4）如因疫情导致部分旅游者滞留的情况出现，旅行社应当采取相应的安置措施。在滞留期间产生的食宿费用，由旅游者承担；增加的返程费用，由旅行社与旅游者分担。

相关建议：根据《文化和旅游部办公厅关于全力做好新型冠状病毒感染的肺炎疫情防控工作暂停旅游企业经营活动的紧急通知》的规定，自2020 年 1 月 24 日起，全国旅行社及在线旅游企业暂停经营团队旅游及"机票＋酒店"旅游产品。所以旅游服务合同因疫情而解除，一方请求对方承担违约责任的，无法获得支持。但为了更好地保障各方的合法权益，无论双方签订的旅游服务合同能否继续履行，建议合同双方先行协商，如协商不成，可参考上述意见依法处理。司法裁判的原则是依法在旅游者、旅游经营者之间妥当分配风险，在保护旅游者合法权益的同时，不因此而对旅游经营者造成更多损失。同时，与其他合同相比，旅游服务合同还涉及旅游经营者与票务代理公司、旅游客运公司、酒店、当地导游公司、保险公司等多个旅游辅助者之间的相关合同。旅游经营者还需要做好上述合同的后续处理事宜，如后期一旦产生有关纠纷，以作为其与游客之间损失承担比例的一个考量因素。

37. 新冠肺炎感染者或疑似感染者及其家属不配合医疗机构和政府相关部门进行诊疗、防控致使第三人感染的，应承担哪些民事侵权损害赔偿责任？

法律依据

《传染病防治法》第 12 条、第 16 条、第 77 条；《侵权责任法》第 4 条、第 6 条、第 15 条、第 16 条。

专家解读

依据《传染病防治法》《侵权责任法》的相关规定，新冠肺炎感染者或疑似感染者及其家属，应当依法配合医疗机构进行治疗，并遵守医疗机构实施的相应治疗方案、防护措施及管理规定，防止疫情传播、扩散。同时负有必须依法接受疫情预防及控制措施、避免疫情传播的义务。如果新冠肺炎感染者或疑似感染者及其家属实施了拒绝隔离治疗或者隔离期未满擅自脱离隔离治疗以及在治愈前或者在排除传染病嫌疑前，从事了易使新冠肺炎疫情扩散等违反法定隔离治疗、预防义务的活动，导致第三人感染新冠肺炎而遭受人身、财产损害的，除依法承担相应刑事或行政法律责任外，还需承担相应民事侵权法律责任。第三人可向新冠肺炎感染者或疑似感染者及其家属主张侵权损害赔偿责任，赔偿由此导致的医疗费、护理费、交通费、误工费、残疾生活辅助器具费、残疾赔偿金、丧葬费、死亡赔偿金、财产损失等。

早隔离、早诊断、早治疗，是控制疫情扩散蔓延的重要方式。新冠肺炎感染者或疑似感染者及其家属应当接受疾病预防控制机构、医疗机构和政府相关部门有关传染病的调查、检验、采集样本、隔离治疗等防控措施，如实自觉申报、提供相关信息情况，自觉接受居家隔离、医疗隔离等疫情管控要求、命令。对明知已感染或可能感染新冠肺炎的，要主动报告，及时就医，接受治疗，自觉隔离，切实对自己、家人和他人的生命安全与身体健康负责。此外，疑似感染者、非感染者，尤其是从湖北返乡的人员，更要积极配合当地防疫部门的安排进行隔离观察，一旦出现病症，也能第一时间进行治疗，控制疫情的传播。

38. 新冠肺炎疫情前预订的年夜饭或者其他春节期间及疫情结束前的各类宴席因疫情影响不能正常履行消费的，如何处理？

法律依据

《民法总则》第 6 条、第 180 条；《合同法》第 5 条、第 77 条、第 94 条、第 96 条、第 97 条、第 117 条、第 118 条。

专家解读

根据法律规定并结合此次疫情的实际情况，此次新冠肺炎疫情是不能预见、不能避免且不能克服的客观情况，其性质属于法律上规定的不可抗力事件。

一般情况下，不可抗力导致合同目的不能实现的可以解除合同，即要证明不可抗力与合同不能履行之间存在直接因果关系，且该不能履行导致合同目的不能够实现。疫情前预订的年夜饭或者其他春节期间及疫情结束前的各类宴席的合同关系可以不可抗力为由主张解除。

民事主体从事民事活动，应当遵循公平原则，合理确定各方的权利和义务。因新冠肺炎疫情导致疫情前预订的宴席不能履行时，建议各方尽可能地通过友好协商的方式解决问题，同时采取适当减损的措施以防止损失的扩大。消费者解除合同后有权要求退款，餐饮经营者要求消费者承担已准备食材等实际损失的，可以根据公平原则酌情予以分担。

39. 新冠肺炎疫情期间，相关单位和个人能否擅自披露感染者或疑似感染者详细的身份信息？

法律依据

《民法总则》第 110 条、第 111 条；《传染病防治法》第 12 条、第 31 条、第 38 条；《关于做好个人信息保护利用大数据支撑联防联控工作的通知》第 1 条、第 3 条;《政府信息公开条例》第 15 条。

专家解读

目前我国仅限于国务院的卫生行政部门及其授权的省级人民政府的卫生行政部门有权向社会公开披露传染病疫情的相关信息,其他主体确需披露相关信息的,应当遵循合法、正当、必要的原则,公开收集、使用的规则,明示收集、使用信息的目的、方式和范围,并经被收集者同意。在此前提下充分重视对相关人员个人信息的保护,避免相关人员的隐私被侵犯进而导致其遭到歧视性待遇或产生其他重大影响。同时,相关法定主体需要严格遵守数据最小化原则的要求,将对个人信息的处理控制在实现目的所需要的最小必要范围内,因联防联控工作需要公布个人信息的,要经过脱敏处理。对于后续的数据存储和内部管理,也应遵循该原则,在目的实现后应尽快对个人信息进行删除或匿名化处理。相关主体为新冠肺炎疫情治疗、控制收集的个人信息,不得用于其他用途。

根据相关法律法规的规定,姓名、年龄、身份证号码、电话号码、家庭住址等能够识别特定个人身份等信息,均属于个人信息。结合当前新冠肺炎疫情防控背景和民众的恐慌情绪影响,确诊者、疑似者及密切接触者往往被视为高危人群,其个人信息一旦泄露、传播可能会引发一些骚扰、恐吓行为,甚至出现已被确诊的谣言,等等,这可能会使得信息被收集者及其家人的身心健康受到伤害。收集或掌握个人信息的机构要对个人信息的安全充分保护并负责,采取严格的管理和技术防护措施,以防止泄露。

对于已经泄露的确诊者、疑似者及密切接触者个人信息,各地公安机关、网信部门等应当及时干预和阻断,以减少不利影响。

如果系没有明确法律授权的组织和机构,或者不是依法参与政府组织开展的疫情防控工作的人员,未经被收集者同意不得收集使用确诊者、疑似者及密切接触者的个人信息，更不能在微信群、朋友圈等私自传播上述信息。如果擅自披露有关人员的身份信息，则侵犯了隐私权，依法应当承担相应的法律责任。

40. 新冠肺炎疫情期间，消费者网购时遭强制搭售或恶意砍单的，如何维护自身权益？

法律依据

《中华人民共和国消费者权益保护法》（以下简称《消费者权益保护法》）第 9 条、第 10 条、第 16 条、第 46 条、第 47 条、第 53 条；《中华人民共和国电子商务法》（以下简称《电子商务法》）第 19 条、第 49 条。

专家解读

由于疫情突发，防疫必需品的稀缺，有些商家便以必需品"搭售"非必需品。例如有的药店推出"疫情套装"，将口罩、酒精、84 消毒液等稀缺的防疫用品和板蓝根、抗病毒冲剂等药品强制搭配销售；有的知名连锁超市在其电商平台中，将口罩与生鲜食品以固定高价搭配销售。与此同时，部分商家单方对消费者已经下单并完成支付的网购商品以各种理由取消订单。还有部分商家涉嫌故意利用虚假销售信息吸引消费者注册会员、故意利用促销吸引消费者下单增加下单量等恶意营销行为。商家违法搭配销售和恶意砍单行为，违反了双方约定，侵害了消费者的合法权益，应受到相应的处罚，并应依法对消费者承担责任。消费者可向电商平台投诉，也可向行政部门投诉，亦可向消费者协会反映，电商平台和行政部门应及时积极妥善处理消费者所反映的情况，消费者协会对侵害众多消费者合法权益的行为，可以进行调解处理，也可以向人民法院提起诉讼。

在处理强制搭售或恶意砍单时，建议有该行为的电商应立知立改，积极与消费者协商，可对捆绑搭售的商品作退货处理，以免被投诉或涉诉；商家确系因物资征收导致无货可发或因疫情这一不可抗力而非主观恶意导致无法履行的，可向消费者及时说明情况，并提供相应证据佐证，取得消费者的同意和谅解；如征收行为发生在下单后约定的发货前，商家可及时、足额作退款处理，不必承担预付款利息等责任；如果商家"砍单"是由货物来源中断、运输受阻等原因所导致，这部分商家应依法合理承担相应责任。

电商平台应当充分利用好大数据进行分析判断，按照法律规定和平台规则等对商家加强管理监督，维护消费者合法权益，并按规则对不法商家进行批评警告、扣除信用分、公示，直至清出平台。电商平台经营者要在疫情防控期间加强对平台内商家异常订单的管理，对因平台经营者明显疏于管理造成消费者权益受损的，也要承担《消费者权益保护法》《电子商务法》等法律规定的相应责任。

此外，在新冠肺炎疫情期间，消费者的购买要适度，不要盲目超量囤货，给无良商家提供抬价、搭售等可乘之机。同时，"买买买"也要谨慎，严格筛选商家，仔细问清出处。同时，消费者应当提高证据意识，当权益遭受侵害，要充分留取证据，为维权作准备。例如，下单的同时索要发票，接收快递时保存收货证据，对商家的各种通知及时截图拍照等。

新冠肺炎疫情期间，经营者提供商品或者服务有欺诈行为的，买到的药品、乙醇和 84 消毒液、防护用口罩等系假冒商品或者存在缺陷，而遭受损害的，消费者可向生产者或销售者依法主张增加赔偿其受到的损失，增加赔偿的金额为消费者购买商品的价款或者接受服务费用的三倍；增加赔偿的金额不足 500 元的，为 500 元。法律另有规定的，依照其规定。

41. 受新冠肺炎疫情影响，公司原定召开的股东（大）会，可否延期或取消召开，不能延期或取消的，应当如何召开？

法律依据

《中华人民共和国公司法》（以下简称《公司法》）第 22 条、第 37 条、第 100 条、第 102 条；《最高人民法院关于适用〈中华人民共和国公司法〉若干问题的规定（四）》第 5 条。

专家解读

股份有限公司应当召开年度股东大会和临时股东大会。年度股东大会每年召开一次，应当于上一会计年度结束后的 6 个月内举行。临时股东大会不定期召开，应当在出现特殊情况（包括董事人数不足《公司法》规定人数或者公司章程所定人数的三分之二时、公司未弥补的亏损达实收股本总额三分之一时等六种情形）的 2 个月内召开临时股东大会。

受新冠肺炎疫情影响，我国金融监管部门和各中介交易所也陆续出台了相应的调整文件，一般允许挂牌上市公司延期或取消股东大会。疫情防控期间，公司决定召开会议的，为避免人流聚集，在明确发出表决时间和表决程序的情况下，可采用网络或其他形式召开股东大会。召开线下会议的，应尽量选择方便股东的地点并对参会股东做好防护。

对于非上市公司，根据意思自治原则，会议时间和形式可自由灵活安排。召开时间上，对非必须在新冠肺炎疫情期间通过股东（大）会决议的事项，可以延期或取消召开；如必须召开股东（大）会，可采用"线上股东（大）会"或"股东会替代办法"的方式召开，前者包括可采用技术手段（如视频会议、语音会议等形式）以更为安全、便利的通信方式参会，后者以公司章程中明确约定可以不召开股东（大）会而直接由股东签字、盖章并作出决议文件的事项出现为由，可以不通过召开股东（大）会的方式即作出决议，其中有限责任公司更为灵活，只要股东书面形式协商一致即可不召开股东大会会议，直接作出决定，并由全体股东在决定文件上签字、盖章。

应当注意的是，我国《公司法》规定，公司股东会或者股东大会决议内容违反法律、行政法规的无效；会议召集程序、表决方式违反法律、行政法规或者公司章程，或者决议内容违反公司章程的，股东有权请求人民法院撤销。为避免无效、不成立或被撤销之虞，建议：延期或取消股东（大）会的，上市公司应当及时向公司所在地中国证监会派出机构和公司股票挂牌交易的证券交易所说明原因并公告；非上市公司应当按公司章程的规定履行，章程没有规定的，原则上应将情况通知到全体股东。采用"线上股东（大）会"或"股东会替代办法"的方式召开的，应当及时做好通知、记录和备案。

42. 新冠肺炎疫情期间，公司董事因患病或隔离无法出席董事会的，该如何处理？

法律依据

《公司法》第 46 条至第 48 条、第 108 条、第 112 条。

专家解读

董事会是受股东会委托，专门负责经营管理公司的机构。我国《公司法》规定，董事会职能主要包括接受股东会的领导，执行其决策、制订决定公司企划方案及财务融资计划、制定决定公司内设机构和管理制度、选聘经理等高级管理人员及其报酬等。

股份有限公司召开董事会，应当由本人出席，但是公司董事、高管因不幸罹患新冠肺炎或被隔离等原因不能出席董事会会议的，可以书面委托其他董事代为出席，也可以选择利用以即时通信工具方式"出席"董事会会议。董事长不能召集和主持董事会会议的，由副董事长履行职务；副董事长也不能履行的，由半数以上董事共同推举一名董事履行职务。在实践中，上市公司召开董事会时一般采用复合方式，即现场参会和通信参会相结合。

委托手续应当符合法定要求。首先，委托书应载明代理人的姓名，代理事项、授权范围和有效期限，并由委托人签字或盖章。涉及表决事项的，委托人应当在委托书中明确对每一事项发表同意、反对或者弃权的意见。其次，董事应当审慎选择受托人，一名董事不得在一次董事会会议上接受超过两名董事代为出席会议的委托；在审议关联交易事项时，非关联董事不得委托关联董事代为出席会议；独立董事不得委托非独立董事代为出席会议。

上市公司董事连续两次未亲自出席董事会会议，或任职期内连续 12 个月未亲自出席董事会会议次数超过其间董事会会议总次数的二分之一的，应当作出书面说明并对外披露。董事连续两次未能亲自出席，也不委托其他董事出席董事会会议，会被视为不能履行职责，董事会应当建议股东大会予以撤换。根据规定，董事会会议应有过半数的董事出席方可举行，董事会作出决议，必须经全体董事的过半数通过；关联交易情况下，该董事会会议由过半数的非关联关系董事出席方可举行，董事会会议所作决议须经非关联关系董事过半数通过。因此，董事缺席董事会会议，可能造成出席人数不足、会议无法召开，或者造成议案无法通过等情形。

有限责任公司董事是否必须出席，《公司法》没有强制性规定，按公司章程履行即可。

43. 创业公司与机构投资者签署了业绩对赌协议，因新冠肺炎疫情影响而无法完成约定经营目标的，如何处理？

法律依据

《合同法》第 117 条、第 118 条。

专家解读

当前新冠肺炎疫情对企业的生产经营造成的影响是复杂多样的，因行业、地域而各有不同，因此无法完成约定经营目标的，不能一概而论。核心问题是判断疫情对企业的影响是否构成对赌协议中的不可抗力条款，被认定为不可抗力事件的，根据《合同法》第 117 条的规定，可免除融资方部分或者全部责任，否则融资方将因无法完成约定目标而触发对赌协议进而履行股权回购、金钱补充等义务。认定不可抗力的关键是当事方需举证新冠肺炎因其不能预见、不能避免并不能克服而对企业生产经营造成了直接影响。对融资方而言，一方面，要积极收集新冠肺炎疫情对目标公司经营影响的证据（如同地区同行业的经营情况也产生了相近程度的损失）；另一方面，要尽可能排除其他原因（如管理层未尽到勤勉义务，会议决策有重大瑕疵等，融资方怠于向投资方履行通知义务等）对业绩承诺无法完成的影响。

鉴于实践中对赌机制下的创业企业资金链往往处于紧平衡状态，一旦认定触发对赌协议，融资方也很难完成股权回购、金钱补充等义务，为避免出现"双输"状态，建议融资方和投资方积极沟通，勤勉履职，尽最大可能达成补充协议，对原协议中业绩承诺进行调整，在新冠肺炎疫情背景下订立更为切实的目标，或对相应期限进行变更等。

44. 对新冠肺炎疫情暴发前已经进入破产程序的企业，应当如何处理？

法律依据

《中华人民共和国企业破产法》（以下简称《企业破产法》）第 2 条、第 7 条、第 10 条。

专家解读

对于在疫情暴发前已经进入破产程序的企业，其破产原因的认定，原则上不受影响。但是涉及疫情防控物资开发、生产、存储、运输的企业，应当慎重适用破产程序。一是管理人负有报告义务，在整个破产程序持续期间，因原有债务人企业治理结构冻结，破产管理人已成为债务人企业的实际负责人。目前重庆地区人民法院已经要求涉及疫情防控物资开发、生产、存储、运输的企业，已经受理破产或者强制清算的，管理人或清算组应立即报告受理法院；对有关企业营业的任何决定，必须事先报告受理法院。二是应当积极协调救助疫情防控重点物资保障企业。人民法院应当与当地政府开展协调对接工作，第一时间恢复和维持企业的生产经营能力，经营期间支付的职工工资、为维持正常经营发生的借款等，人民法院可依法认定为共益债务随时清偿，最大限度地保障防疫物资的生产、供应。对于破产企业库存医用物资，应当及时敦促处理。

受疫情防控影响，对疫情暴发前已经进入破产程序的企业案件应当审慎对待。首先，要落实防疫要求，在和解、重整和清算各程序中应避免物理接触，在破产申请审查、管理人工作提示及监督、债务人企业接管、债权申报与审查、债权人会议、财产协查与信息共享、财产处置等具体工作环节采取暂停、延后或网上处置等方式。其次，坚持资产处置最大化原则，降低破产成本，实现社会整体价值最大化。从各地出台的工作意见来看主要关注三个方面的内容：一是资产和市场的实际状况暂时不宜处置的资产，应暂停处置，可以适当放宽重整程序中投资人招募和重整计划草案制定的期限限制；二是适宜处置的资产可以通过网络拍卖等方式及时处置，提高破产财产处置的成功率和溢价率；三是在制定破产财产分配方案或重整计划时充分吸收新冠肺炎疫情期间扶助企业的优惠政策，最大限度地提高破产案件中债权人的最终清偿率。

相 关 案 例

上海市第三中级人民法院破产审判庭在 2020 年春节前用两天时间，紧急处置了破产案件债务人某科技公司的 35 万余只库存口罩。同时，在人民法院的引导下，2 月 13 日该公司的口罩生产线正式恢复生产，预计口罩产量最高可达每月 500 万只。

据悉，涉案公司破产清算前主营医疗用品。1 月 22 日，该公司破产管理人向上海市第三中级人民法院报告了债务人企业库存口罩的数量、品种等详情，并请示是否可以紧急处置该批口罩。上海市第三中级人民法院接报后立即与管理人进行了商讨，确定了紧急处置方案，既要缩短变价时间，又要注意程序依法公开、公正的原则。考虑到 35 万余只口罩紧急处置应属债务人重大财产处分行为，会直接影响债权人的清偿利益，人民法院根据相关规定，要求管理人专门征询债权人意见。经多方联动操作，至 1 月 23 日晚，处置方案执行完毕。全部口罩赶在春节前的最后一个工作日依法紧急处置，变卖价格合理。上海市第三中级人民法院破产审判庭同时认为，企业有现成的口罩生产线，只要有一定的资金或者其他合作伙伴，就可推动企业恢复生产，既有利于促进企业再生和债权人利益的维护，也有利于向市场提供更多口罩，助力抗疫。因此，人民法院积极协调企业破产管理人，加大工作指引力度，指导破产管理人加强与债权人等各方利害关系主体的沟通协调；同时鼓励该公司寻找合作伙伴，通过合作方式创造恢复生产条件，盘活企业资产，助力破产企业在危机中寻找生机。①

45. 对主营业务良好，但受疫情影响造成短期资金困难而不能清偿到期债务的公司，债权人申请破产的，如何处理？

法律依据

《企业破产法》第 2 条、第 7 条、第 10 条。

---

① 《上海法院引导一破产企业恢复生产口罩》，新华网，见 http://www.xinhuanet.com/2020-02/14/c_1125574395.htm，2020 年 2 月 14 日访问。

专家解读

受"僵尸"企业及时出清，推动企业通过破产程序良性退出市场等宏观政策影响，最高人民法院近年陆续出台了一系列司法解释，旨在推动应用破产程序，但这种企业往往是因为管理者经营不善或被市场规律所淘汰，其中自然不能包括疫情发生前生产经营状况良好，但受疫情影响出现暂时经营困难、迟延或无力清偿债务的企业。对此，应当审慎严格把握企业状态来判断其是否具备真正的破产原因，并通过及时释明使得债务人充分行使债务人异议机制，从而认清企业状态。从当前各地人民法院的审判实践来看，也是主张秉承审慎认定的原则，一般不予受理债权人提出的对该类企业的破产清算申请。应当倡导债权人与该类企业协商通过分期付款、延长还款期限或者积极协调政府、金融部门，使企业以获得救济性低息贷款等方式渡过疫情难关。

46. 在新冠肺炎疫情期间，破产公司债权人如何申报债权？拟安排在新冠肺炎疫情期间召开债权人会议的，债权人如何应对？

法律依据

《企业破产法》第 2 条、第 7 条、第 10 条；《最高人民法院关于适用〈中华人民共和国企业破产法〉若干问题的规定（三）》第 11 条；《全国法院破产审判工作会议纪要》第 47 条。

专家解读

根据《全国法院破产审判工作会议纪要》第 47 条"运用信息化手段提高破产案件处理的质量与效率"的规定，疫情期间，考虑到目前全国各地均为防止疫情传播而采取了各项措施，已然导致交通出行等均受到不同程度的影响，管理人应暂停现场申报，如因疫情原因暂无法收集申报债权所需证据材料的，可以向管理人申请延期提交。如必须要求申报的，可引导债权人通过电子邮件、微信等电子信息方式向管理人申报债权。

根据《全国法院破产审判工作会议纪要》第 47 条的规定，应运用信息化手段提高破产案件处理的质量与效率。要适应信息化发展趋势，积极引导以网络拍卖方式处置破产财产，提升破产财产处置效益。鼓励和规范通过网络方式召开债权人会议，提高效率，降低破产费用，确保债权人等主体参与破产程序的权利。另外，根据《最高人民法院关于适用〈中华人民共和国企业破产法〉若干问题的规定（三）》第 11 条第 1 款的规定，债权人会议的决议除现场表决外，可以由管理人事先将相关决议事项告知债权人，采取通信、网络投票等非现场方式进行表决。采取非现场方式进行表决的，管理人应当在债权人会议召开后的 3 日内，以信函、电子邮件、公告等方式将表决结果告知参与表决的债权人。

新冠肺炎疫情期间，为减少人员聚集，全国各地均采取了不同措施以防止新冠肺炎的传播，导致交通出行等受到极大的影响，不宜再以现场形式召开债权人会议等。对于已经确定新冠肺炎疫情期间召开的会议或相关现场工作，管理人可以与人民法院积极沟通，采用非现场形式召开或完成，或者申请延期。

47. 新冠肺炎疫情期间，上市公司对外捐赠应当重点注意哪些问题？

法律依据

《合同法》第186条；《中华人民共和国证券法》（以下简称《证券法》）第63条、第70条、第86条；《深圳证券交易所股票上市规则》（以下简称《深圳交易所规则》）第2.8条、第7.1条、第9.1条、第9.2条、第9.3条、第9.12条；《上海证券交易所股票上市规则》（以下简称《上海交易所规则》）第2.4条、第7.1条、第9.1条、第9.2条、第9.3条、第9.10条；《上市公司信息披露管理办法》第6条、第30条、第46条；《上市公司章程指引》第110条；《关于加强中央企业对外捐赠管理有关事项的通知》。

专家解读

上市公司作为我国最活跃的法人主体，疫情当前，在积极参与防疫资金、物资的捐赠，履行社会责任时，亦应注意合法合规地参与战"疫"。

首先，上市公司捐赠行为应当合法履行内部审议程序。如果上市公司章程对于公司的对外捐赠或交易有程序要求、数额限制等规定，上市公司在对外捐赠时应当遵守公司章程的规定，不得违反相关程序和限制要求。在符合公司章程规定的情况下，上市公司的对外捐赠还应通过法定审议程序。一般来说，达到临时披露标准的对外捐赠应由董事会决议通过，当上市公司交易金额涉及的资产总额占最近一期经审计总资产50%以上，或者占最近一期经审计净资产 50% 以上且超过 5000 万元的，还应当提交股东大会审议。需注意，对上市央企，除履行审议程序外，还需履行向国资委备案的程序。

其次，上市公司对外捐赠应量力而行，严格履行捐赠计划。一方面，根据《合同法》的规定，尽管普通的赠与合同在赠与财产的权利转移前可以任意撤销，但上市公司对当前新冠肺炎疫情期间的捐赠具有救灾、扶贫等社会公益、道德义务性质，该赠与合同不得撤销。另一方面，根据《证券法》的规定，信息披露义务人披露的信息，应当真实、准确、完整，不得有虚假记载、误导性陈述或者重大遗漏。如果上市公司披露的对外捐赠数额并未实际履行，可能导致已经披露的捐赠信息构成虚假记载或误导性陈述。

再次，上市公司对外捐赠要注意信息披露。上市公司连续 12 个月内累计发生的交易所涉资产总额占上市公司最近一期经审计总资产 10% 以上的应当披露，上市公司发生的交易所涉成交金额占其最近一期经审计净资产 10% 以上且金额超过 1000 万元的也应当披露。此处"交易"的定义明确包括"赠与资产"，上市公司大额捐赠可能构成应当披露的情形。对于未达到临时公告披露标准，未选择披露的上市公司，建议在年报等定期报告中予以披露。此外，上市公司在披露临时报告后还有持续披露义务，如若在披露捐赠信息后，于实际履行中发生了重大变化，需及时进行披露。

最后，上市公司需要注意，对其关联方参与或控制的慈善基金会进行捐赠，要按照关联交易的程序履行审议和披露义务。此外，公司通过公益性社会团体或者县级以上人民政府及其部门，用于公益事业的捐赠支出，在年度利润总额 12% 以内的部分，准予在计算应纳税所得额时扣除。

48. 新冠肺炎疫情期间，上市公司对外捐赠，信息披露应如何开展？

法律依据

《证券法》第 86 条；《深圳交易所规则》；《上海交易所规则》；《中华人民共和国慈善法》（以下简称《慈善法》）第 39 条、第 40 条；《上市公司重大资产重组管理办法》第 14 条；《上市公司信息披露管理办法》第 2 条、第 4 条。

专家解读

上市公司对关联方公益机构的赠与行为，应该按照关联交易相关规则履行披露程序。关于"赠与"行为的定性，《深圳交易所规则》和《上海交易所规则》，将其界定为"交易"。捐赠人与慈善组织约定捐赠财产的用途和受益人时，不得指定捐赠人的利害关系人作为受益人。对于由上市公司实际控制人或与上市公司有关联的机构或个人参与或控制的慈善基金会，上市公司进行捐赠的，由于该慈善基金会不是最终实际受益人，是被法律允许的，但要遵守关联交易的相关规定。

上市公司附义务的对外捐赠行为，应该符合资产重组决策与披露要求。上市公司对外捐赠行为附义务，且《上市公司重大资产重组管理办法》规定的标准计算的相关比例达到 50% 以上的，资产交易实质上构成出售资产，达到重大资产重组的标准，需要按照重大资产重组的规定履行董事会或股东大会审议程序和信息披露义务。

对于应该披露的事项，要做到披露形式合法。依法披露的信息，应当在证券交易场所的网站和符合国务院证券监督管理机构规定条件的媒体发布，同时将其置备于公司住所、证券交易场所，供社会公众查阅。如果上市公司仅在法定代表人或其他高管人员的微博、微信等平台发布捐赠信息或以新闻发布会、答记者问等形式替代上述法定形式进行信息披露的，属于违反法定形式披露，还有涉嫌泄露内幕信息的嫌疑。如在其他非法定渠道发布的，应当保证已在法定渠道披露了相关信息，或至少与法定渠道同时发布信息。

自愿披露情形，建议在年报中予以说明。在监管实践中，证券交易所对上市公司的小额捐赠事项出具定期报告问询函的情况时有发生，要求详细说明对外捐赠的捐赠事由、捐赠对象、信息披露及审批程序等具体情况，建议对于捐赠事项在定期报告中予以详细说明。

通过公益机构进行的定向捐赠，要加强捐赠过程管理，建议对部分捐赠行为进行捐赠物资落实过程的持续披露。上市公司对当前疫情的对外捐赠行为，多是对于决策程序、内容进行的披露，鲜有对于捐赠管理及其结果的披露。上市公司有能力、有责任对捐赠效果加强管理，对公益机构是否及时、充分履行进行披露也是进行公众监督的一个形式，做到"阳光下的公益"，真正实现对外捐赠的公益性目的。基于上市公司的公众公司的属性，做好捐赠行为的过程和结果的披露，也是对投资者进行保护、落实社会责任的应有之义。

49. 新冠肺炎疫情期间，资不抵债的上市公司 对外捐赠，债权人提出异议的，如何处理？

法律依据

《合同法》第 74 条、第 186 条、第 195 条；《企业破产法》第 31 条。

专家解读

《合同法》第 195 条规定，赠与人的经济状况显著恶化，严重影响其生产经营或者家庭生活的，可以不再履行赠与义务。这是对已经生效的义务的法定免责理由，即赠与合同约定的义务可以不履行或不完全履行，而非赠与合同的撤销。

宣布捐赠之后，上市公司受疫情影响，公司营收微薄，人力成本、房租成本等固定成本压力极大，造成经营情况显著恶化，资不抵债，可以不再履行赠与义务。公益捐赠之前，上市公司本就资不抵债，受疫情影响，上市公司严重经营困难，可不再履行赠与义务；公益捐赠之前，疫情发生后，虽然公司经营困难，但生产经营仍正常运行的，即使债权人提出捐赠行为与公司经营困难有一定因果关系，考虑到该捐赠行为是公司经营管理层的合法、真实意思表示，应该履行捐赠义务。

《合同法》第 186 条规定，具有救灾、扶贫等社会公益、道德义务性质的赠与合同，赠与人不享有任意撤销权。诚然，公益捐赠不可撤销只是赠与人不可依其意思表示任意撤销，且针对新冠肺炎疫情的防疫物资、资金合法的公益捐赠，也不构成合同无效情形，那么，债权人、赠与人或其他主体是否可主张公益捐赠的可撤销权呢？

公益捐赠对债权人造成损害的，债务人可以行使撤销权。《合同法》第 74 条规定，因债务人放弃其到期债权或者无偿转让财产，对债权人造成损害的，债权人可以请求人民法院撤销债务人的行为。债权人可以对公司的公益捐赠行为行使撤销权，但必须以捐赠对债权人造成损害为前提，即债务人没有足够的清偿能力，且该结果与捐赠行为有直接因果关系。

50. 新冠肺炎疫情期间，对于在券商融资融券、股票质押式回购等证券融资类业务，是否可主张免除违约责任？

法律依据

《合同法》第 110 条、第 117 条、第 118 条；《民法总则》第 180 条。

专家解读

此次新冠肺炎疫情，属于国际关注的突发公共卫生事件，现有科技水平对此次疫情暴发无法全面预见，从当前政策文件和审判倾向判断，此次疫情在法律上可认定为不可抗力。但是否可以援引不可抗力作为免责事由，应当主要关注发生的不可抗力事件须和不能履行合同是否存在必然且直接的因果关系。证券融资类业务合同对融资人主要涉及补仓、按期还本付息、支付违约金等义务，属于金钱之债的给付，应当谨慎对待融资人援引不可抗力主张部分或全部免除金钱债务的违约责任。

《合同法》第110条规定，当事人一方不履行非金钱债务或者履行非金钱债务不符合约定的，对方可以要求履行，但法律上或事实上不能履行的除外。疫情这一不可抗力与无法履行证券融资类业务的金钱债务不存在直接因果关系。当今社会科技飞速发展，支付方式更加便捷化、现代化，即使在新冠肺炎疫情期间，人与人之间面对面的交流受到一定影响，也可以通过手机、电脑等设备完成网上汇款，不会直接、必然出现支付不能之情形。疫情持续时间较长，可能会对上市公司的生产、经营造成影响，资金未能正常周转，进而导致无法按期还本付息，该类情形下，疫情并不是该证券融资合同履行不能的直接因素，因此不属于法律意义上的直接因果关系。

新冠肺炎疫情发生后，中国证券监督管理委员会以答记者问和新闻发布会的形式指出，拟根据不同地区受疫情影响情况，分类采取措施：一是股票质押协议在疫情防控期间到期，客户由于还款困难申请展期的，如是湖北地区客户（即注册地在湖北省内的企业或者住所地在湖北省内的居民，下同），可申请展期6个月，由证券公司协助办理展期事宜；如是其他地区客户，可与证券公司协商展期3至6个月。二是疫情解除前，对于湖北地区融资融券客户，以及因疫情实施隔离或者接受救治的其他地区融资融券客户，证券公司不主动实施强制平仓，对于其他客户，证券公司应按约定主动加强与客户的沟通，适当延长客户补充担保品的时间。

鉴于中国证券监督管理委员会答记者问的形式属于政府指导，其指导措施不属于对股票质押式回购及融资融券业务违约责任的免除，属于双方协商一致下合同的变更。《合同法》在不损害国家利益、社会利益和第三人利益的前提下，鼓励意思自治，鼓励双方协商。建议在新冠肺炎疫情期间，融资人对可能发生违约的情形，应及时与券商沟通，避免产生违约责任。同时，因新冠肺炎疫情期间的特殊情况，券商应该从社会利益出发，积极主动与融资人沟通，及时了解客户情况，协商解决方案。

51. 受新冠肺炎疫情影响，发行人未能在批文或许可有效期内完成债券发行的，其融资批文或发行许可期限可否延期？

法律依据

《证券法》第 15 条至第 17 条、第 19 条；《关于发行监管工作支持防控新型冠状病毒感染肺炎疫情相关安排的通知》；《关于延长公司债券许可批复时限 支持防控新型冠状病毒感染肺炎疫情的通知》；《中国人民银行、财政部、银保监会、证监会、外汇局关于进一步强化金融支持防控新型冠状病毒感染肺炎疫情的通知》。

专家解读

因新冠肺炎疫情对部分企业采购、生产及销售等生产经营环节及现金流回款等造成暂时性冲击，企业的正常偿债资金筹集活动也将受到影响，不排除部分企业会遭遇短期的流动性困难，进而导致无法按期偿付债券本息。

新修订的《证券法》有关债券发行的规定有利于缓解此次新冠肺炎疫情期间企业融资问题。《证券法》对公开发行公司债券的条件取消了对发行主体净资产额度、资金投向、利率水平等方面的要求；发行报送文件取消了资产评估报告和验资报告，进一步简化了发行材料；取消了前一次公开发行公司债券尚未募足不可再次发行的限制，为特殊市场情况下的企业融资留下空间。从《证券法》修订来看，对债权发行更放权于市场，淡化监管强制，更多取消强制性条款，注重发行人与投资人的合意及信息披露。

为纾解相关企业的流动性困难，防范债券违约风险，降低市场影响，中国证券监督管理委员会等机构积极采取相关措施。中国证券监督管理委员会和证券交易所积极引导证券公司等中介机构做好相关风险监测和市场服务，督促受托管理人积极履职，加强与投资者的沟通协调，积极引导投资者对疫情期间到期的公司债券，通过与发行人达成展期安排、调整还本付息周期等方式，帮助发行人渡过困难期。

延长公司债券许可批复时限，支持防控疫情。公开发行公司债券的反馈意见回复时限和已核发公司债券批文的有效期，自 2020 年 2 月 1 日起暂缓计算，恢复计算时间将根据疫情防控形势变化另行通知。非公开发行公司债券、资产支持证券参照执行。

52. 疫情防控紧急情况下，强制许可相关治疗药品有何依据，药品的强制许可有哪些具体要求？

法律依据

《中华人民共和国专利法》（以下简称《专利法》）第 48 条、第 49 条、

第 55 条、第 56 条、第 58 条；《专利实施强制许可办法》第 2 条、第 6 条、第 9 条、第 12 条、第 22 条；《国务院办公厅关于改革完善仿制药供应保障及使用政策的意见》第 12 项。

专家解读

疫情紧急状态属于国家出现的紧急状态或者非常情况，根据《专利法》第 49 条的规定，国务院专利行政部门可以给予实施发明专利或者实用新型专利的强制许可。具体来说，我国实施强制许可的机关为国家知识产权局。

强制许可程序的启动方面。第一，依职权启动强制许可程序。根据规定，应对新冠肺炎疫情之类的突发公共卫生事件，国家相关职能部门可以主动建议主管部门对治疗药品实施强制许可。具体的批准程序是：国家卫生健康委员会会同工业和信息化部、国家药品监督管理局等部门进行评估论证，向国家知识产权局提出实施强制许可的建议，国家知识产权局依法作出给予实施强制许可或驳回的决定。第二，依申请启动强制许可程序。非常时期，若抗疫药品生产企业的经营行为被认定为垄断行为，根据《专利法》第 48 条第（二）项的规定，具备药品专利实施条件的单位或者个人可以主动向国务院专利行政部门提出强制许可申请。

治疗药品强制许可的具体操作细节方面。第一，主管机关的告知与公示义务。强制许可属于公共利益的范畴，国家知识产权局决定实施强制许可，应当及时通知专利权人，并且登记、公告相关情况。第二，强制许可的限制。治疗药物专利强制许可属于非常规的操作，该许可的实施存在范围与时间的限制，并不是永久性的。一旦强制许可的理由消除，如疫情消失，那么药物专利就需要回归正常，相关单位或者个人意图使用该专利技术，必须经过专利权人的合法授权。第三，强制许可中，药品专利权人的权益保障。首先，取得实施强制许可的单位或者个人不能独占该治疗药物专利的实施权，并且其本身不能将药物专利技术授权他人使用。使用范围必须严格遵循强制许可的决定。其次，治疗药品的专利权人对强制许可的决定存在异议，其可以自收到通知之日起 3 个月内向人民法院提起诉讼，要求司法机关审查该具体行政行为。

53. 疫情防控期间，若政府欲对相关药品进行强制许可，需要注意哪些问题，是否需要支付专利权人费用？

法律依据

《专利法》第 57 条、第 58 条；《中华人民共和国专利法实施细则》第 75 条；《专利实施强制许可办法》第 2 条、第 26 条、第 27 条、第 29 条、第 30 条。

专家解读

对药物专利进行强制许可，政府部门作为公共秩序的维护方，其主要职责在于监督管理，并不直接参与专利技术的实施，因此无须支付专利权人费用。根据《专利法》第 57 条的规定，取得实施强制许可的单位或者个人应当付给专利权人合理的使用费，或者依照中华人民共和国参加的有关国际条约的规定处理使用费问题。

使用费确定方式方面。第一，专利权人与技术使用人协商确定。根据《专利法》第 57 条的规定，使用费的确立标准并不明确，该条仅规定使用费须"合理"，并且具体数额的确定须建立于双方达成合意的基础之上。第二，依据中国参加的有关国际条约规定处理。以《与贸易有关的知识产权协定》（Agreement on Trade-Related Aspects of Intellectual Property Rights，TRIPs）第 31 条第（h）款为例，在每一种情况下技术使用人应向权利持有人支付适当报酬，同时考虑到授权的经济价值。第三，国务院专利行政部门裁决。若专利权人与技术使用人（取得强制许可的单位或者个人）不能就"合理的使用费"达成协议，双方都可以向国家知识产权局提交裁决请求书。

强制许可使用费裁决相关规定方面。第一，审理形式。在裁决过程中，国家知识产权局可以通过书面形式、口头形式了解具体案情。第二，答辩与决定。当事人一方应当自收到裁决程序通知之日起 15 日内陈述意见，期满未答复的，不影响国家知识产权局作出决定。国家知识产权局自收到请求书 3 个月内，应当作出裁决。第三，权利救济。专利权人和取得实施强制许可的单位或者个人对国务院专利行政部门关于实施强制许可使用费的裁决不服的，可以自收到通知之日起 3 个月内向人民法院起诉。

劳动法篇

　　为做好新冠肺炎疫情防控的人力资源和社会保障工作，在既有的劳动法基础上，人力资源和社会保障部及各地方人民政府陆续出台了一系列规范性文件，为疫情防控提供了强有力的政策保障。这些规范性文件旨在妥善处理好疫情防控期间的劳动关系问题，维护劳动者合法权益，保障用人单位正常的生产经营秩序，促进劳动关系和谐稳定。

　　本篇将就疫情防控期间的热点问题进行解析，帮助用人单位妥善处理好疫情防控期间常见的劳动用工管理问题，保障劳动者合法权益，维持劳动关系的和谐稳定。

本篇负责人介绍

　　王显勇，中国政法大学民商经济法学院教授，社会法研究所副所长，美国明尼苏达大学、密歇根州立大学访问学者。

　　主要社会兼职：中国法学会经济法学研究会理事，中国社会法学研究会理事。

　　曾在各类法学刊物发表论文40余篇，出版多部著作。荣获中国法学会主办的第6期中国法学青年论坛二等奖（2011年），三次荣获中国法学会经济法学研究会中青年优秀论文三等奖（2003年、2005年、2006年），三次荣获中国法学会社会法学研究会青年优秀论文奖（一等奖，2011年；三等奖，2012年；三等奖，2010年）。

54. 疫情期间，劳动者被确诊或疑似或因密切接触被法定隔离期间，工资应如何支付？

法律依据

《传染病防治法》第 39 条；《人力资源社会保障部办公厅关于妥善处理新型冠状病毒感染的肺炎疫情防控期间劳动关系问题的通知》第 1 条。

专家解读

《传染病防治法》第 39 条第 1 款规定，医疗机构发现甲类传染病时，应当及时采取下列措施：（一）对病人、病原携带者，予以隔离治疗，隔离期限根据医学检查结果确定；（二）对疑似病人，确诊前在指定场所单独隔离治疗；（三）对医疗机构内的病人、病原携带者、疑似病人的密切接触者，在指定场所进行医学观察和采取其他必要的预防措施。根据《人力资源社会保障部办公厅关于妥善处理新型冠状病毒感染的肺炎疫情防控期间劳动关系问题的通知》第 1 条的规定，对新型冠状病毒感染的肺炎患者、疑似病人、密切接触者在其隔离治疗期间或医学观察期间以及因政府实施隔离措施或采取其他紧急措施导致不能提供正常劳动的企业职工，企业应当支付职工在此期间的工作报酬。

据此，对于劳动者被确诊或疑似或因密切接触被法定隔离期间，用人单位应当依法支付在此期间的工作报酬。

关于劳动者因被确诊或疑似或因密切接触被隔离期间的工资支付标

准，各地规定有所差异，主要有以下几种表述：一是视同提供正常劳动，按照劳动者正常工作期间支付工资，如北京、广东、浙江、江苏、福建、山西、山东等地；二是按照正常出勤支付工资，如上海、云南、贵州、江西、广西等地；三是支付在此期间的工资，如四川、海南、陕西、内蒙古、河南等地；四是按照劳动合同的约定全额支付工资，如天津。

55. 受疫情影响，用人单位生产经营困难而停产停业的，应如何支付劳动者工资？

法律依据

原劳动部《工资支付暂行规定》第 12 条；《人力资源社会保障部办公厅关于妥善处理新型冠状病毒感染的肺炎疫情防控期间劳动关系问题的通知》第 2 条。

专家解读

《工资支付暂行规定》第 12 条规定，非因劳动者原因造成单位停工、停产在一个工资支付周期内的，用人单位应按劳动合同规定的标准支付劳动者工资。超过一个工资支付周期的，若劳动者提供了正常劳动，则支付给劳动者的劳动报酬不得低于当地的最低工资标准；若劳动者没有提供正常劳动，应按国家有关规定办理。

根据《人力资源社会保障部办公厅关于妥善处理新型冠状病毒感染的肺炎疫情防控期间劳动关系问题的通知》第 2 条的规定，用人单位确因受疫情影响导致生产经营困难的，可以通过与劳动者协商一致采取调整薪酬、轮岗轮休、缩短工时等方式稳定工作岗位，尽量不裁员或者少裁员。符合条件的用人单位，可按规定享受稳岗补贴。用人单位停工停产在一个工资支付周期内的，应按劳动合同规定的标准支付劳动者工资。超过一个工资支付周期的，若劳动者提供了正常劳动，用人单位支付给劳动者的工资不得低于当地最低工资标准。劳动者没有提供正常劳动的，用人单位应当发放生活费，生活费标准按各省、自治区、直辖市规定的办法执行。

56. 2020年春节延长假期期间，用人单位安排劳动者上班是否应支付加班工资？

法律依据

《中华人民共和国劳动法》（以下简称《劳动法》）第44条；《国务院办公厅关于延长2020年春节假期的通知》。

专家解读

春节延长假期期间，用人单位安排劳动者上班，如不能安排补休，则应当支付加班工资。根据《国务院办公厅关于延长2020年春节假期的通知》，2020年春节假期延长至2月2日，春节延长假期期间不能休假的劳动者，用人单位应根据《劳动法》的规定安排补休，未休假期的工资报酬应按照有关政策保障落实。

部分地区也出台了相关政策，明确用人单位安排劳动者在春节延长假期期间上班的工资支付标准。如上海市《关于应对新型冠状病毒感染肺炎疫情实施人力资源社会保障支持保障措施的通知》规定，在 2020 年春节假期延长期间，因疫情防控不能休假的职工，应根据《劳动法》的规定安排补休，未休假期的工资报酬应按照有关政策保障落实。广东等地规定，因疫情防控不能休假和提前结束休假复工的劳动者，应当根据《劳动法》的规定安排补休，不能安排补休的用人单位应当支付不低于劳动者本人工资 200% 的工资。

根据《国务院办公厅关于延长 2020 年春节假期的通知》，春节延长假的性质应当属于休息日。根据《劳动法》第 44 条的规定，休息日安排劳动者工作又不能安排补休的，支付不低于工资的 200% 的工资报酬。因此，在春节延长假期期间用人单位安排劳动者上班的，不能安排补休的应当支付加班工资，加班工资标准为劳动者本人工资的 200%。对此，广东等地作出了明确规定，未作出明确规定的地区也应当按照法律规定安排补休或支付加班工资。

57. 由于延长春节假期或延迟复工时间导致用人单位无法按正常发放日期发放工资，应如何处理？

法律依据

原劳动部《工资支付暂行规定》第 7 条；国务院《保障农民工工资支付条例》第 14 条。

专家解读

用人单位由于延长春节假期或延迟复工时间致使发薪日延后的，不属于拖欠工资的情形。用人单位要将有关情况及时通知劳动者，并在复工后立即支付。

根据《工资支付暂行规定》第 7 条的规定，工资必须在用人单位与劳动者约定的日期支付。如遇节假日或休息日，则应提前在最近的工作日支付。用人单位无法事先预料到疫情的发生与发展态势，从而无法在放假前的最后一个工作日完成支付。可以参照国务院《保障农民工工资支付条例》第 14 条第 2 款的规定，用人单位因不可抗力未能在支付日期支付工资的，应当在不可抗力消除后及时支付。

根据上述规定，工资支付日期遇到节假日或休息日的，用人单位应当提前在最近的工作日支付工资。但由于疫情的影响，国务院发文延长春节假期至 2 月 2 日，各地也陆续出台相关规定要求用人单位延迟复工，有些省份要求用人单位复工不得早于 2 月 9 日，如《上海市人民政府关于延迟本市企业复工和学校开学的通知》规定，本市区域内各类企业不早于 2 月 9 日 24 时前复工。因此，部分用人单位可能无法按正常发放日期为劳动者发放工资，并且由于无法预见疫情出现及发展趋势而无法在最近的工作日提前支付。

据此，用人单位应当积极与劳动者协商，如果有工会的，应当通知工会，由于延长春节假期和延迟复工时间致使发薪日延后的，不应视为未及时支付工资。同时，用人单位应当在复工之后立即支付劳动者工资。疫情特殊时期，用人单位与劳动者需要互相理解、共渡难关。

58. 用人单位复工后安排劳动者在家办公或轮岗上班的，工资如何发放？

法律依据

《人力资源社会保障部、全国总工会、中国企业联合会 / 中国企业家协会、全国工商联关于做好新型冠状病毒感染肺炎疫情防控期间稳定劳动关系支持企业复工复产的意见》第 3 条第（五）项。

专家解读

《人力资源社会保障部、全国总工会、中国企业联合会 / 中国企业家协会、全国工商联关于做好新型冠状病毒感染肺炎疫情防控期间稳定劳动关系支持企业复工复产的意见》第 3 条第（五）项规定，支持困难企业协商工资待遇。对受疫情影响导致企业生产经营困难的，鼓励企业通过协商民主程序与职工协商采取调整薪酬、轮岗轮休、缩短工时等方式稳定工作岗位；对暂无工资支付能力的，要引导企业与工会或职工代表协商延期支付，帮助企业减轻资金周转压力。

劳动者轮流来现场办公，交叉上班，用人单位根据工作经营需要，可每天就现场办公人员的总数加以限制，进而防止人员聚集。劳动者非在现场办公期间，用人单位依然可通过在家办公的方式安排劳动者工作。

轮岗轮休可能有两种情况：一种情况为工作量和工作任务不变，只是工作形式发生了变化；另一种情况则是工作量、工作时间等都发生了变化。对于前者只是劳动合同履行形式发生了变化，而对于后者，则还会涉及待遇是否有相应变化。

轮岗期间的工资发放没有明确的法律规定，根据目前的政策，用人单位可以与劳动者协商确定特殊时期的薪酬待遇。如协商不成，结合劳动者工资结构和绩效考核制度，按照实际工作情况进行发放。

（1）轮岗期间：根据劳动者的出勤和工作量，正常发放劳动者工资。

（2）轮休期间安排劳动者在家办公的：正常发放工资，可以根据用人单位合法有效的绩效考核制度进行相应浮动。

（3）轮休期间未安排劳动者工作的：一方面，可与劳动者协商确定特殊时期的工资待遇，并做好证据留存；另一方面，轮休期间未安排劳动者工作的，劳动者本月的出勤和工作量都会比以往有所减少，因此可根据绩效考核制度以工作量、出勤情况对劳动者工资作出一定范围内的浮动。

59. 用人单位复工后安排劳动者在家办公的，劳动合同约定的交通补贴、餐补等福利是否仍须发放？

法律依据

《财政部关于企业加强职工福利费财务管理的通知》第 2 条。

专家解读

建议结合用人单位与福利相关的规章制度进行判断或与劳动者达成协

商予以处理。

首先，如果用人单位的规章制度中对于在家办公期间交通补贴、餐补等福利有明确规定的，如规章制度明确规定每月未到岗期间达到多少天时，该月的交通补贴不再予以发放等，或者双方就在家办公期间的福利补贴问题有约定的，按照规章制度或者约定执行。当然，用人单位的规章制度应当是经民主程序制定且已向劳动者公示、合法有效的规章制度。

其次，如交通补贴、餐补等福利采用的是实报实销制度，以劳动者履行工作职责过程中实际发生费用为准的，在家办公期间如未产生相关费用的，用人单位无须发放交通补贴、餐补。

最后，如果用人单位没有明文的规章制度或者双方之间也没有约定的，在家办公期间的交通补贴、餐补等福利是否予以发放有两种观点：

观点一：在家办公期间，用人单位应按正常劳动支付工资，交通补贴、餐补等属于工资的构成部分，用人单位应当予以发放。

《财政部关于企业加强职工福利费财务管理的通知》第 2 条规定，企业为职工提供的交通、住房、通讯待遇，已经实行货币化改革的，按月按标准发放或支付的住房补贴、交通补贴或者车改补贴、通讯补贴，应当纳入职工工资总额，不再纳入职工福利费管理。如果劳动合同明确约定了交通补贴、餐补等福利，且用人单位每月按固定的数额或者按照出勤天数随工资发放，交通补贴、餐补属于工资的一部分，在家办公期间用人单位应按照正常劳动发放工资，所以用人单位也应按照正常劳动发放交通补贴、餐补等。

观点二：交通补贴、餐补从本质上是用人单位给予劳动者在交通、餐费上的补助。在家办公期间劳动者不需要支付上下班的交通费用，用人单位无须支付交通补贴。但餐补系用人单位给予的用餐补贴，无论是在家办公还是在原工作场所办公，劳动者都有用餐的需求以及支出，所以用人单位仍应支付在家办公期间的餐补。

但在此提示用人单位：观点二成立的前提是用人单位能够证明已发金额中包含交通补贴、餐补费。在交通补贴、餐补费随工资发放时，如用人单位无法证明其中包含这些补贴，仲裁及人民法院以含补贴的金额认定工资标准的可能性很高，从而认定用人单位未足额发放工资。

综上所述，建议用人单位应与劳动者就在家办公期间的福利补贴问题进行协商、确认，并留存相应证据。

60. 用人单位已向劳动者发放录用通知并明确报到时间，能否以疫情防控为由取消录用？

法律依据

《合同法》第 42 条；《劳动合同法》第 7 条、第 10 条。

专家解读

用人单位已向劳动者发放录用通知并明确报到时间，但因延迟复工、交通管制、区域封锁、自我隔离等疫情防控措施导致拟录用劳动者不能按照原定时间办理报到手续，不建议用人单位以此为由取消录用。

该行为尚不受《劳动法》以及《劳动合同法》的约束，根据《劳动合同法》第 7 条的规定，用人单位自用工之日起即与劳动者建立劳动关系。根据《劳动合同法》第 10 条的规定，建立劳动关系，应当订立书面劳动合同。但是，用人单位发出录用通知属于单方法律行为，对用人单位具有约束力。因此，从诚信以及用人单位公信力的角度，用人单位不能以此为由取消录用。

第一，存在承担缔约过失赔偿责任的法律风险。根据《合同法》第42条的规定，当事人在订立合同过程中有违背诚实信用原则的行为，给对方造成损失的，应当承担损害赔偿责任。如果以疫情防控为由取消录用，用人单位存在承担缔约过失赔偿责任的法律风险。与被确诊感染或疑似感染新冠肺炎人员不同，上述疫情防控措施下用人单位和劳动者对于办理报到的时间是能预期的，并不必然导致原先双方缔结劳动关系目的完全无法实现，特别是因延迟复工导致的。

第二，违背诚信原则。用人单位与劳动者已经通过录用通知确定入职的时间，双方已经达成关于签订劳动合同的合意。用人单位因延迟复工、交通管制、区域封锁、自我隔离等疫情防控措施导致拟录用劳动者不能按照原定时间办理报到手续而取消录用的，有违诚实信用原则，不利于用人单位的长远利益。

因此，建议用人单位可通过与拟录用劳动者协商变更入职日期等多种方式解决此问题。

61. 疫情期间，跨地域用工的用人单位是否必须遵守各地延期复工的政策规定？

法律依据

《传染病防治法》第 42 条；《突发事件应对法》第 49 条；《中华人民共

和国劳动合同法实施条例》（以下简称《劳动合同法实施条例》）第 14 条。

专家解读

根据《传染病防治法》第 42 条、《突发事件应对法》第 49 条的规定，传染病暴发、流行时，县级以上地方人民政府应当立即组织力量，可采取一项或多项应急处置措施，切断传染病的传播途径，必要时，报经上一级人民政府决定，可以采取停工、停业、停课的紧急措施并予以公告。

根据上述法律规定，各地出台的延迟复工的通知属于在疫情特殊时期的一种紧急措施，而各地有关延期复工的文件属于行政规范性文件，具有普遍约束力。

同时，《劳动合同法实施条例》第 14 条规定，劳动合同履行地与用人单位注册地不一致的，有关劳动者的最低工资标准、劳动保护、劳动条件、职业危害防护和本地区上年度职工月平均工资标准等事项，按照劳动合同履行地的有关规定执行；用人单位注册地的有关标准高于劳动合同履行地的有关标准，且用人单位与劳动者约定按照用人单位注册地的有关规定执行的，从其约定。

各地有关复工的政策，不仅包含延期复工时间、延期复工期间的工资待遇等关于劳动条件、工资标准等方面的内容，同时也包含复工备案、用人单位的防疫主体责任等职业危害防护、劳动保护等方面的内容。例如，关于延期复工期间的工资待遇问题，各地规定差异较大，有的地方则规定受延迟复工限制的企业，按停工、停产支付工资，不受延迟复工限制的企业，安排工作的，依法支付工资。有的地方视同休息日，如果用人单位安排工作，则需要支付加班费。

因此，对于跨地域用工的用人单位，应当遵守劳动合同履行地的有关延期复工的政策规定，除非用人单位注册地的有关标准高于劳动合同履行地的有关标准，且用人单位与劳动者约定按照用人单位注册地的有关规定执行的。

62. 劳动合同于复工前到期需要续签的，用人单位是否需要在未复工期间处理？

法律依据

《劳动合同法》第 10 条、第 82 条。

专家解读

未复工期间若劳动合同需要续签的，用人单位需要在未复工期间予以处理。《劳动合同法》第 10 条规定，建立劳动关系，应当订立书面劳动合同。已建立劳动关系，未同时订立书面劳动合同的，应当自用工之日起 1 个月内订立书面劳动合同。用人单位与劳动者在用工前订立劳动合同的，劳动关系自用工之日起建立。因此，用人单位在"用工之日"起就应该与劳动者订立书面劳动合同，而"用工之日"应该作广义的理解，既包括初次用工，也包括劳动合同终止之后的重新用工。

若用人单位在与劳动者签订的劳动合同到期后，继续雇佣劳动者且劳动者也继续提供劳动，但用人单位没有及时与劳动者续签书面劳动合同的，按照《劳动合同法》第 82 条的规定，用人单位自用工之日起超过 1 个月不满 1 年未与劳动者订立书面劳动合同的，应当向劳动者每月支付 2 倍的工资。

因此，未复工期间若劳动合同需要续签的，用人单位需要在未复工期间予以处理。有关劳动合同续签的流程，目前北京、重庆、湖北、吉林、宁夏、山西等省、自治区、直辖市做了规定，要求用人单位应该在劳动合同期满前一定时间内办理劳动合同续签或不续签事宜。

因此，建议用人单位在未复工期间决定与劳动者续签劳动合同时，履行提前通知程序，并且限期让劳动者答复是否同意续签劳动合同。当然，鉴于疫情防控需要，用人单位尚未复工，无法当面与劳动者协商续签问题，用人单位可与劳动者通过电子邮件、短信、微信等方式进行确认，若续签的，复工后再补签书面劳动合同。

63. 劳动者被确诊或疑似或因密切接触被隔离期间劳动合同到期的，用人单位能否到期终止劳动合同？

法律依据

《劳动合同法》第 45 条；《人力资源社会保障部办公厅关于妥善处理新型冠状病毒感染的肺炎疫情防控期间劳动关系问题的通知》第 1 条。

专家解读

劳动者被确诊或疑似或因密切接触被隔离期间劳动合同到期的，用人单位不能到期终止劳动合同，劳动合同期限应当依法顺延，顺延至相应情形结束。

根据《劳动合同法》第 45 条的规定，劳动者患病或者非因工负伤，在规定的医疗期内的，劳动合同期满，劳动合同应当顺延至相应的情形消失时终止。新冠肺炎患者在隔离治疗期间适用医疗期的规定，劳动合同在医疗期间期满的，劳动合同应当顺延至医疗期结束时终止。

《人力资源社会保障部办公厅关于妥善处理新型冠状病毒感染的肺炎疫情防控期间劳动关系问题的通知》第 1 条规定，对新型冠状病毒感染的肺炎患者、疑似病人、密切接触者在其隔离治疗期间或医学观察期间以及因政府实施隔离措施或采取其他紧急措施导致不能提供正常劳动的企业职工，企业应当支付职工在此期间的工作报酬，并不得依据《劳动合同法》第 40 条、第 41 条与职工解除劳动合同。在此期间，劳动合同到期的，分别顺延至职工医疗期期满、医学观察期期满、隔离期期满或者政府采取的紧急措施结束。因此，新冠肺炎患者被隔离治疗期间劳动合同到期，劳动合同顺延至劳动者医疗期期满时结束，在此期间，用人单位不能解除或者终止劳动合同。

对于劳动者被确诊或疑似或因密切接触被隔离期间劳动合同到期的，劳动合同到期日应顺延至：（1）劳动者被直接采取隔离治疗措施的，劳动合同到期日顺延至"隔离期结束之日"。（2）劳动者被采取医学观察措施后未被确诊为新冠肺炎患者的，劳动合同到期日顺延至"医学观察期结束之日"。（3）劳动者先被采取医学观察措施，后又被确诊为新冠肺炎患者采取隔离治疗措施的，劳动合同到期日顺延至"隔离期结束之日"。（4）劳动者未患新冠肺炎也未被采取医学观察或隔离治疗措施，但当地政府采取紧急措施的，如"封城"等，劳动合同到期日顺延至"当地政府宣布解除紧急措施之日"。

64. 疫情期间，用人单位能否以劳动者拒绝到岗为由解除劳动合同？

法律依据

《劳动合同法》第 4 条、第 39 条。

专家解读

疫情期间劳动者拒绝到岗的，应根据劳动者拒绝到岗的原因来判断是否可以解除劳动合同。

2020 年 2 月 21 日，人力资源和社会保障部在其官微发布《复工复产中的劳动用工、劳动关系、工资待遇、社保缴费等问题，权威解答来啦!》的文章，在"对不愿复工的职工，是否可以解除劳动合同?"中解答，对不愿复工的职工，企业工会应及时宣讲疫情防控政策要求和企业复工的重要性，主动劝导职工及时返岗。对经劝导无效或以其他非正当理由拒绝返岗的，企业可依法予以处理。因此，因劳动者本人故意等主观原因且无正当理由拒绝到岗的，用人单位可以依据《劳动合同法》第 39 条规定中的严重违反用人单位的规章制度的予以处理。前提是用人单位的规章制度符合《劳动合同法》第 4 条的规定，即用人单位应当依法建立和完善劳动规章制度，保障劳动者享有劳动权利、履行劳动义务。用人单位在制定、修改或者决定有关劳动报酬、工作时间、休息休假、劳动安全卫生、保险福利、职工培训、劳动纪律以及劳动定额管理等直接涉及劳动者切身利益的规章制度或者重大事项时，应当经职工代表大会或者全体职工讨论，提出方案和意见，与工会或者职工代表平等协商确定。在规章制度和重大事项决定实施过程中，工会或者职工认为不适当的，有权向用人单位提出，通过协商予以修改完善。用人单位应当将直接涉及劳动者切身利益的规章制度和重大事项决定公示，或者告知劳动者。

但若因受疫情影响非劳动者主观原因拒绝到岗的，关键在于劳动者陈述是否属实。若劳动者能提供材料证明确实无法返岗的，用人单位不得以劳动者拒绝到岗为由解除劳动合同。对此，用人单位可以要求劳动者提供无法返岗的相关材料。

当然，对于因受疫情影响非劳动者主观原因拒绝到岗的，建议用人单位可以与劳动者进行协商，采用多种方式灵活安排，并视具体情况支付相应的工资：

第一，用人单位可以优先考虑安排劳动者年休假或者调休。法定年休假期间以及调休期间，用人单位应正常支付劳动者休假期间的工资福利，年休假期间工资按照用人单位规章制度进行支付。

第二，用人单位可以与劳动者协商一致，要求劳动者在家办公，对于劳动者在家办公期间的工资，用人单位应该按照正常出勤支付工资。

第三，劳动者未复工时间较长的，经协商一致，可安排劳动者待岗，按规定支付待岗工资。

如果各地方有相关政策，依照地方政策执行。

65. 劳动者被确诊或疑似或因密切接触被隔离期间，用人单位能否解除劳动合同？

法律依据

《劳动合同法》第 42 条、第 48 条；《人力资源社会保障部办公厅关于妥善处理新型冠状病毒感染的肺炎疫情防控期间劳动关系问题的通知》第 1 条。

专家解读

劳动者被确诊或疑似或因密切接触被隔离期间，用人单位不能以此为由解除劳动合同。《劳动合同法》第 42 条规定，劳动者有下列情形之一的，用人单位不得依照本法第 40 条、第 41 条的规定解除劳动合同：（一）从事接触职业病危害作业的劳动者未进行离岗前职业健康检查，或者疑似职业病病人在诊断或者医学观察期间的；（二）在本单位患职业病或者因工负伤并被确认丧失或者部分丧失劳动能力的；（三）患病或者非因工负伤，在规定的医疗期内的；（四）女职工在孕期、产期、哺乳期的；（五）在本单位连续工作满 15 年，且距法定退休年龄不足五年的；（六）法律、行政法规规定的其他情形。根据《人力资源社会保障部办公厅关于妥善处理新型冠状病毒感染的肺炎疫情防控期间劳动关系问题的通知》第 1 条的规定，对新型冠状病毒感染的肺炎患者、疑似病人、密切接触者在其隔离治疗期间或医学观察期间以及因政府实施隔离措施或采取其他紧急措施导致不能提供正常劳动的企业职工，企业应当支付职工在此期间的工作报酬，并不得依据《劳动合同法》第 40 条、第 41 条与职工解除劳动合同。

2020 年 2 月 21 日，人力资源和社会保障部在其官微发布《复工复产中的劳动用工、劳动关系、工资待遇、社保缴费等问题，权威解答来啦!》的文章，在"职工因被依法实施隔离措施或因政府依法采取的紧急措施导致不能提供正常劳动的，企业能否解除劳动关系?"中解答，企业不得在此期间解除受相关措施影响不能提供正常劳动职工的劳动合同或退回被派遣劳动者。

因此，用人单位以劳动者被确诊或疑似患有新冠肺炎被隔离而与劳动者解除劳动合同的，不属于用人单位可以依法解除劳动关系的情形，用人单位不得以此为由解除劳动合同。

若用人单位仅依据劳动者被确诊或疑似或因密切接触被隔离期间无法提供劳动而单方解除与劳动者劳动关系的，属于违法解除。《劳动合同法》第 48 条规定，用人单位违反本法规定解除或者终止劳动合同，劳动者要求继续履行劳动合同的，用人单位应当继续履行;劳动者不要求继续履行劳动合同或者劳动合同已经不能继续履行的，用人单位应当依照本法第 87 条规定支付赔偿金。因此，若被认定为违法解除的，如果劳动者要求继续履行劳动合同，那么用人单位存在需要继续履行与劳动者的劳动合同的法律风险，引发工资支付、社保与住房公积金的缴纳等一系列问题;如果劳动者不要求继续履行劳动合同的，用人单位需支付赔偿金。

66. 患有新冠肺炎的劳动者医疗期届满且法定隔离结束后，用人单位能否依法解除劳动合同？

法律依据

《劳动合同法》第 36 条、第 39 条、第 40 条、第 41 条；《人力资源社会保障部办公厅关于妥善处理新型冠状病毒感染的肺炎疫情防控期间劳动关系问题的通知》第 1 条。

专家解读

患有新冠肺炎的劳动者医疗期届满且法定隔离结束后，用人单位可以依法解除劳动合同。根据《人力资源社会保障部办公厅关于妥善处理新型冠状病毒感染的肺炎疫情防控期间劳动关系问题的通知》第 1 条的规定，对新型冠状病毒感染的肺炎患者、疑似病人、密切接触者在其隔离治疗期间或医学观察期间，企业不得依据《劳动合同法》第 40 条、第 41 条与职工解除劳动合同。该条款并非意味着用人单位完全不能与患有新冠肺炎的劳动者解除劳动合同。即，若劳动者因感染新冠肺炎进入医疗期且处于法定隔离期内的，用人单位不得依据《劳动合同法》第 40 条、第 41 条与职工解除劳动合同。但是，若感染新冠肺炎的劳动者，经治疗结束法定隔离且医疗期届满的，当出现《劳动合同法》第 40 条、第 41 条规定可以解除劳动合同的情形时，用人单位可以依据《劳动合同法》第 40 条、第 41 条与劳动者解除劳动合同。

《劳动合同法》第 36 条规定，用人单位与劳动者协商一致，可以解除劳动合同。《劳动合同法》第 39 条规定，劳动者有下列情形之一的，用人单位可以解除劳动合同：（一）在试用期间被证明不符合录用条件的；（二）严重违反用人单位的规章制度的；（三）严重失职，营私舞弊，给用人单位造成重大损害的；（四）劳动者同时与其他用人单位建立劳动关系，对完成本单位的工作任务造成严重影响，或者经用人单位提出，拒不改正的；（五）因本法第 26 条第 1 款第一项规定的情形致使劳动合同无效的；（六）被依法追究刑事责任的。

因此，对于感染新冠肺炎的劳动者，在其医疗期届满且法定隔离结束后，当出现法定的可以解除劳动合同的情形时，用人单位可以依据《劳动合同法》第 40 条、第 41 条的规定解除劳动合同，但需依法支付经济补偿金。此外，当劳动者发生《劳动合同法》第 39 条规定的可以解除劳动合同的情形时，用人单位仍可以依法单方解除劳动合同。

67. 劳动者拒绝接受预防措施或隐瞒信息故意传播的，用人单位能否解除劳动合同？

法律依据

《劳动合同法》第 4 条、第 39 条；《最高人民法院、最高人民检察院关于办理妨害预防、控制突发传染病疫情等灾害的刑事案件具体应用法律若干问题的解释》第 1 条。

专家解读

针对这类行为，首先需要分析该劳动者的行为是否属于犯罪。若劳动者的行为本身构成犯罪而被追究刑事责任的，用人单位则可根据《劳动合同法》第 39 条第（六）项的规定解除劳动合同。若尚未构成犯罪，具体能否解除则取决于用人单位的规章制度，前提是用人单位的规章制度应符合《劳动合同法》第 4 条的规定。

《最高人民法院、最高人民检察院关于办理妨害预防、控制突发传染病疫情等灾害的刑事案件具体应用法律若干问题的解释》第 1 条规定，故意传播突发传染病病原体，危害公共安全的，依照《刑法》第 114 条、第 115 条第 1 款的规定，按照以危险方法危害公共安全罪定罪处罚。患有突发传染病或者疑似突发传染病而拒绝接受检疫、强制隔离或者治疗，过失造成传染病传播，情节严重，危害公共安全的，依照《刑法》第 115 条第 2 款的规定，按照过失以危险方法危害公共安全罪定罪处罚。

因此，如果劳动者存在隐瞒信息故意传播、拒绝接受强制隔离或治疗，故意损坏医护人员防护用具等，危害公共安全被追究刑事责任的，用人单位可以依法立即与其解除劳动合同，且无须支付经济补偿金。

如果劳动者未被依法追究刑事责任，但在有关机构采取医学措施时不予以配合，或阻碍应急处理工作人员执行职务，情节严重，违反用人单位的规章制度，用人单位可根据《劳动合同法》第 39 条的规定解除劳动合同，且无须支付经济补偿金。

68. 疫情期间，用人单位是否可以因疫情原因进行经济性裁员？

法律依据

《劳动合同法》第 41 条、第 42 条；《人力资源社会保障部办公厅关于妥善处理新型冠状病毒感染的肺炎疫情防控期间劳动关系问题的通知》第 2 条。

专家解读

疫情期间，用人单位是否能进行经济性裁员取决于是否满足《劳动合同法》第 41 条的规定。《劳动合同法》第 41 条规定，有下列情形之一，需要裁减人员 20 人以上或者裁减不足 20 人但占企业职工总数 10% 以上的，用人单位提前 30 日向工会或者全体职工说明情况，听取工会或者职工的意见后，裁减人员方案经向劳动行政部门报告，可以裁减人员：（一）依照企业破产法规定进行重整的；（二）生产经营发生严重困难的；（三）企业转产、重大技术革新或者经营方式调整，经变更劳动合同后，仍需裁减人员的；（四）其他因劳动合同订立时所依据的客观经济情况发生重大变化，致使劳动合同无法履行的。《人力资源社会保障部办公厅关于妥善处理新型冠状病毒感染的肺炎疫情防控期间劳动关系问题的通知》第 2 条规定，企业因受疫情影响导致生产经营困难的，可以通过与职工协商一致采取调整薪酬、轮岗轮休、缩短工时等方式稳定工作岗位，尽量不裁员或者少裁员。

法律与相关政策并没有禁止用人单位在疫情期间裁员，用人单位是否可以因疫情原因进行经济性裁员取决于是否符合《劳动合同法》第41条规定所列的各种情形。疫情可能是用人单位依照破产法进行重整、生产经营发生严重困难的原因或者促使用人单位转产、进行技术革新或经营方式调整的动因，并非用人单位裁员的直接原因。其他劳动合同订立时所依据的客观经济情况发生重大变化着眼于经济情况，疫情虽属于用人单位和劳动者不能预见、不能克服也无法避免的情况，但不属于经济情况的重大变化。综上所述，用人单位不能直接以疫情原因进行经济性裁员，关键在于疫情是否引发了《劳动合同法》第41条规定所列的可以裁员的各种情形。

用人单位如果符合《劳动合同法》第41条关于经济性裁员的要求而裁员时，也需依法履行相关程序，制定裁员方案，妥善处理劳动关系。根据《劳动合同法》第42条、《人力资源社会保障部办公厅关于妥善处理新型冠状病毒感染的肺炎疫情防控期间劳动关系问题的通知》第1条的规定，对新型冠状病毒感染的肺炎患者、疑似病人、密切接触者在其隔离治疗期间或医学观察期间以及因政府实施隔离措施或采取其他紧急措施导致不能提供正常劳动的劳动者在隔离治疗期、医学观察期、政府采取紧急措施期间，用人单位不得依照《劳动合同法》第40条、第41条的规定与职工解除劳动合同，即这些劳动者不应该在经济性裁员名单内。

69. 疫情防控期间，若用人单位复工的，是否需要向相关部门进行备案？

法律依据

《传染病防治法》第 42 条；《关于切实加强疫情科学防控、有序做好企业复工复产工作的通知》。

专家解读

根据《传染病防治法》第 42 条的规定，为控制疫情蔓延，政府可以采取紧急措施，包括限制或停止集市、影剧院演出或其他人群聚集的活动，停工、停业、停课等方式，对用人单位的经营活动进行限制。国务院应对新冠肺炎疫情联防联控机制印发的《关于切实加强疫情科学防控、有序做好企业复工复产工作的通知》指出，既要切实做好春节后返程和复工复产后的疫情防控工作，确保人员生命安全和身体健康；又要及时协调解决复工复产中存在的困难和问题，尽早恢复正常生产。强调各地区要压实企业和属地政府责任，建立健全工作机制，形成工作合力，切实做好群防群控，推动安全有序复工复产。

在此基础上，各地就当地加强疫情防控的同时促进用人单位的有序复工，在复工潮中做好疫情防控工作的部署。除湖北省外，30 个省、自治区、直辖市已经完成复工部署。其中在复工前的防疫准备措施上，不少地区明确提出实施复工备案制——用人单位复工前需要拟订复工方案，向有关部门进行备案，比如上海的《上海市经济和信息化委员会关于做好企业复工复产工作的通知》、浙江的《浙江企业复工和疫情防控 17 条规定》、江苏的《关于进一步做好新型冠状病毒肺炎疫情防控期间各类企业复工工作的紧急通知》等。

因此，对于地方规定有明确要求复工前进行备案的，用人单位应当进行备案。

70. 疫情防控期间，用人单位复工不备案的，是否存在法律风险？

法律依据

《刑法》第 330 条；《突发事件应对法》第 64 条；《治安管理处罚法》第 50 条；《传染病防治法》第 77 条。

专家解读

若用人单位所在地区实行用人单位复工备案制，用人单位违法违规复工存在法律风险，具体包括：

刑事责任方面。根据《刑法》第 330 条的规定，若用人单位违反传染病防治法的规定，准许或者纵容传染病病人、病原携带者和疑似传染病病人从事国务院卫生行政部门规定禁止从事的易使该传染病扩散的工作的，或拒绝执行卫生防疫机构依照传染病防治法提出的预防、控制措施的，引起甲类传染病传播或者有传播严重危险的，构成妨害传染病防治罪，将被处以罚金。用人单位直接负责的主管人员和其他直接责任人员，处 3 年以下有期徒刑或者拘役；后果特别严重的，处 3 年以上 7 年以下有期徒刑。

行政责任方面。根据《突发事件应对法》第 64 条的规定以及地方性规定，用人单位可能被责令停产停业，暂扣或者吊销许可证或者营业执照，并处 5 万元以上 20 万元以下的罚款，尤其是地方复工政策明确要求用人单位复工前进行备案，不备案不得复工。如用人单位不备案又未做好疫情防控措施，可能构成违反治安管理行为。根据《治安管理处罚法》第 50 条的规定，用人单位拒不执行人民政府在紧急状态情况下依法发布的决定、命令的，公安机关可对用人单位直接负责的主管人员和其他直接责任人员处以警告或者 200 元以下罚款；情节严重的，处 5 日以上 10 日以下拘留，可以并处 500 元以下罚款。

民事责任方面。根据《传染病防治法》第 77 条的规定，单位和个人违反本法规定，导致传染病传播、流行，给他人人身、财产造成损害的，应当依法承担民事责任。

71. 用人单位复工后，用人单位如何落实防疫防控的主体责任？

法律依据

《劳动法》第 54 条；《突发事件应对法》第 22 条。

专家解读

《劳动法》第 54 条规定，用人单位必须为劳动者提供符合国家规定的劳动安全卫生条件和必要的劳动防护用品，对从事有职业危害作业的劳动者应当定期进行健康检查。《突发事件应对法》第 22 条规定，所有单位应当建立健全安全管理制度，定期检查本单位各项安全防范措施的落实情况，及时消除事故隐患；掌握并及时处理本单位存在的可能引发社会安全事件的问题，防止矛盾激化和事态扩大；对本单位可能发生的突发事件和采取安全防范措施的情况，应当按照规定及时向所在地人民政府或者人民政府有关部门报告。

根据国家及各地出台的复工政策，如《国务院应对新型冠状病毒感染肺炎疫情联防联控机制关于印发企事业单位复工复产疫情防控措施指南的通知》《广州市防控新型冠状病毒感染的肺炎疫情工作指挥部办公室关于做好企业安全有序复工复产工作的通知》），落实用人单位疫情防控的主体责任，主要体现在以下几个方面。

防控组织到位。成立由主要负责人牵头的疫情防控领导小组，组成专班负责疫情防控工作；必须制订本单位的疫情防控和复工方案，包括领导体系、责任分工、排查制度、日常管控、后勤保障、应急处置等内容，要细化落实到车间、班组，明确专人负责。如地方要求复工前进行备案的，依照当地政策要求进行备案后方可复工。

防控物资到位。用人单位复工前应当落实环境消毒制度，开展预防性消毒。设立企业测温点和临时隔离室，落实疫情防控管控专门人员，配备防护口罩、消毒液、红外线测温仪等疫情防控用品，建立应急防疫物资发放标准及领用制度。

应急预案到位。用人单位应当建立应急预案。工作场所发现疑似患者后应立即转至临时隔离室，及时联系当地疾控机构请求指导处理，并协助开展相关调查处置工作。若被诊断为新冠肺炎患者，其密切接触者必须接受 14 天的隔离医学观察。

内部管理到位，完善管控体系。加强返岗返工人员健康监测工作；要提前掌握返岗返工人员信息，建立"一人一档"，了解其返岗时间、交通方式、春节去向、身体状况，并根据劳动者信息进行分类管理；建立全员健康监测制度，在人员进入工作场所时对全员测量体温并进行健康询问，凡有发热及咳嗽等症状的，应阻止其进入工作场所；加强人流管控。用人单位可综合采用错峰上下班、固定线路的通勤方式、弹性工时、轮流到岗、在家办公、网上办公、变通考勤管理等有效方式加强人流管控，减少人员密集；加强场所和用餐管理。定期进行消毒，加强相对封闭场所的管理，确保工作环境清洁卫生，注意通风换气，保持室内空气流通，加强食堂卫生管理，推行分餐制、盒饭制，尽量避免员工集体用餐；成立由用人单位负责人担任组长的疫情防控工作监督管理组，每日对用人单位的疫情防控工作进行监督检查。落实信息报送机制，按当地要求每天按时如实报送相关情况。

宣传教育到位，提高劳动者的疫情防控意识。用人单位应通过宣传条幅、广播媒体、短信、微信、网络平台和岗前教育等形式，加强疫情防控形势、防控知识的宣传普及和防护培训工作，在增强劳动者疫情防控意识的同时对劳动者进行必要的心理疏导，避免过度恐慌。

72. 复工后安排劳动者在家办公的，用人单位应如何进行有效的用工管理？

法律依据

《劳动法》第 4 条；《劳动合同法》第 4 条。

专家解读

《劳动法》第 4 条规定，用人单位应当依法建立和完善规章制度，保障劳动者享有劳动权利和履行劳动义务。《劳动合同法》第 4 条规定，用人单位应当依法建立和完善劳动规章制度，保障劳动者享有劳动权利、履行劳动义务。用人单位在制定、修改或者决定有关劳动报酬、工作时间、休息休假、劳动安全卫生、保险福利、职工培训、劳动纪律以及劳动定额管理等直接涉及劳动者切身利益的规章制度或者重大事项时，应当经职工代表大会或者全体职工讨论，提出方案和意见，与工会或者职工代表平等协商确定。在规章制度和重大事项决定实施过程中，工会或者职工认为不适当的，有权向用人单位提出，通过协商予以修改完善。用人单位应当将直接涉及劳动者切身利益的规章制度和重大事项决定公示，或者告知劳动者。

因此，用人单位可以通过制定在家办公期间的管理制度进行管理。与平常的办公相比，在家办公用工管理难主要表现在考勤、绩效、会议等方面，在家办公管理规定一定要体现这些方面，其余根据用人单位的特点可进行特殊规定。

考勤管理。首先，工作时间是工作成果的前提，用人单位可根据情况确定在家工作时间，只要不长于此前工作时间，具体起始时间用人单位有自主决定权；其次，考勤方式上，如果以往考勤管理采用的是打卡方式，需要改为电子考勤，如线上视频会议、钉钉、OA、微信群等方式，并且，可以采取固定时间点考勤与考勤抽查相结合的考勤方式，如管理人员不定时以邮件、微信方式对劳动者进行抽查考勤，劳动者需保证反馈及时；再次，对于旷工等具体定义，可以根据具体采取的考勤方式进行调整，该部分如果不涉及更严格的要求，则属于用人单位用工自主权的范畴；最后，对于在家办公期间的加班审批、迟到早退、旷工认定、请假流程除需要进行电子化的考核／规定方式外，对于加班审批的流程和补偿应明确或予以重申，对于迟到早退、旷工认定应结合在家办公期间的考勤方式进行重新确定，如在不定时抽查时，劳动者未联系上达到多长时间可认定为旷工等。

绩效管理。劳动者在家办公，用人单位最担心的是工作过程无法管理，这对于用人单位管理要求极高。为此，对于过程的监管、工作成果的要求要高于往常。因此，用人单位应以绩效考核管理办法为基础，就原先相关规定的执行过程可能会产生的问题进行梳理并解决，如以往的纸质版考核方式，目前需要转变为电子化考核；每日设定一些具有时限性的工作任务要求当日完成；要求 OA 系统记录每日工作日志，督促劳动者及时记录；每周／每日进行复盘会议，以及时对劳动者的工作成果进行评价等。即通过过程考核以及结果考核最终落实工作过程的管理。

定期线上会议制度。由于在家办公期间，劳动者无法到现场参与用人单位组织的例会，但定期会议对于用人单位的管理而言有重要意义。因此，用人单位在特殊时期应建立定期电话、视频会议制度，确定每周／每日固定时间开会，如每日线上晨会明确本日计划和本周计划等，劳动者反馈之前项目的工作进度、需要改进的地方等。

用人单位出台在家办公管理规定，若涉及绩效、待遇、处罚等变化的，由于涉及劳动者的切身利益，需要经过民主公示程序。如果用人单位拟对疫情特殊时期的用工管理出台更为细致及具有针对性和系统性的管理规定，根据《劳动合同法》第4条的规定，疫情特殊时期的用工管理规定涉及劳动者的切身利益，用人单位准备实施管理规定前，需要就该规定履行民主公示程序，使管理规定适用于具体劳动者。在特殊时期，民主公示程序可以采取多样方式，比如 OA 系统、企业微信、电子邮件流转讨论及征集意见，通过线上会议、电子邮件、微信方式告知和学习管理规定内容等，灵活操作并注意留存证据。

73. 医护人员在预防和救治新冠肺炎工作中感染新冠肺炎的，是否属于工伤？

法律依据

《工伤保险条例》第14条、第15条；《人力资源社会保障部、财政部、国家卫生健康委关于因履行工作职责感染新型冠状病毒肺炎的医护及相关工作人员有关保障问题的通知》。

专家解读

医护人员在预防和救治新冠肺炎工作中感染新冠肺炎的，应当依法认定为工伤。《工伤保险条例》第 14 条规定，职工有下列情形之一的，应当认定为工伤：（一）在工作时间和工作场所内，因工作原因受到事故伤害的；（二）工作时间前后在工作场所内，从事与工作有关的预备性或者收尾性工作受到事故伤害的；（三）在工作时间和工作场所内，因履行工作职责受到暴力等意外伤害的；（四）患职业病的；（五）因工外出期间，由于工作原因受到伤害或者发生事故下落不明的；（六）在上下班途中，受到非本人主要责任的交通事故或者城市轨道交通、客运轮渡、火车事故伤害的；（七）法律、行政法规规定应当认定为工伤的其他情形。根据《人力资源社会保障部、财政部、国家卫生健康委关于因履行工作职责感染新型冠状病毒肺炎的医护及相关工作人员有关保障问题的通知》的规定，在新型冠状病毒肺炎预防和救治工作中，医护及相关工作人员因履行工作职责，感染新型冠状病毒肺炎或因感染新型冠状病毒肺炎死亡的，应认定为工伤，依法享受工伤保险待遇。

因此，根据《工伤保险条例》第 14 条、《人力资源社会保障部、财政部、国家卫生健康委关于因履行工作职责感染新型冠状病毒肺炎的医护及相关工作人员有关保障问题的通知》的规定，在新冠肺炎预防和救治工作中，医护及相关工作人员因履行工作职责感染新冠肺炎的，应当认定为工伤。已参加工伤保险的劳动者发生的相关费用，由工伤保险基金和用人单位按工伤保险有关规定支付；未参加工伤保险的，由用人单位按照法定标准支付，财政补助用人单位因此发生的费用，由同级财政予以补助。

74. 劳动者患新冠肺炎的，被隔离治疗期间是否计算在医疗期内？

法律依据

《企业职工患病或非因工负伤医疗期规定》第 2 条、第 5 条；《关于贯彻执行〈中华人民共和国劳动法〉若干问题的意见》第 59 项；《人力资源社会保障部办公厅关于妥善处理新型冠状病毒感染的肺炎疫情防控期间劳动关系问题的通知》第 1 条；《人力资源社会保障部、全国总工会、中国企业联合会/中国企业家协会、全国工商联关于做好新型冠状病毒感染肺炎疫情防控期间稳定劳动关系支持企业复工复产的意见》第 3 条第（六）项。

专家解读

劳动者患新冠肺炎的，被隔离治疗期间是计算在医疗期内的。《企业职工患病或非因工负伤医疗期规定》第 2 条规定，医疗期是指企业职工因患病或非因工负伤停止工作治病休息不得解除劳动合同的时限。因此，劳动者因新冠肺炎被隔离治疗期间，该隔离治疗期间计算在医疗期内。

对于隔离治疗期间的工资支付，《人力资源社会保障部办公厅关于妥善处理新型冠状病毒感染的肺炎疫情防控期间劳动关系问题的通知》第 1 条规定，对新型冠状病毒感染的肺炎患者、疑似病人、密切接触者在其隔离治疗期间或医学观察期间以及因政府实施隔离措施或采取其他紧急措施导致不能提供正常劳动的企业职工，企业应当支付职工在此期间的工作报酬，并不得依据《劳动合同法》第 40 条、第 41 条与职工解除劳动合同。在此期间，劳动合同到期的，分别顺延至职工医疗期期满、医学观察期期满、隔离期期满或者政府采取的紧急措施结束。《人力资源社会保障部、全国总工会、中国企业联合会 / 中国企业家协会、全国工商联关于做好新型冠状病毒感染肺炎疫情防控期间稳定劳动关系支持企业复工复产的意见》第 3 条第（六）项规定，对因依法被隔离导致不能提供正常劳动的职工，要指导企业按正常劳动支付其工资；隔离期结束后，对仍须停止工作进行治疗的职工，按医疗期有关规定支付工资。2020 年 2 月 21 日，人力资源和社会保障部在其官微发布《复工复产中的劳动用工、劳动关系、工资待遇、社保缴费等问题，权威解答来啦!》的文章，在"对因依法被隔离不能提供正常劳动的，如何支付其工资报酬?"中解答，对因依法被隔离导致不能提供正常劳动的职工，企业按正常劳动支付其工资。隔离期结束后，对仍须停止工作进行治疗的职工，按医疗期有关规定支付工资。

因此，在隔离期间，用人单位仍应正常支付工资。如果医疗期超出了隔离期，仍须停止工作进行治疗的劳动者，按医疗期有关规定支付工资。《关于贯彻执行〈中华人民共和国劳动法〉若干问题的意见》第 59 项规定，职工患病或非因工负伤治疗期间，在规定的医疗期内由企业按有关规定支付其病假工资或疾病救济费，病假工资或疾病救济费可以低于当地最低工资标准支付，但不能低于最低工资标准的 80%。如果各地对医疗期待遇有特殊规定的，则按照地方规定执行，但不能低于当地最低工资标准的80%。当然，用人单位的规章制度就医疗期待遇有规定且高于国家或地方标准的，则按照规章制度来执行。

75. 疫情防控期间，用人单位可以收集劳动者 个人信息吗？

法律依据

《劳动合同法》第 8 条；《传染病防治法》第 12 条；《突发公共卫生事件应急条例》第 51 条。

专家解读

《劳动合同法》第 8 条规定，用人单位有权了解劳动者与劳动合同直接相关的基本情况，劳动者应当如实说明。《传染病防治法》第 12 条规定，在中华人民共和国领域内的一切单位和个人，必须接受疾病预防控制机构、医疗机构有关传染病的调查、检验、采集样本、隔离治疗等预防、控制措施，如实提供有关情况。疾病预防控制机构、医疗机构不得泄露涉及个人隐私的有关信息、资料。

因此，用人单位在防疫期间可以要求劳动者披露返岗路线和时间、返岗前接触人群情况、具体的居住地点、身体情况、是否接触过感染或疑似新冠肺炎情况等个人信息，且劳动者应当向用人单位报告相关信息。该类信息与履行劳动合同直接相关，直接关系到劳动者是否能够返岗工作、返岗前是否需要采取隔离或相关医疗措施等，用人单位有权了解。

此外，在疫情防控的关键时刻，根据《传染病防治法》《突发公共卫生事件应急条例》等相关规定，个人未履行报告责任的，构成违反治安管理行为的，由公安机关依法给予处罚。如构成犯罪的，将承担刑事责任。如果因此造成传染病传播、流行，给他人造成损失的，将承担民事责任。

但用人单位收集、处理或者披露应当符合个人信息保护的相关法律规定，不得收集与疫情防控无关的信息，且应当对个人信息进行保护，疫情期间个人信息保护的边界不被突破。因此，用人单位在收集、处理或者披露个人信息时，应当坚持以下原则：第一，必要性原则。收集、处理个人信息应当以防疫之必要为边界。第二，限制人员范围原则。不得将个人信息交由无权或非必要人员之手。第三，及时删除或匿名化处理原则。在个人信息不再具有防疫价值时，应当及时删除或匿名化。

76. 疫情防控期间，用人单位应如何保护"三期"女职工的合法权益？

法律依据

《劳动法》第 60 条、第 61 条、第 63 条；《女职工劳动保护特别规定》；地方性规定。

专家解读

《劳动法》第 60 条规定，不得安排女职工在经期从事高处、低温、冷水作业和国家规定的第三级体力劳动强度的劳动。第 61 条规定，不得安排女职工在怀孕期间从事国家规定的第三级体力劳动强度的劳动和孕期禁忌从事的劳动。对怀孕七个月以上的女职工，不得安排其延长工作时间和夜班劳动。第 63 条规定，不得安排女职工在哺乳未满一周岁的婴儿期间从事国家规定的第三级体力劳动强度的劳动和哺乳期禁忌从事的其他劳动，不得安排其延长工作时间和夜班劳动。

目前就疫情期间，对于"三期"女职工如何处理的问题，国家并未出台明文规定，一般都是以倡议的方式来建议。2020 年 2 月 2 日，国家卫生健康委员会发布的《关于做好儿童和孕产妇新型冠状病毒感染的肺炎疫情防控工作的通知》明确"儿童和孕产妇是新型冠状病毒感染的肺炎的易感人群"。北京市总工会女职工委员会发出建议：疫情期间加强孕期、哺乳期女职工的特别保护。《湖北省新型冠状病毒感染肺炎疫情防控指挥部关于做好疫情防控期间孕产妇防疫保护工作的通知》强调，企事业单位正常上班后，孕妇经本人申请、单位同意，实行弹性工作制，可以在家远程办公，直至疫情结束。所在单位不得扣减其劳动报酬，也不得损害其其他相关合法权益。

保障孕产妇免受疫情侵害，关乎母婴健康，疫情特殊时期，特殊人群，更需要特殊保护。因此考虑此次疫情的传播特殊性，建议用人单位对于孕期和哺乳期的女职工尽量采取远程办公、灵活安排休假及工作时间，做好疫情期间孕期、哺乳期女职工的劳动保护。

当然，对于处于产假期间的女职工，则正常休产假即可，如产假即将结束进入哺乳期返岗工作的，则结合疫情的进展灵活安排工作。

总之，用人单位应当密切关注疫情期间及疫情过后返岗复工女职工权益保护问题，依法维护女职工合法权益和特殊利益。

刑 法 篇

    自新冠肺炎疫情暴发以来，我国各个省份先后启动重大突发公共卫生事件Ⅰ级响应。在举国上下全力以赴抗击疫情的特殊时期，却出现了一些拒绝采取隔离措施、恶意传播病毒、暴力伤医、制售伪劣防治防护产品物资、哄抬物价、滥用职权、挪用疫情防控款物等行为。这些行为不仅侵犯了公民的身体健康权和生命权，也严重妨害了疫情防控工作的顺利进行。为依法惩治违法犯罪活动，切实维护广大人民群众的生命健康，2020年2月6日，《最高人民法院、最高人民检察院、公安部、司法部关于依法惩治妨害新型冠状病毒感染肺炎疫情防控违法犯罪的意见》印发，为打赢新冠肺炎疫情防控阻击战提供了强有力的法治保障，在该文件精神基础上，现结合《最高人民法院、最高人民检察院关于办理妨害预防、控制突发传染病疫情等灾害的刑事案件具体应用法律若干问题的解释》《传染病防治法》等法律法规，对涉疫情的主要刑法问题进行梳理解读。

本篇负责人介绍

张爱艳，法学博士，山东政法学院刑事司法学院教授、副院长，山东省高校证据鉴识重点实验室常务副主任，美国印第安纳大学法学院访问学者（2013—2014年）。

主要社会兼（挂）职：山东省刑法学研究会秘书长，中国卫生法学会、中国科技法学会理事。山东省人民检察院公诉一处挂职副处长（2016—2017年）。

2012年获首届"全国刑法学优秀博士学位论文奖"二等奖；2016年获山东省第三十次社会科学优秀成果奖一等奖；2019年获山东省富民兴鲁劳动奖章。

77. 已确诊的新冠肺炎病人、病原携带者或疑似感染者，拒绝隔离治疗或隔离期未满擅自脱离治疗，并进入公共场所或乘坐公共交通工具的，会受到何种刑事处罚？

法律依据

《刑法》第 144 条、第 330 条；《最高人民法院、最高人民检察院、公安部、司法部关于依法惩治妨害新型冠状病毒感染肺炎疫情防控违法犯罪的意见》第 2 条第（一）项。

专家解读

该行为可能构成以危险方法危害公共安全罪或妨害传染病防治罪。

依据《刑法》与《最高人民法院、最高人民检察院、公安部、司法部关于依法惩治妨害新型冠状病毒感染肺炎疫情防控违法犯罪的意见》的规定，可以以危险方法危害公共安全罪定罪处罚的条件有四个：第一，主体包含两类人，即已经确诊的新冠肺炎病人、病原携带者或疑似感染者，其中病原携带者是指感染病原体无临床症状但能排出病原体的人。第二，主观方面是故意，不仅传播病毒行为是故意的，而且对危害后果也是故意的，包括希望的直接故意和放任的间接故意。第三，客观方面表现为两种行为方式：一是已经确诊的新冠肺炎病人、病原携带者，拒绝隔离治疗或者隔离期未满擅自脱离隔离治疗，只要进入公共场所或者乘坐公共交通工具，不管是否造成新冠肺炎传播的结果，都要予以刑事处罚；二是新冠肺炎疑似病人拒绝隔离治疗或者隔离期未满擅自脱离隔离治疗，并进入公共场所或者乘坐公共交通工具，只有造成新冠肺炎传播的，才予以刑事处罚。可见两种行为要求的结果不同。第四，该罪侵犯的客体是新冠肺炎疫情防控秩序，同时还侵犯了公共安全。

在当前疫情下，其他拒绝执行卫生防疫机构依照传染病防治法提出的防控措施，引起新冠肺炎传播或者有传播严重危险的，依照《刑法》第 330 条的规定，以妨害传染病防治罪定罪处罚。

相 关 案 例

案例一

玉林市福绵籍居民薛某某于 2020 年 1 月 15 日在外出旅游时出现低热，返回玉林后，到相关医院就诊过程中，隐瞒与重点疫区人员接触史，且拒不执行卫生防疫机构依照《传染病防治法》提出的关于新冠肺炎的预防、控制措施，在没有采取足够防护措施的情况下擅自与他人接触，导致其感染的新冠肺炎存在传播的严重危险。1 月 31 日，薛某某被确诊感染新冠肺炎。薛某某明知自己疑似感染新冠肺炎，拒不执行卫生防疫机构的预防、控制措施，仍然在公共场所及其他地方活动，放任向不特定人员传播突发传染病病原体，危害公共安全。其行为触犯了《刑法》第 114 条之规定，涉嫌以危险方法危害公共安全罪定罪处罚。①

---

① 《广西一新型冠状病毒感染肺炎者涉嫌危害公共安全罪被立案侦查》，央视网，见 http://news.cctv.com/2020/02/02/ARTIuCUCHizpjHD6eACMex1x200202.shtml，2020 年 2 月 2 日访问。

案例二

2019 年 12 月 22 日，被告人田某某乘坐火车从山东济宁前往湖北武昌打工。2020 年 1 月 9 日，田某某乘坐火车辗转湖北荆州、汉口、河南商丘等地后，返回山东成武县大田集镇家中。1 月 20 日，田某某出现发热、干咳等症状，即到本村卫生室就诊。1 月 22 日，田某某到大田集镇医院就诊，被诊断为肺炎。医护人员询问其是否有武汉旅居史，田某某隐瞒到过武昌、汉口的事实，谎称从石家庄返回家中。1 月 23 日，田某某到成武县人民医院就诊，医护人员询问其近期是否到过武汉，其仍故意隐瞒到过武昌、汉口的事实，被收治于该院呼吸内科普通病房。1 月 25 日，田某某在医护人员得知其有汉口旅居史再次询问时，仍予以否认，在被诊断疑似患有新冠肺炎而转入感染科隔离治疗过程中，不予配合并要求出院。1 月 26 日，田某某被确诊患有新冠肺炎。因田某某违反新冠肺炎疫情防控相关规定，故意隐瞒从武昌、汉口返乡的事实，造成医护人员及同病房病人共37 人被隔离观察。

山东省成武县人民法院经审理认为，被告人田某某违反《传染病防治法》规定，在国家卫生健康委员会宣布对新冠肺炎采取甲类传染病预防、控制措施后，明知应当报告湖北旅居史，却故意隐瞒，拒绝配合医护人员采取防治措施，造成新型冠状病毒传播的严重危险，致37 人被隔离观察，其行为构成妨害传染病防治罪，应依法惩处。田某某如实供述自己的犯罪事实，认罪认罚。据此，于 2020 年 3 月 1 日以妨害传染病防治罪判处被告人田某某有期徒刑 10 个月。①

78. 为防止新冠肺炎疫情蔓延，未经批准擅自实施堆土砌石、挖断道路等封路断路行为，会受到何种刑事处罚？

法律依据

《刑法》第 117 条、第 119 条第 1 款、第 276 条；《最高人民法院、最高人民检察院、公安部、司法部关于依法惩治妨害新型冠状病毒感染肺炎疫情防控违法犯罪的意见》第 2 条第（八）项。

专家解读

根据上述法律法规及司法解释，该行为可构成破坏交通设施罪。对于破坏正在使用的交通设备等，没有危及社会公共安全，但应当追究刑事责任的，根据案件不同情况，可以构成破坏生产经营罪或者故意毁坏财物罪。

判断该行为是否构成破坏交通设施罪，主要从四方面进行考察：一是行为人主观上对破坏轨道、桥梁、隧道、公路等交通设施是否明知；二是行为人客观上造成轨道、桥梁、隧道、公路、机场、航道、灯塔、标志等

---

① 《最高人民法院发布第一批 10 个依法惩处妨害疫情防控犯罪典型案例》，最高人民法院官网，见 http://www.court.gov.cn/zixun-xiangqing-222481.html，2020 年 3 月 11 日访问。

交通设施损坏，并且该行为足以使火车、汽车、电车、船只、航空器发生倾覆、毁坏等危险；三是该行为侵犯的客体是社会的公共安全；四是犯罪主体具有刑事责任能力。

司法实践中，行为人为防止新冠肺炎疫情的蔓延，未经批准，未采取警示告知等安全措施情况下，擅自实施堆土砌石、挖断道路等封路断路行为，很可能造成正在行驶中的火车、汽车等发生倾覆。即使汽车驾驶员没有尽到注意观察义务，但其生命健康安全是法律予以保护的，因此在没有政府批准的情况下，擅自封堵通道的行为是不合法的，可能构成破坏交通设施罪。

79. 疫情防控期间，生产不符合保障人体健康的国家标准、行业标准的防护服等医用器材，或者销售明知不符合标准的医用器材的，会触犯何种罪名？

法律依据

《刑法》第 145 条；《最高人民法院、最高人民检察院、公安部、司法部关于依法惩治妨害新型冠状病毒感染肺炎疫情防控违法犯罪的意见》第 2 条第（三）项；《最高人民法院、最高人民检察院关于办理妨害预防、控制突发传染病疫情等灾害的刑事案件具体应用法律若干问题的解释》第 3 条；《最高人民法院、最高人民检察院关于办理生产、销售伪劣商品刑事案件具体应用法律若干问题的解释》第 6 条。

专家解读

根据上述法律法规及司法解释，该行为足以严重危害人体健康的，可以对生产、销售不符合标准的医用器材罪定罪处罚。根据上述法律法规及司法解释，疫情防控期间，生产不符合保障人体健康的国家标准、行业标准的防护服等医用器材，或者销售明知不符合标准的医用器材的，将构成生产、销售不符合标准的医用器材罪，情节严重的，将从重处罚。疫情期间，公安部、国家市场监管总局等多部门多次下发通知，强调要严厉打击非法制售口罩等防护产品的行为。严肃查处未按规定取得医疗器械注册擅自生产销售的行为；严肃查处以普通、工业用防尘口罩冒充医疗用口罩，重新包装销售过期失效口罩的行为；严肃查处不符合安全防护标准要求的产品；严厉打击违反法律规定回收利用和经营医疗废弃物的行为。日前，重庆、上海等地发生了多起生产不符合标准的医用器材，将使用过的注射器、口罩、医用纱布、药棉回收简单处理再次销售的行为，已经以生产、销售不符合标准的医用器材罪立案侦查。

相 关 案 例

2020 年 2 月 1 日，滨州市公安局滨城分局查明，滨城区某医药连锁有限公司经营业主陈某在预防、控制突发传染病新冠肺炎疫情期间，为牟取利益，在未经查验对方资质的情况下，从没有《医疗器械经营许可证》资质的刘某经营的某商店购进用于防范突发传染病的、不符合保障人体健康的国家标准、行业标准的医用口罩予以销售。2 月 3 日，陈某、刘某因涉嫌销售不符合标准的医用器材罪被公安机关刑事拘留。①

80. 疫情防控期间，未经口罩、消毒液等防护产品注册商标所有人许可，在同种商品上使用与其注册商标相同的商标，或者销售明知是假冒注册商标的上述产品，会受到何种刑事处罚？

法律依据

《刑法》第 213 条、第 214 条；《最高人民法院、最高人民检察院关于办理妨害预防、控制突发传染病疫情等灾害的刑事案件具体应用法律若干问题的解释》第 4 条；《中华人民共和国商标法》（以下简称《商标法》）。

专家解读

根据上述法律法规及司法解释，该行为可能构成假冒注册商标罪、销售假冒注册商标的商品罪。

判断行为是否构成上述罪名主要从以下两个方面考察：一是客观方面表现为行为人未经防治、防护物品注册商标所有人许可，在同一种商品上使用与其注册商标相同的商标，情节严重的行为；二是行为人主观方面表

---

① 《滨州市公布 14 例打击涉疫情违法犯罪典型案例》，凤凰网，见 http://sd.ifeng.com/a/20200214/8428360_0.shtml，2020 年 2 月 14 日访问。

现为故意。当行为人假冒他人注册商标的商品同时又属于伪劣商品的情况下，应注意假冒注册商标与生产、销售伪劣商品罪的竞合应从一重罪处罚。

判断行为是否构成销售假冒注册商标的商品罪，主要从以下两个方面考察：一是客观方面表现为销售假冒注册商标的疫情防治、防护物品，且销售金额数额较大；二是主观方面表现为故意，即明知是假冒注册商标的疫情防治、防护物品而加以销售。需注意行为人生产了假冒注册商标的疫情防护、防治物品，又销售该种物品的，应以销售假冒注册商标的商品罪论处。

相 关 案 例

2020 年 1 月 22 日至 28 日，被告人白某某向张某某（另案起诉）出售假冒 "3M" 注册商标口罩，销售金额 30.56 万元。其中部分口罩经转卖后被捐赠至医院。案发后，公安机关在白某某经营的劳保店缴获部分假冒 "3M" 注册商标口罩。人民法院认为，被告人白某某销售明知假冒注册商标的商品，销售金额数额巨大，其行为构成销售假冒注册商标的商品罪。根据被告人的犯罪事实、性质、情节和悔罪表现，人民法院判决认定被告人白某某犯销售假冒注册商标的商品罪，判处有期徒刑 3 年，并处罚金 4 万元，缴获的假冒注册商标的商品、作案工具手机，予以没收。①

---

① 《广州市首批 4 件涉疫情刑事案件集中宣判》，南方网，见 http://economy.southcn.com/e/2020-02/14/content_190330584.htm，2020 年 2 月 14 日访问。

81. 疫情防控期间，商家打着"防控"旗号，利用广告对所推销的商品或者服务作虚假宣传，致使多人上当受骗的行为是否构成犯罪？

法律依据

《刑法》第 222 条；《最高人民法院、最高人民检察院、公安部、司法部关于依法惩治妨害新型冠状病毒感染肺炎疫情防控违法犯罪的意见》第 2 条第（五）项；《最高人民法院、最高人民检察院关于办理妨害预防、控制突发传染病疫情等灾害的刑事案件具体应用法律若干问题的解释》第 5 条；《中华人民共和国广告法》（以下简称《广告法》）第 15 条；《最高人民检察院、公安部关于公安机关管辖的刑事案件立案追诉标准的规定（二）》第 75 条。

专家解读

根据上述法律法规及司法解释，该行为可构成虚假广告罪。认定行为是否构成虚假广告罪，主要从以下三个方面考察：一是行为主体为特殊主体，即广告主、广告经营者、广告发布者；二是客观方面表现为广告主、广告经营者、广告发布者违反国家规定，假借预防、控制突发传染病疫情等灾害的名义，利用广告对所推销的商品或者服务作虚假宣传，情节严重的；三是行为人主观方面为故意。

根据《最高人民法院、最高人民检察院、公安部、司法部关于依法惩治妨害新型冠状病毒感染肺炎疫情防控违法犯罪的意见》的相关规定，在疫情防控期间，违反国家规定，假借疫情防控的名义，利用广告对所推销的商品或者服务作虚假宣传，致使多人上当受骗，违法所得数额较大或者有其他严重情节的，依照《刑法》第 222 条规定，以虚假广告罪定罪处罚。《最高人民法院、最高人民检察院关于办理妨害预防、控制突发传染病疫情等灾害的刑事案件具体应用法律若干问题的解释》第 5 条规定，广告主、广告经营者、广告发布者违反国家规定，假借预防、控制突发传染病疫情等灾害的名义，利用广告对所推销的商品或者服务作虚假宣传，致使多人上当受骗，违法所得数额较大或者有其他严重情节的，依照《刑法》第 222 条的规定，以虚假广告罪定罪处罚。需要注意的是，假借预防、控制突发事件的名义，利用广告作虚假宣传，致使多人上当受骗，违法所得数额 3 万元以上的，即应予立案追诉。

82. 疫情防控期间，商家哄抬物价，低买高卖防疫物资，趁机发"疫情财"会受到何种刑事处罚？

法律依据

《刑法》第 225 条；《最高人民法院、最高人民检察院、公安部、司法部关于依法惩治妨害新型冠状病毒感染肺炎疫情防控违法犯罪的意见》第 2 条第（四）项；《最高人民法院、最高人民检察院关于办理妨害预防、控制突发传染病疫情等灾害的刑事案件具体应用法律若干问题的解释》第

6条;《市场监管总局关于新型冠状病毒感染肺炎疫情防控期间查处哄抬价格违法行为的指导意见》第5条;《价格违法行为行政处罚规定》第6条;《关于新冠肺炎疫情防控期间加强价格行政执法与刑事司法衔接工作的通知》。

专家解读

该行为可能构成非法经营罪。

根据上述法律法规及司法解释,哄抬物价趁机发"疫情财"的行为轻则予以行政处罚,若经营者哄抬价格违法行为严重扰乱市场秩序,违法所得数额较大或者有其他严重情节的,涉嫌构成犯罪的,应当依法移送公安机关,判断是否构成非法经营罪。

根据国务院2010年修订发布的《价格违法行为行政处罚规定》第6条,对(一)捏造、散布涨价信息,扰乱市场价格秩序的;(二)除生产自用外,超出正常的存储数量或者存储周期,大量囤积市场供应紧张、价格发生异常波动的商品,经价格主管部门告诫仍继续囤积的;(三)利用其他手段哄抬价格,推动商品价格过快、过高上涨的情形,按哄抬价格违法予以行政处罚。《市场监管总局关于新型冠状病毒感染肺炎疫情防控期间查处哄抬价格违法行为的指导意见》进一步明确,认定价格"大幅度提高",由市场监管部门综合考虑经营者的实际经营状况、主观恶性和违法行为的社会危害程度等因素,在案件查办过程中结合实际具体认定。

《最高人民法院、最高人民检察院、公安部、司法部关于依法惩治妨害新型冠状病毒感染肺炎疫情防控违法犯罪的意见》规定,依法严惩哄抬物价等犯罪活动。在疫情防控期间,违反国家有关市场经营、价格管理等规定,囤积居奇,哄抬疫情防控急需的口罩、护目镜、防护服、消毒液等防护用品、药品或者其他涉及民生的物品价格,牟取暴利,违法所得数额较大或者有其他严重情节,严重扰乱市场秩序的,构成犯罪的,以非法经营罪定罪处罚。

《最高人民法院、最高人民检察院、公安部、司法部关于依法惩治妨害新型冠状病毒感染肺炎疫情防控违法犯罪的意见》颁布后，国家市场监督管理总局办公厅、公安部办公厅于 2020 年 2 月 14 日联合印发了《关于新冠肺炎疫情防控期间加强价格行政执法与刑事司法衔接工作的通知》，其中第 2 条规定市场监管部门在查处价格违法案件过程中，发现利用疫情捏造、散布涨价信息、恶意囤积、哄抬价格，符合"个人非法经营数额在五万元以上，或者违法所得数额在万元以上的"、"单位非法经营数额在五十万元以上，或者违法所得数额在十万元以上的"和"其他情节严重的情形的"，应当将案件移送公安机关。

疫情对每个人而言都是一场灾难，建议对哄抬物价的行为适用刑法时应贯彻宽严相济的刑事政策，运用行政措施能够有效解决的，则不必上升到刑事层面，充分体现现代刑法的谦抑性原则。

相 关 案 例

2020 年 1 月 25 日至 2 月 8 日，被告人王某某通过微信购买各类型号口罩 2430 只和酒精 440 桶，后大幅度提高价格，售出口罩 1497 只和酒精 183 桶。在疫情防控期间，王某某违反国家规定，哄抬防护用品价格，牟取暴利，非法经营数额 5 万余元，违法所得数额 1.9 万余元。王某某到案后，如实供述自己的罪行并认罪认罚。鸡西市鸡冠区人民法院依法认定被告人王某某犯非法经营罪，判处有期徒刑 6 个月，并处罚金 4 万元。①

---

① 《发布虚假信息 闯卡妨害公务 哄抬物价经营 黑龙江多地法院公开宣判 6 起涉疫情犯罪案》，最高人民法院官网，见 http://courtapp.chinacourt.org/zixun-xiangqing-220131.html，2020 年 2 月 18 日访问。

83. 疫情防控期间，殴打医务人员造成轻伤以上后果或实施撕扯防护装备、吐口水、打喷嚏等行为造成医务人员感染新冠肺炎的，会受到何种刑事处罚？

法律依据

《刑法》第 234 条；《最高人民法院、最高人民检察院、公安部、司法部关于依法惩治妨害新型冠状病毒感染肺炎疫情防控违法犯罪的意见》第 2 条第（二）项；《最高人民法院、最高人民检察院关于办理妨害预防、控制突发传染病疫情等灾害的刑事案件具体应用法律若干问题的解释》第 9 条；《最高人民法院、最高人民检察院、公安部、司法部、国家卫生和计划委员会关于依法惩处涉医违法犯罪维护正常医疗秩序的意见》。

专家解读

根据上述法律法规及司法解释，该行为可能构成故意伤害罪。判断行为是否构成故意伤害罪主要从以下三方面进行考察：一是行为主体是一般主体，限于自然人；二是客观行为表现为殴打医务人员造成轻伤以上严重后果，或向医务人员实施撕扯防护装备、吐口水等行为致使医务人员感染新冠肺炎的；三是行为人主观上具有非法损害他人健康的故意。

根据《最高人民法院、最高人民检察院、公安部、司法部关于依法惩治妨害新型冠状病毒感染肺炎疫情防控违法犯罪的意见》中依法严惩暴力伤医犯罪的规定，在疫情防控期间，故意伤害医务人员造成轻伤以上的严重后果，或者对医务人员实施撕扯防护装备、吐口水、打喷嚏等行为，致使医务人员感染新冠肺炎的，依照《刑法》第 234 条的规定，以故意伤害罪定罪处罚。根据《最高人民法院、最高人民检察院、公安部、司法部、国家卫生和计划委员会关于依法惩处涉医违法犯罪维护正常医疗秩序的意见》中严格依法惩处涉医违法犯罪的规定，在医疗机构内殴打医务人员或者故意伤害医务人员身体、造成轻伤以上的严重后果，构成故意伤害罪，依照《刑法》的有关规定定罪处罚。

相 关 案 例

　　海南张某智在出现新冠肺炎感染症状后，在 2020 年 1 月 24 日、1 月 27 日、1 月 28 日分别在海南东方市人民医院、东方医院就诊时，刻意隐瞒其密切接触从湖北武汉到东方市居住的姐姐、姐夫等情况，并多次在输液时往地上吐口水，与医护人员发生争吵，导致东方市人民医院 2 名医护人员感染新冠肺炎。2 月 15 日下午，张某智治愈出院，被海南省东方市公安局带走进一步调查和处置，其行为涉嫌构成故意伤害罪。①

---

① 《战"疫"说法 | 输液时吐口水，传染 2 名医护人员！该不该重刑伺候》，搜狐网，见 https://www.sohu.com/a/374531200_711634，2020 年 2 月 20 日访问。

84. 疫情防控期间，以不准离开工作场所等方式非法限制医务人员人身自由的，会触犯何种罪名？

法律依据

《刑法》第238条；《最高人民法院、最高人民检察院、公安部、司法部关于依法惩治妨害新型冠状病毒感染肺炎疫情防控违法犯罪的意见》第2条第（二）项；《最高人民法院、最高人民检察院、公安部、司法部、国家卫生和计划委员会关于依法惩处涉医违法犯罪维护正常医疗秩序的意见》。

专家解读

根据上述法律法规及司法解释，该行为可构成非法拘禁罪。

判断行为是否构成非法拘禁罪，主要从以下三个方面进行考察：一是行为主体是一般主体，限于自然人；二是客观行为表现为违反法律法规规定，在无权拘禁他人的情况下，以不准离开工作场所等方式非法限制医务人员人身自由，即使用强制方法或者其他方法剥夺他人人身自由；三是行为人主观上具有剥夺他人人身自由的故意。

根据《最高人民法院、最高人民检察院、公安部、司法部关于依法惩治妨害新型冠状病毒感染肺炎疫情防控违法犯罪的意见》中依法严惩暴力伤医犯罪的规定，以不准离开工作场所等方式非法限制医务人员人身自由，符合《刑法》第 238 条规定的，以非法拘禁罪定罪处罚。考察非法拘禁罪的首要标准即非法性，非法性即行为人无权拘禁医务人员，但使用强制方法或者其他方法剥夺其人身自由。非法拘禁罪的次要标准即时间性，我国《刑法》对非法拘禁罪的时间要求没有明文规定，但对作为典型继续犯的非法拘禁罪而言，持续时间的长短，对于行为的危害程度有直接关系。是否定罪，应综合考虑拘禁行为的持续时间、手段、危害后果等多方面的因素。剥夺一线防疫医护人员自由行为的危害性是否达到构成非法拘禁罪的程度，需结合该行为的次数、人数、手段、危害后果、动机等因素加以综合考虑，达到严重程度的，按照非法拘禁罪定罪处罚，对于情节显著轻微危害不大的拘禁行为，可以不作为犯罪处理，但应当依法对其作出行政处罚。

85. 随意殴打医务人员，情节恶劣的，或采取暴力等方法公然侮辱、恐吓医务人员的，会受到何种刑事处罚？

法律依据

《刑法》第 246 条、第 293 条；《最高人民法院、最高人民检察院、公安、司法部关于依法惩治妨害新型冠状病毒感染肺炎疫情防控违法犯罪的意见》第 2 条第（二）项；《最高人民法院、最高人民检察院关于办理妨害预防、控制突发传染病疫情等灾害的刑事案件具体应用法律若干问题的解释》第 11 条；《最高人民法院、最高人民检察院、公安部、司法部、国家卫生和计划委员会关于依法惩处涉医违法犯罪维护正常医疗秩序的意见》第2条第（四）项。

专家解读

根据上述法律法规及司法解释，该行为可构成侮辱罪、寻衅滋事罪。

判断行为是否构成侮辱罪，主要从以下三方面进行考察：一是行为主体是一般主体，限于自然人；二是客观行为表现为使用暴力或者其他方法，公然损害医务人员名誉，情节严重；三是行为人主观上具有损害医务人员名誉的故意。

寻衅滋事罪的认定主要基于以下三点：一是行为主体是一般主体，限于自然人；二是客观行为表现为随意殴打医务人员，情节恶劣或辱骂、恐吓医务人员，情节严重；三是行为人主观上具有破坏社会秩序的故意。

在疫情防控期间，医疗卫生人员的人身安全、人格尊严不受侵犯，为依法严惩妨害疫情防控的各类违法犯罪的行为，国家及时出台了相关意见和解释。根据《最高人民法院、最高人民检察院、公安部、司法部、国家卫生和计划委员会关于依法惩处涉医违法犯罪维护正常医疗秩序的意见》的规定，采取暴力或者其他方法公然侮辱、恐吓医务人员情节严重（恶劣），构成侮辱罪、寻衅滋事罪的，依照《刑法》的有关规定定罪处罚。根据《最高人民法院、最高人民检察院、公安部、司法部关于依法惩治妨害新型冠状病毒感染肺炎疫情防控违法犯罪的意见》的规定，随意殴打医务人员，情节恶劣的，依照《刑法》第293条的规定，以寻衅滋事罪定罪处罚；采取暴力或者其他方法公然侮辱、恐吓医务人员，符合《刑法》第246条、第293条规定的，以侮辱罪或者寻衅滋事罪定罪处罚。具体实践中，如行为人在疫情防控期间，以医疗纠纷为由，使用暴力或非暴力的动作、言辞等方式，用语言对一线防疫医务人员进行辱骂，或者以大字报、图画、其他公开的文字等方式泄露隐私，诋毁医务人员人格，破坏医务人员名誉，对象相对特定，情节严重的，一般认定为侮辱罪；如行为人进入医疗机构后不加区分，随意殴打或辱骂、恐吓医务人员，作案对象具有随意性，破坏公共场所秩序的，则一般应认定为寻衅滋事罪。当行为人采用暴力或者其他方法公然侮辱、恐吓医务人员，辱骂他人情节严重的行为，同时触犯寻衅滋事罪与侮辱罪时，从一重罪处理。

相 关 案 例

2020 年 1 月 27 日，犯罪嫌疑人柯某某的岳父田某某(68 岁)，因疑似新冠肺炎入住湖北省武汉市第四医院（西区）。1 月 29 日上午，家属因转院问题与医院发生矛盾，家属表现情绪激动。当晚 9 时左右，田某某病情危急，家属呼叫医生进行救治，其间有大喊大叫、大力拍病房门等过激行为。该院值班医生高某穿防护服准备进入隔离区时，见家属情绪激动，存在危及自身安全的可能，立即告知主任刘某，刘某报警要求公安机关介入后再进行治疗。硚口分局警务站接警后与病人家属进行沟通，希望家属平复情绪。与此同时，高某安排护士对田某某进行抢救。但田某某由于肺部感染导致呼吸衰竭，经抢救无效死亡。随后，柯某某及田某某的女儿到隔离区内护士站找到正在填写病历的医生高某，田某某女儿将高某拉出护士站后，柯某某随即用拳头殴打高某的头部、颈部，并拉扯高某的防护服、口罩、护目镜等，致高某颈部被抓伤，防护服、口罩、护目镜等被撕破、脱落。双方在拉扯过程中致一名前来劝阻的护士手套脱落。被害人高某经两次核酸检测为阴性，其伤情经法医鉴定为轻微伤。

2020 年 1 月 30 日 0 时 15 分，硚口分局警务站接到报警后民警赶到该院隔离区依法处置。当日，硚口区公安分局以涉嫌寻衅滋事罪对柯某某立案侦查，并刑事拘留。硚口区人民检察院于当日派员提前介入，成立专班研判该案，建议公安机关及时搜集和固定相关证据，并提出继续侦查补证建议。2 月 1 日，因犯罪嫌疑人柯某某疑似感染新冠肺炎，公安机关对其采取取保候审的强制措施。目前由办案单位、住所地派出所及社区三方对其进行监管。①

86. 疫情防控期间，假借研制、生产或者销售用于疫情防控物品的名义骗取公私财物，或者捏造事实骗取公众捐赠款物的，会触犯何种罪名？

法律依据

《刑法》第 266 条；《最高人民法院、最高人民检察院、公安部、司法部关于依法惩治妨害新型冠状病毒感染肺炎疫情防控违法犯罪的意见》第 2 条第（五）项；《最高人民法院、最高人民检察院关于办理诈骗刑事案件具体应用法律若干问题的解释》第 2 条第（二）项、第（三）项；《最高人民法院、最高人民检察院关于办理妨害预防、控制突发传染病疫情等

---

① 《全国检察机关依法办理妨害新冠肺炎疫情防控犯罪典型案例（第二批）》，最高人民检察院官网，见 https://www.spp.gov.cn/spp/xwfbh/wsfbt/202002/t20200219_454775.shtml,2020 年 3 月 19 日访问。

灾害的刑事案件具体应用法律若干问题的解释》第 7 条。

专家解读

根据上述法律法规及司法解释，该行为可构成诈骗罪。诈骗罪是指以非法占有为目的，采取虚构事实或者隐瞒真相的欺骗方法，使受害者陷于错误认识并"自愿"处分财产，从而骗取数额较大的公私财物的行为。判断行为是否构成诈骗罪主要从以下三个方面进行考察：一是要求行为人在主观方面必须以"非法占有为目的"，非法占有是指对他人财产没有合法根据的占有。行为人采用了《刑法》所禁止的侵财手段，如诈骗、侵占、盗窃等。二是行为人行为造成了对财产所有权的侵害，侵犯了法律所要保护的社会法益。三是行为人采取虚构事实和隐瞒真相的欺骗方法，使受害人陷于错误认识进而骗取数额较大的公私财物。不管是虚构事实还是隐瞒真相，其目的只有一个就是让被害人受骗，"自觉"交出财物。诈骗罪的对象除了财物外，还包括有价证券等财产性利益。疫情防控期间，行为人假借研制、生产或者销售用于疫情防控物品的名义致使社会公众产生错误认识，从而错误地作出处分自己财产的行为，行为人应当构成诈骗罪。

国家工作人员作为行使公权力的代表，在赈灾、防疫中具有更高的可信度，行为人冒充国家机关工作人员进行诈骗，更容易得手，因此如果行为人冒充国家工作人员进行诈骗，同时构成诈骗罪和招摇撞骗罪的，依照处罚较重的规定定罪处罚。

相 关 案 例

案例一

2020 年 2 月 3 日至 2 月 9 日间，被告人赵某某谎称其有稳定的医用一次性口罩、N95 口罩来源，通过微信兜售口罩，将收到的货款用于网络赌博挥霍等。在被害人催要口罩时，赵某某采取给被害人寄送零食的方式拖延，随后变更手机号码、微信等联系方式，使被害人无法与其联系。赵某某采取上述手段先后骗取被害人朱某某、周某、王某等人口罩款合计 34.18 万余元。

安徽省淮北市相山区人民法院经审理认为，被告人赵某某以非法占有为目的，采取虚构事实的方式，利用网络多次骗取他人财物，其行为构成诈骗罪，且数额巨大。赵某某在疫情防控期间，虚构销售疫情防护用品事实，骗取他人财物，应依法从严惩处。据此，于 2020 年 2 月 25 日以诈骗罪判处被告人赵某某有期徒刑 7 年 9 个月，并处罚金人民币 40 万元。[①]

案例二

2020 年 1 月 27 日 12 时许，被告人孙某某、蒋某经预谋打印虚假宣传材料 3000 份，在北京市西城区多地张贴、散发，假借"市希望工程办公室""市志愿者协会"之名，以"为抗击新冠肺炎募捐"为由，谎称已联系到口罩等物资的购买渠道，欲欺骗他人向孙某某微信账户转募捐款。当日 16 时许，孙某某、蒋某到案。截至案发，尚无钱款转入孙某某微信账户。

北京市西城区人民法院经审理认为，被告人孙某某、蒋某以非法占有为目的，在新冠肺炎疫情防控期间假冒慈善机构的名义，以赈灾募捐为由，欲骗取公私财物，情节严重，其行为均构成诈骗罪。孙某某、蒋某假借抗疫之名，实施诈骗行为，主观恶

[①] 《最高人民法院发布第一批 10 个依法惩处妨害疫情防控犯罪典型案例》，最高人民法院官网，见 http://www.court.gov.cn/zixun-xiangqing-222481.html，2020 年 3 月 11 日访问。

性深，社会影响恶劣，应依法从严惩处。孙某某、蒋某已着手实施诈骗，因被及时查获而未得逞，系犯罪未遂，可以比照既遂从轻处罚。据此，于 2020 年 2 月 28 日以诈骗罪分别判处被告人孙某某、蒋某有期徒刑 10 个月，并处罚金人民币 1 万元。①

87. 疫情防控期间，聚众哄抢口罩、消毒液等疫情防控和保障物资的，可构成何种犯罪？

法律依据

《刑法》第 268 条；《最高人民法院、最高人民检察院、公安部、司法部关于依法惩治妨害新型冠状病毒感染肺炎疫情防控违法犯罪的意见》第 2 条第（五）项。

专家解读

根据上述法律法规及司法解释，该行为可构成聚众哄抢罪。

聚众哄抢罪指以非法占有为目的，聚集多人，不使用暴力、胁迫等强制手段，公然夺取公私财物，数额较大或者有其他严重情节的行为。判断行为是否构成聚众哄抢罪，应当注意从以下三个方面加以把握：一是聚众哄抢罪的主体是一般主体，只要年满 16 周岁以上具有刑事责任年龄的自

---

① 《最高人民法院发布第一批 10 个依法惩处妨害疫情防控犯罪典型案例》，最高人民法院官网，见 http://www.court.gov.cn/zixun-xiangqing-222481.html，2020 年 3 月 11 日访问。

然人都可以构成本罪。二是该罪在客观方面表现为聚众哄抢公私财物，数额较大或有其他严重情节行为。聚众哄抢罪是以非暴力手段夺取他人财物为主要目的的哄抢行为。其中"聚众"是指聚集三人以上；"其他严重情节"通常是指参与人数较多或者多次聚众哄抢，哄抢救灾、抢险、救济款物或者军用物资等重要物资，聚众哄抢行为在社会上造成恶劣社会影响等情形。三是该罪主观方面表现为直接故意，即明知自己的行为会侵害他人财产所有权，主观上积极追求侵害他人财产的结果，在聚众哄抢过程中毫无顾忌财产所有人是否事前知道行为人将要实施夺取财物的行为。

司法实践中，行为人明知是疫情防控和保障物资，不遵守疫情防控指挥部门的规定，三人以上在首要分子的指挥和策划下，公开在众人面前一哄而上抢走他人财物的行为会严重扰乱社会秩序，造成恶劣的社会影响，甚至引发社会恐慌，必须严厉打击。这其中需要明确的是，如果在抢夺过程中使用暴力、胁迫等手段则可能构成共同抢劫罪。对此，《刑法》第 289 条规定，聚众"打砸抢"，造成人伤残、死亡的依据《刑法》第 234 条故意伤害罪、第 232 条故意杀人罪处罚。聚众哄抢过程中如果行为人采取了直接针对人身的暴力方式的聚众"打砸抢"属于暴力犯罪，毁坏或者抢走公私财物，对首要分子将依据《刑法》第 263 条抢劫罪规定处罚。

新冠肺炎疫情期间，为了控制疫情蔓延，部分城市出台临时"封城"举措，短时间生活保障物资可能会出现紧俏短缺情况，行为人应当听从疫情指挥部门指令，沉着冷静，切不可一时冲动，聚众哄抢疫情保障物资扰乱社会秩序。

88. 冒充传染病感染者，以不给钱就对人咳嗽的方式强行索取财物的行为会构成犯罪吗？

法律依据

《刑法》第 274 条；《最高人民法院、最高人民检察院关于办理敲诈勒索刑事案件适用法律若干问题的解释》。

专家解读

根据上述法律法规及司法解释，该行为可构成敲诈勒索罪。

敲诈勒索罪是指以非法占有为目的，以威胁或者要挟的方法，强索公私财物，数额较大或者多次实施但未达到数额较大程度的行为。判断行为是否构成敲诈勒索罪主要从以下三个方面把握：一是手段的胁迫强制力度达到他人"心理恐惧"的程度，敲诈勒索不仅仅包含暴力胁迫内容，还包括以其他方法进行要挟或者威胁，只要该种方法足以造成财物所有人或者保管人产生精神强制，并基于这种心理强制满足其勒索财物要求，就构成敲诈；二是财物要达到数额较大，如果达不到数额较大，则构成治安处罚法中的敲诈勒索违法行为；三是敲诈勒索中的"诈"并非诈骗之意，虽然有欺骗的意思，但是行为人虽然是冒充新冠肺炎患者，但其取得财物的手段主要还是因为新冠肺炎等传染病具有较强的传染性，依靠对他人的威胁"不给钱就对人咳嗽的方式"，造成他人心理或者精神上的恐惧，才迫使受害人"主动"交付财物，当然可以是当场取得财物也可以是约定日后取得，这种欺诈仅仅是为了达到犯罪目的的一种手段。敲诈勒索罪中，行为人如果为了取得财物当场使用暴力殴打他人则可以转化为抢劫罪。

89. 以暴力、威胁方法阻碍工作人员为依法履行疫情防控而采取的防疫、检疫、强制隔离、隔离治疗等措施的，会受到何种刑事处罚？

法律依据

《刑法》第 277 条；《最高人民法院、最高人民检察院、公安部、司法部关于依法惩治妨害新型冠状病毒感染肺炎疫情防控违法犯罪的意见》第 2 条第（一）项；《最高人民法院、最高人民检察院关于办理妨害预防、控制突发传染病疫情等灾害的刑事案件具体应用法律若干问题的解释》第 8 条。

专家解读

根据上述法律法规及司法解释，该行为可构成妨害公务罪。

认定行为是否构成妨害公务罪，需要注意两点：第一，依据《刑法》第 277 条的规定，妨害公务罪，侵犯的对象为国家机关工作人员，但是根据《最高人民法院、最高人民检察院、公安部、司法部关于依法惩治妨害新型冠状病毒感染肺炎疫情防控违法犯罪的意见》的规定，在疫情防控中，国家机关工作人员除一般意义上的各级国家权力机关、行政机关、司法机关和军事机关中从事公务的人员以外，还包含依照法律法规规定行使国家有关疫情防控行政管理职权的组织中从事公务的人员，在受国家机关委托代表国家机关行使疫情防控职权的组织中从事公务的人员，以及虽未列入国家机关人员编制但在国家机关中从事疫情防控公务的人员。据此，社区、居（村）委会中的人员，在受国家机关委托行使疫情防控职权时，可以成为妨害公务罪的对象。第二，妨害公务罪要求行为人以暴力、威胁方法阻碍上述人员依法执行职务。首先要准确把握公务行为的范围。对于依法从事疫情防控任务的人员，为防控疫情，按政府和有关职能部门统一要求采取与防疫、检疫、强制隔离、隔离治疗等措施密切相关的行动，均可认定为公务行为。其次，妨害公务罪的行为方式是暴力、威胁方法。暴力是针对执行公务人员及其设备实施的足以干扰和破坏公务活动正常进行的强制力量。威胁是指以侵犯人身权、财产权、名誉权等为内容进行精神强制，使上述人员产生畏惧感，不敢依法执行公务活动。如对禁止进入的隔离区域强行冲撞，殴打依法履行防控措施的工作人员等。

在此次疫情防控期间，各级政府和有关部门为了最大限度地防控疫情，组织动员了社区、居(村)委会等组织落实防控职责，实施管控措施。若行为人以暴力、威胁方法阻碍工作人员为依法履行防控疫情而采取的防疫、检疫、强制隔离、隔离治疗等措施的，可以妨害公务罪定罪处罚。

相 关 案 例

案例一

2020 年 2 月 3 日，济南市莱芜区某食品有限公司工人邓某某不配合公司疫情防控工作，未佩戴口罩强行进入公司，并殴打疫情防控人员。在派出所民警赶到现场后，邓某某仍然拒不服从民警执法，并殴打民警徐某，造成其执法记录仪滑落。在民警徐某将执法记录仪转交辅警时，邓某某再次殴打民警徐某。济南市莱芜区人民法院经过审理认为，被告人邓某某不服从公司疫情防控人员劝阻，未佩戴口罩强行进入公司并对疫情防控人员实施殴打，且暴力袭击处警民警，依法应按照妨害公务罪从重处罚，鉴于其认罪认罚，最终被判处有期徒刑 10 个月。①

案例二

2020 年 2 月 2 日 17 时许，被告人叶某驾车载其舅父和胞兄途经湖北省崇阳县新冠肺炎疫情防控指挥部金塘镇寒泉村疫情检测点时，工作人员要求叶某等人检测体温。叶某等人拒绝检测，辱骂工作人员并用车辆堵住检测点，后经人劝导移开，工作人员报警。当日 18 时许，崇阳县公安局金塘派出所所长张某某带领民警万某、辅警姜某等人到叶某家传唤其接受调查，叶某拒绝并用拳头殴打张某某、姜某等人，其亲属亦撕扯、推搡民警，阻碍民警依法传唤叶某。经鉴定，被害人张某某、姜某损伤程度均为轻微伤。

湖北省崇阳县人民法院经审理认为，被告人叶某在疫情防控期间，拒不配合防控管理，以暴力方法阻碍人民警察执行公务，致二人轻微伤，其行为构成妨害公务罪，应依法从重处罚。叶某有坦白情节，且认罪认罚。综合其犯罪情节，于 2020 年 2 月 10 日以妨害公务罪判处被告人叶某有期徒刑 1 年 3 个月。②

---

① 《山东首例涉疫情妨害公务案一审宣判　被告人获刑 10 个月》，中国新闻网，见 http://www.chinanews.com/sh/2020/02-12/9088373.shtml，2020 年 2 月 21 日访问。
② 《最高人民法院发布第一批 10 个依法惩处妨害疫情防控犯罪典型案例》，最高人民法院官网，见 http://www.court.gov.cn/zixun-xiangqing-222481.html，2020 年 3 月 11 日访问。

90. 网络服务提供者不履行网络安全管理义务，监管部门责令改正而拒不改正，致使虚假疫情信息等大量传播的，会受到何种刑事处罚？

法律依据

《刑法》第 286 条之一；《最高人民法院、最高人民检察院、公安部、司法部关于依法惩治妨害新型冠状病毒感染肺炎疫情防控违法犯罪的意见》第 2 条第（六）项；《最高人民法院、最高人民检察院关于办理非法利用信息网络、帮助信息网络犯罪活动等刑事案件适用法律若干问题的解释》第 1 条、第 3 条。

专家解读

根据上述法律法规及司法解释，该行为可构成拒不履行信息网络安全管理义务罪。

本罪侵犯的客体是信息网络安全管理秩序。在此次疫情防控期间，该罪的客观方面主要表现为网络服务的提供者不履行法律、行政法规规定的信息网络安全管理义务，经监管部门责令采取改正措施而拒不改正，从而导致虚假疫情消息、扰乱社会良好秩序的违法疫情相关信息大量传播这种严重后果发生。该罪的认定需要满足以下三个条件：第一，行为人必须负有信息网络安全管理义务而未履行；第二，行政监管部门已责令其采取改正措施而其拒不改正；第三，行为人的行为必须导致虚假疫情消息等大量传播，造成严重后果。根据《最高人民法院、最高人民检察院关于办理非法利用信息网络、帮助信息网络犯罪活动等刑事案件适用法律若干问题的解释》第 3 条的规定，消息的大量传播主要包括以下几个情形：（一）致使传播违法视频文件 200 个以上的；（二）致使传播违法视频文件以外的其他违法信息 2000 个以上的；（三）致使传播违法信息，数量虽未达到第一项、第二项规定标准，但是按相应比例折算合计达到有关数量标准的；（四）致使向 2000 个以上用户账号传播违法信息的；（五）致使利用群组成员账号数累计 3000 以上的通讯群组或者关注人员账号数累计 3 万以上的社交网络传播违法信息的；（六）致使违法信息实际被点击数达到 5 万以上的；（七）其他致使违法信息大量传播的情形。上述几个条件必须均满足才能构成此罪，否则不构成本罪。

本罪的主体只能为网络服务的提供者，根据《最高人民法院、最高人民检察院关于办理非法利用信息网络、帮助信息网络犯罪活动等刑事案件适用法律若干问题的解释》第 1 条的规定，提供下列服务的单位和个人，应当认定为《刑法》第 286 条第 1 款规定的"网络服务提供者"：（一）网络接入、域名注册解析等信息网络接入、计算、存储、传输服务；（二）信息发布、搜索引擎、即时通讯、网络支付、网络预约、网络购物、网络游戏、网络直播、网站建设、安全防护、广告推广、应用商店等信息网络应用服务；（三）利用信息网络提供的电子政务、通信、能源、交通、水利、金融、教育、医疗等公共服务。除一般公民以外，单位也可构成此类犯罪。根据《刑法》第 286 条的规定，犯本罪的处 3 年以下有期徒刑、拘役或者管制，并处或者单处罚金。单位犯前款罪的，对单位判处罚金，并对其直接负责的主管人员和其他直接责任人员，依照上述的规定处罚。如果在犯本罪的同时又构成其他犯罪的，依照处罚较重的罪名定罪处罚。

91. 疫情防控期间，对于在医院通过摆花圈、拉横幅等行为影响医院正常医疗秩序的，会受到刑事处罚吗？

法律依据

《刑法》第 290 条。

专家解读

根据上述法律法规及司法解释，该行为如果造成严重损失的，可能构成聚众扰乱社会秩序罪。

本罪侵犯的客体是狭义的社会秩序，不包括党政机关的工作秩序，如果聚众扰乱党政机关的工作秩序造成严重后果的应被认定为聚众冲击国家机关罪，在此次疫情防控期间，该罪侵犯到的客体主要是医疗秩序。

在新冠肺炎防疫期间，本罪的客观方面主要表现为聚众扰乱医疗秩序，情节严重，致使医疗无法进行并造成严重损失的行为。这里的聚众是指首要分子通过组织、策划、指挥，纠集特定的 3 人以上的多数人同一时间聚集于同一地点。此外，上述行为必须情节严重、造成严重损失才能构成犯罪，否则只能按照扰乱社会秩序的一般违法行为处罚，所谓情节严重是指扰乱时间长、聚集人数多、造成恶劣影响等，严重损失也即聚众扰乱社会秩序的行为扰了医院的正常医疗秩序，使得医院正常营业、社会声誉等受到严重影响。疫情防控期间，医院是抗"疫"的主阵地，就诊患者暴增，各种资源急缺，此时出于各种动机在医院聚众实施摆花圈、拉横幅等行为扰乱时间长、聚集人数多，会在医院造成恶劣的影响，极有可能使得防疫医疗无法正常进行，因此会触犯聚众扰乱社会秩序罪。

本罪与寻衅滋事罪的区别主要有以下几个方面。在犯罪动机方面寻衅滋事罪多表现为"无事生非"，而本罪主要表现为为了实现个人的某种不合理要求，用闹事的形式扰乱社会的正常秩序，也即问题所述患者家属因无法接受医疗结果、医疗事宜处理结果等而在医院拉横幅、设灵堂以宣泄内心的不满，扰乱医院的正常医疗秩序。此外，寻衅滋事罪并不要求聚众，而本罪必须是多人以上的聚众形式。

本罪的主观方面要求有扰乱社会秩序的故意，如果群众为了主张合理诉求而聚集的，不应认定为犯罪。本罪的主体仅限于聚集行为的首要分子和积极参加者，对于一般参加者则不得以本罪论处。煽动、引诱、蒙骗、组织、领导群众扰乱实施上述扰乱医疗秩序行为的首要分子以及上述行为的积极参加者应受到刑事处罚，而对一般参加人员则应适用批评教育、行政处罚的方法，不应追究他们的刑事责任。

92. 疫情防控期间，在微信群、QQ 群等网络平台造谣传谣，造成社会恐慌等严重扰乱社会秩序的行为是否涉嫌刑事违法？

法律依据

《刑法》第 291 条之一；《最高人民法院、最高人民检察院、公安部、司法部关于依法惩治妨害新型冠状病毒感染肺炎疫情防控违法犯罪的意见》第2条第（六）项；《最高人民法院、最高人民检察院关于办理妨害预防、控制突发传染病疫情等灾害的刑事案件具体应用法律若干问题的解释》第10条。

专家解读

根据上述法律法规及司法解释，该行为可构成编造、故意传播虚假信息罪。

编造、故意传播虚假信息罪是指编造虚假的险情、疫情、灾情、警情，在信息网络或者其他媒体上传播，或者明知是上述虚假信息仍故意在信息网络或者其他媒体上传播，严重扰乱社会秩序的行为。本罪侵犯的客体是公共秩序。在此次新冠肺炎疫情防控期间客观方面主要表现为编造虚假或引起社会恐慌的疫情消息并在网络等平台传播，或者明知是虚假疫情消息仍进行传播并且严重扰乱社会秩序的行为。

需要注意的是，编造出来的虚假、恐怖信息必须传播出去让公众知道，才能引起社会恐慌，扰乱社会秩序。只有编造行为，但是并未造成该虚假、恐怖疫情消息的传播的，不能构成本罪。另外，在编造、故意传播虚假信息罪的认定过程中必须严格把控"严重扰乱社会秩序"这一标准，具体可表现为：造成人员密集场所秩序混乱、影响交通工具正常运行、致使各行业工作或活动中断、致使相关职能部门采取紧急应对措施等。对某些错误、有害信息缺乏辨识，误听误信予以散布的行为，由于行为人缺乏主观故意，尚未对社会秩序造成严重影响的，则不应作为犯罪处理。

与平时的造谣传谣行为相比，重大疫情或灾害发生时造谣传谣的危害性要大得多，可能会激化社会矛盾，造成社会恐慌，进而对社会秩序形成严重冲击、破坏，也会对政府防疫工作的有序开展形成严重干扰，因此更应严格追究违法者的刑事责任。

相 关 案 例

案例一

犯罪嫌疑人赵某某系无业人员，自 2018 年开始购置警用装备，并多次在社交平台发布其穿戴警用装备的视频冒充警察。2020 年 1 月 26 日，赵某某为满足虚荣心，扩大网络影响力，将自己身着警服的照片设为微信头像，同时将微信昵称设为"鞍山交警小龙"，并在微信朋友圈发布，称"鞍山交警小龙温馨提示大家！今天鞍山市城市公交车！全部停运！"等虚假信息，并配发多张警察执勤图片。该条信息发布后，被多名网友转发至朋友圈和微信群，大量市民向相关部门电话咨询，鞍山市交通管理局接听 95 人次，鞍山市"8890"民生服务平台接听 24 人次，"110"接警中心接听 78 人次，引发社会不良影响，影响疫情防控工作的正常秩序。案发后，鞍山市铁西区人民检察院第一时间启动重大敏感案件快速反应工作机制，掌握案件进展与取证情况，就证据调取、适用法律问题与公安机关充分交换意见。2020 年 2 月 10 日，铁西区人民检察院对犯罪嫌疑人赵某某以编造、故意传播虚假信息罪批准逮捕。①

案例二

2020 年 1 月 24 日，被告人刘某某在北京市通州区某小区暂

---

① 《全国检察机关依法办理妨害新冠肺炎疫情防控犯罪典型案例（第二批）》，最高人民检察院官网，见 https://www.spp.gov.cn/spp/xwfbh/wsfbh/202002/t20200219_454775.shtml，2020 年 3 月 6 日访问。

住地内，利用微信号编造其感染新冠肺炎后到公共场所通过咳嗽方式向他人传播的虚假信息，发送至其另一微信号，并将聊天记录截图后通过微信朋友圈、微信群、QQ 群传播，直接覆盖人员共计 2700 余人，并被其他个人微博转发。公安机关掌握该信息后，采取了相应紧急应对措施。

北京市通州区人民法院经审理认为，被告人刘某某在疫情防控期间编造虚假疫情信息，在信息网络上传播，严重扰乱社会秩序，其行为构成编造、故意传播虚假信息罪。刘某某如实供述自己的犯罪事实，认罪认罚。据此，于 2020 年 2 月 28 日以编造、故意传播虚假信息罪判处被告人刘某某有期徒刑 8 个月。①

93. 疫情防控期间，违反狩猎法规，在禁猎区、禁猎期或者使用禁用的工具、方法进行狩猎，破坏野生动物资源的，会承担刑事责任吗？

法律依据

《刑法》第 341 条第 2 款；《最高人民法院、最高人民检察院、公安部、司法部关于依法惩治妨害新型冠状病毒感染肺炎疫情防控违法犯罪的意见》第 2 条第（九）项；《最高人民法院关于审理掩饰、隐瞒犯罪所得、

---

① 《最高人民法院发布第一批 10 个依法惩处妨害疫情防控犯罪典型案例》，最高人民法院官网，见 http://www.court.gov.cn/zixun-xiangqing-222481.html，2020 年 3 月 11 日访问。

犯罪所得收益刑事案件适用法律若干问题的解释》第 1 条。

专家解读

根据上述法律法规及司法解释，该行为可能构成非法狩猎罪。本罪侵犯的客体是国家保护野生动物资源的管理制度。本罪的犯罪对象仅指除珍贵、濒危野生动物罪以外的其他野生动物。本罪在客观方面表现为违反狩猎法规，在禁猎区、禁猎期或者使用禁用的工具、方法进行狩猎，破坏野生动物资源，情节严重的行为。所谓禁猎区，是指国家对适宜野生动物栖息繁殖或者野生动物资源贫乏和破坏比较严重的地区，为保护野生动物而划定的禁止狩猎区域。所谓禁猎期，是指按法定程序规定，禁止进行狩猎活动的一定时间期限。禁猎期一般是根据不同野生动物的繁殖及生长期而分别划定的禁止狩猎的期间。所谓禁用的工具，是指足以破坏野生动物资源，危害人畜安全以及破坏森林的工具。所谓禁用的方法，是指足以破坏、妨害野生动物正常繁殖和生长的方法。根据上述规定，存在上述任何一种形式或数种形式非法狩猎的行为，且情节严重的，即可构成本罪。

根据《最高人民法院、最高人民检察院、公安部、司法部关于依法惩治妨害新型冠状病毒感染肺炎疫情防控违法犯罪的意见》，依法严惩破坏野生动物资源犯罪的规定，在防疫期间违反狩猎法规，在禁猎区、禁猎期或者使用禁用的工具、方法进行狩猎，破坏野生动物资源，情节严重的，以非法狩猎罪定罪处罚。

———— 相 关 案 例 ————

案例一

2019 年 9 月，庄某某在网上买了 20 多个钢丝套，撒在家附近的山上。2020 年 1 月 28 日，庄某某接收到了猎捕成功的信号，并前往当地绍兴上虞乌土岭山，发现一头约 90 斤的野猪落网。1 月 31 日，当地民警正在开展疫情防控排查工作，经民警讯问，庄某某对猎捕野猪的犯罪事实供认不讳。经鉴定，涉案野猪为浙江省一般保护陆生野生动物，属于国家"三有"保护动物。另查明，上虞区政府通告每年 4 月 1 日至 9 月 30 日以及春节期间（农历十二月廿五至次年正月十五）为兽类野生动物禁猎期，禁止使用猎套等诱捕装置猎捕。人民法院一审认为：被告人庄某某违反狩猎法规，在禁猎期内使用禁用的工具、方法狩猎，破坏野生动物资源，情节严重，构成非法狩猎罪，依法判处有期徒刑 6 个月。该案系浙江省审结的首例疫情防控期间非法狩猎野生动物案。①

案例二

2016 年至 2017 年，被告人黄某某从他人处获得自制预充气式气步枪和自制气枪各一支。2018 年购买一支射钉枪及钢管、瞄准仪等部件，并将射钉枪改装为猎枪用于捕杀野生动物。2019 年 5 月至 11 月，黄某某利用其改装的射钉枪在东印山猎捕 4 只（1 只已被煮食）疑似果子狸的野生动物。11 月 13 日黄某某被抓获，公安机关在其住处搜查出"快排"气枪 1 支、"突鹰"气枪 1 支、射钉枪改装的疑似枪支 1 支、瞄准镜 1 个、钢珠 94 颗、射钉弹 86 颗，并从其亲属处查获黄某某猎杀的 3 只疑似果子狸的野生动物。经鉴定，3 支疑似枪支均具备致伤

---

① 《浙江审结首例防疫期间非法狩猎野生动物案》，中国新闻网，见 https://baijiahao. baidu.com/s?id=1658486529260024393&wfr=spider&for=pc，2020 年 2 月 17 日访问。

力，认定为枪支，其中射钉枪改装的枪支是以火药为动力发射非制式枪弹的非制式枪；3只疑似果子狸中有1只为小灵猫，系国家二级重点保护野生动物，另2只为花面狸（俗称果子狸），属于国家保护的有益的或者有重要经济、科学研究价值的陆生野生动物。

重庆市垫江县人民法院经审理认为，被告人黄某某违反国家有关法规，私自制造以火药为动力的非军用枪支1支，其行为构成非法制造枪支罪；违反野生动物保护法规，猎捕、杀害国家二级重点保护野生动物，其行为构成非法猎捕、杀害珍贵、濒危野生动物罪；违反枪支管理规定，非法持有枪支2支，其行为还构成非法持有枪支罪，应依法并罚。黄某某主动投案，如实供述自己的犯罪事实，具有自首情节，依法从轻处罚。据此，于2020年3月4日对被告人黄某某以非法制造枪支罪判处有期徒刑3年；以非法猎捕、杀害珍贵、濒危野生动物罪判处有期徒刑1年6个月，并处罚金人民币1万元；以非法持有枪支罪判处拘役6个月，决定执行有期徒刑4年，并处罚金人民币1万元。①

---

① 《最高人民法院发布第一批10个依法惩处妨害疫情防控犯罪典型案例》，最高人民法院官网，见 http://www.court.gov.cn/zixun-xiangqing-222481.html，2020年3月11日访问。

94. 疫情防控期间，知道或者应当知道是非法狩猎的野生动物而购买，会受到刑事处罚吗？

法律依据

《刑法》第 312 条；《最高人民法院、最高人民检察院、公安部、司法部关于依法惩治妨害新型冠状病毒感染肺炎疫情防控违法犯罪的意见》第 2 条第（九）项；《最高人民法院关于审理洗钱等刑事案件具体应用法律若干问题的解释》第 1 条第 1 款。

专家解读

根据上述法律法规及司法解释，该行为可能构成掩饰、隐瞒犯罪所得罪。

掩饰、隐瞒犯罪所得罪所侵犯的客体是司法机关的正常活动，侵犯对象为犯罪所得。本罪的客观方面表现为行为人实施了窝藏、转移、收购、代为销售或以其他方法掩饰、隐瞒犯罪所得的行为，行为人只要实施上述规定的掩饰、隐瞒犯罪所得行为中的一种就满足本罪客观方面的要求。在此次疫情防控期间，行为人知道或者应当知道是非法狩猎的野生动物而购买的属于以收购的方法掩饰、隐瞒犯罪所得，符合本罪的客观方面，但是如果此处的收购行为仅涉及少量赃物且为行为人自用的，一般不认定为犯罪。本罪的主体为一般主体，既包括个人也包括单位，但需注意的是犯罪人自己掩饰、隐瞒犯罪所得属于不可罚的事后行为，不构成本罪。本罪的主观方面为故意，也即明知是他人犯罪所得，明知是指已经知道或者应当知道，如果不知道是赃物而实施上述行为的则不应构成犯罪，根据《最高人民法院关于审理洗钱等刑事案件具体应用法律若干问题的解释》第1条第1款的规定，这里的明知应当结合被告人的认知能力，接触他人犯罪所得及其收益的情况，犯罪所得及其收益的种类、数额，犯罪所得及其收益的转换、转移方式以及被告人的供述等主、客观因素进行认定。因此，如果非法狩猎行为构成犯罪，那么狩猎而来的野生动物资源应被认定为犯罪所得，行为人在知道或者应当知道野生动物是通过非法狩猎所得还予以收购的，可以掩饰、隐瞒犯罪所得罪定罪处罚。

95. 从事实验、保藏、携带、运输传染病菌种、毒种的人员，违反规定造成新型冠状病毒毒种扩散的，会受到何种刑事处罚？

法律依据

《刑法》第331条；《最高人民法院、最高人民检察院、公安部、司法部关于依法惩治妨害新型冠状病毒感染肺炎疫情防控违法犯罪的意见》第2条第（七）项。

专家解读

根据上述法律法规及司法解释，该行为可能构成传染病菌种、毒种扩散罪。本罪侵犯的客体是国家关于传染病防治的管理制度，具体是国家的传染病菌种、毒种管理制度。在此次疫情期间主要是指针对新冠肺炎菌种、毒种的管理出台的相应法律、法规以及部门规章等规范性法律文件；其中的"有关规定"应该是指关于传染病菌种、毒种实验、保藏、携带、运输方面的规定。本罪所针对的对象是传染病菌种、毒种。其主要特点是传染性，区别于危险物品肇事罪的剧毒性犯罪对象。

本罪的客观方面主要表现为行为人违反国务院卫生行政部门的有关规定，造成传染病菌种、毒种扩散，后果严重的行为。"传染病菌种、毒种的扩散"是指超越了对传染病菌种、毒种控制的范围，导致传染病菌种、毒种散布、传播的行为，主要包括但是不限于造成储存传染病菌种、毒种的密器破损、丢失、被盗，或被传染病菌种、毒种所污染的物品未经消毒、灭菌处理而被带入公共场所等行为。本罪的"后果严重"是指实际的危害后果而不是指有造成严重后果的危险。

本罪的主体是特殊主体，即从事实验、保藏、携带、运输传染病菌种、毒种的人员。在主观方面表现为过失。即行为人对其违反国务院卫生行政部门的有关规定造成的后果是出于过失的心理态度。

96. 疫情防控期间，未取得医师执照的人对患者非法采取医疗措施，贻误治疗时间或者造成交叉感染等严重情形，会受到何种刑事处罚？

法律依据

《刑法》第 336 条；《最高人民法院、最高人民检察院关于办理妨害预防、控制突发传染病疫情等灾害的刑事案件具体应用法律若干问题的解释》第 12 条；《最高人民法院关于审理非法行医刑事案件具体应用法律若干问题的解释》第 1 条、第 2 条。

专家解读

根据上述法律法规及司法解释，该行为可能构成非法行医罪。非法行医罪侵害的是双重客体，也即国家对医务工作的管理秩序和就诊人的生命、健康权利。本罪的客观方面在此次疫情期间主要表现为对患有新冠肺炎的患者非法采取医疗措施，贻误治疗时间或者造成交叉感染等情节严重的行为。在该罪客观方面认定的过程中需要注意以下几个问题。首先，这里的医疗措施是指运用医学专业知识和技能实施的行为，因此像刮痧、艾灸、推拿等不需要医学专业知识和技能的活动并不能算作医疗措施。其次，构成本罪还应当具备"情节严重"这一条件，根据《最高人民法院关于审理非法行医刑事案件具体应用法律若干问题的解释》第 2 条的规定，所谓"情节严重"是指：（一）造成就诊人轻度残疾、器官组织损伤导致一般功能障碍的；（二）造成甲类传染病传播、流行或者有传播、流行危险的；（三）使用假药、劣药或不符合国家规定标准的卫生材料、医疗器械，足以严重危害人体健康的；（四）非法行医被卫生行政部门行政处罚两次以后，再次非法行医的；（五）其他情节严重的情形。最后，需注意的是，非法行医者对被害人法益产生了某种程度的支配，例如在防疫期间随时可能导致侵害个人生命、身体健康的后果，若等到产生具体危险或者侵害时再对相关行为进行处罚为时已晚，因此非法行医罪并不以造成危害结果为要件。

本罪的主体为一般主体，但是仅限于未取得医生执业资格的人。根据《最高人民法院关于审理非法行医刑事案件具体应用法律若干问题的解释》

25

第 1 条的规定，非法行医主要包括以下几种情形：（一）未取得或者以非法手段取得医师资格从事医疗活动的；（二）被依法吊销医师执业证书期间从事医疗活动的；（三）未取得乡村医生执业证书，从事乡村医疗活动的；（四）家庭接生员实施家庭接生以外的医疗行为的。

本罪的主观方面表现为故意，在此次疫情期间是指行为人明知自己未取得相应的医生执业资格，仍然收治新冠肺炎患者，非法采取医疗措施。但是行为人对非法行医所造成的危害结果必须是出于过失，如果行为人以行医之名实施伤害或杀人的行为之实，则应以故意伤害罪或故意杀人罪论处。

------- 相 关 案 例 -------

新冠肺炎期间，山东省临沂市费县的祝某奎在没有行医资格且两次被行政处罚的情况下，仍然在自己家中多次收治有咳嗽、发烧等症状的患者。诊疗过程中均无佩戴口罩、场所消毒等防护措施。祝某奎非法行医行为，严重影响了疫情防控，具有严重的社会危害性，已构成犯罪，应依法追究其刑事责任。经人民法院审理后当庭宣判，被告人祝某奎犯非法行医罪，判处有期徒刑 1 年，缓刑 1 年，并处罚金 5000 元。①

----

① 《收治发烧等症状患者　山东首例涉疫情非法行医案宣判》，中国新闻网，见 http://www.sd.chinanews.com/2/2020/0221/70868.html，2020 年 2 月 22 日访问。

97. 疫情防控期间，向土地、水体、大气等排放、处理含有新冠肺炎病原体的医疗废物或者其他有害物质的，会受到何种刑事处罚？

法律依据

《刑法》第 338 条；《最高人民法院、最高人民检察院关于办理环境污染刑事案件适用法律若干问题的解释》第 17 条；《最高人民法院、最高人民检察院关于办理妨害预防、控制突发传染病疫情等灾害的刑事案件具体应用法律若干问题的解释》第 13 条。

专家解读

根据上述法律法规及司法解释，该行为可能构成污染环境罪。本罪的客体是国家环境保护制度。这里的国家规定是全国人大及其常务委员会制定的有关环境保护方面的法律，以及国务院制定的相关行政法规、行政措施、发布的决定或命令。

本罪的客观方面是违反国家规定，排放、倾倒或者处置有放射性的废物、含传染病病原体的废物、有毒物质或者其他有害物质，严重污染环境的行为。在此次疫情期间，违反国家《传染病防治法》规定，随意排放、倾倒或者处置含有新型冠状病毒病原体的废物或者其他有毒物质，严重污染环境的，可以污染环境罪定罪处罚。根据《最高人民法院、最高人民检察院关于办理环境污染刑事案件适用法律若干问题的解释》的规定，"严重污染环境"包括 18 种情形，如超过国家排放标准造成严重环境污染甚至是不可逆的环境损害的结果、对人身造成严重损害以及重大公私财产损失等。其中"公私财产损失"包括《刑法》第 338 条规定的行为直接造成的财产损毁、减少的实际价值，为防止污染扩大、消除污染而采取必要合理措施所产生的费用，以及处置突发环境事件的应急监测费用。

本罪的主体是一般主体，单位也可以成为本罪的主体。另外，共同犯罪问题在环境污染罪中较为突出。共同犯罪参与者主要有污染物生产者、污染行为实施者、污染行为帮助者、污染物利用者四大类。需要注意两个问题：其一，不同主体之间的特殊共同犯罪认定，必须要有"双明知"，如污染物的生产者应在明知对方无危险废物经营许可证，明知提供或者委托其收集、贮存、利用、处置的是危险废物的前提下，才能成立共同犯罪；其二，同一主体之间的共同犯罪认定，要求有共同犯意。如同为污染行为的实施者，双方必须就污染物的处理有共同的意思表示。本罪的主观方面是过失，即行为人应当预见自己排放、倾倒、处置含传染病病原体的废物等有害物质的行为可能造成环境严重污染的结果而因疏忽大意没有预见或已经预见而轻信能够避免，但对环境保护相关规定是明知而违反的。

98. 负责管理疫情防控款物的人员，利用职务上的便利，侵吞、截留或者以其他手段非法占有这些款物的，会受到何种刑事处罚？

法律依据

《刑法》第 271 条第 1 款、第 382 条；《最高人民法院、最高人民检察院关于办理贪污贿赂刑事案件适用法律若干问题的解释》第 1 条第 1 款；《最高人民法院、最高人民检察院、公安部、司法部关于依法惩治妨害新型冠状病毒感染肺炎疫情防控违法犯罪的意见》第 2 条第（七）项。

专家解读

根据上述法律法规及司法解释，该行为涉嫌贪污罪、职务侵占罪。

判断行为是否构成贪污罪，主要从以下四个方面进行考察：一是行为主体，是国家工作人员或者受委托管理国有财产的人员。二是职务便利，行为人具有主管、管理、经手防控款物的职务之便。所谓主管，一般指对财物具有调拨、安排、决定使用的权力；所谓管理，是指具有决定、办理、处置的权力；所谓经手，是指因工作需要在一定时间内控制财物的职务便利，但不包括因工作关系熟悉作案环境、容易接近财物等方便条件。三是侵吞、截留或者其他手段，包括但不限于通过窃取、骗取、侵吞、截留等手段获取款物。四是非法占有财物，所谓非法占有既包括非法占为己有，也包括与他人共同占有、按份占有，还包括非法将财物处置给第三人所有。

在疫情防控期间，对疫情防控款物具有主管、管理、经手职责的国家工作人员，利用职务上的便利，侵吞、窃取、骗取或者以其他手段将款物非法占有的，构成贪污罪。需要注意的是，相较于贪污一般的公共财物而言，贪污防疫特定款物，是《最高人民法院、最高人民检察院关于办理贪污贿赂刑事案件适用法律若干问题的解释》关于数额与情节并重的立法精神第一条规定的"其他较重情节"，只要贪污的款物价值达到了 1 万元以上（一般贪污犯罪为 3 万元），就应以贪污罪定罪处罚。此外，对于贪污防疫特定款物达到 10 万元、150 万元标准的（一般贪污犯罪为 20 万元、300 万元），都要提高量刑档次，分别在 3 到 10 年有期徒刑和 10 年以上有期徒刑、无期徒刑或死刑的量刑区间量刑。需要注意的是，《最高人民法院、最高人民检察院关于办理贪污贿赂刑事案件适用法律若干问题的解释》的该条规定不仅是降格入罪、提升量刑档次的规定，而且是从重处罚的规定，对于同样的贪污数额，如果存在款物属于疫情防控款物等"其他较重情节"的，应当从重处罚。

对于不具有国家工作人员身份的公司、企业或者其他单位的人员，利用主管、管理、经手疫情防控款物的职务便利，将财物非法占为己有的，数额达到 6 万元以上的，构成职务侵占罪。

99. 挪用防控新冠肺炎的款物归个人使用的，会触犯哪些罪名？

法律依据

《刑法》第 272 条第 1 款、第 273 条、第 384 条；《全国人民代表大会常务委员会关于〈中华人民共和国刑法〉第三百八十四条第一款的解释》；《最高人民法院、最高人民检察院关于办理妨害预防、控制突发传染病疫情等灾害的刑事案件具体应用法律若干问题的解释》第 14 条；《最高人民法院、最高人民检察院关于办理贪污贿赂刑事案件适用法律若干问题的解释》第 5 条、第 6 条；《最高人民法院、最高人民检察院、公安部、司法部关于依法惩治妨害新型冠状病毒感染肺炎疫情防控违法犯罪的意见》第 2 条第（七）项。

专家解读

根据上述法律法规及司法解释，挪用疫情防控款物归个人使用的，涉嫌构成挪用公款罪、挪用资金罪；挪用疫情防控款物，情节严重，致使国家和人民群众利益遭受重大损害的，涉嫌构成挪用特定款物罪。

对于国家工作人员利用职务上的便利，挪用疫情防控资金归个人使用，数额在3万元以上的，构成挪用公款罪，根据《刑法》第384条第2款的规定，应当从重处罚。归个人使用，包含三种情形：（一）将公款供本人、亲友或者其他自然人使用的；（二）以个人名义将公款供其他单位使用的；（三）个人决定以单位名义将公款供其他单位使用，谋取个人利益的。

对于不具有国家工作人员身份的公司、企业或者其他单位的工作人员，利用职务上的便利，挪用疫情防控资金归个人使用，数额在6万元以上的，构成挪用资金罪。

对于国家工作人员利用职务上的便利，挪用疫情防控物品归个人使用的，要区分情况对待：对于被挪用的物品属于一次性防护用品，一旦使用就失去其交换价值的，如防护服、一次性口罩等物品，涉案价值在1万元以上的，应当认定为贪污罪；对于被挪用物品不属于一次性防护用品，如挪用防疫用车归个人驾驶后及时返还的，不应认定为挪用公款罪；对于被挪用物品虽不属于一次性防护用品，但挪用该物品用于交换其他财物的，如挪用防疫用车后将车辆出售，将售车款归个人使用的，其本质仍然是将公共财物处于风险之中，仍应当认定为构成挪用公款罪。

构成挪用特定款物罪，必须符合以下几个条件：一是犯罪主体，只能是对挪用行为负有责任的主管人员、直接实施挪用行为的人员，如会计、款物发放人员、指使挪用人员等；二是客观表现的"挪用"，是指不经合法批准，擅自将自己经手、管理的救灾、防疫等款物调拨、使用到其他方面，如将疫情防控物资挪作建设楼堂馆所、投资工业建设等行为；三是行为人主观必须是故意；四是挪用款物的目的是用于单位其他项目，如果挪用上述特定款物归个人使用，构成犯罪的，应按照挪用公款罪处罚。

100. 负有疫情防控职责的国家机关工作人员滥用职权或者玩忽职守，会受到何种刑事处罚？

法律依据

《刑法》第 397 条；《全国人民代表大会常务委员会关于〈中华人民共和国刑法〉第九章渎职罪主体适用问题的解释》；《最高人民法院、最高人民检察院关于办理妨害预防、控制突发传染病疫情等灾害的刑事案件具体应用法律若干问题的解释》第 15 条；《最高人民法院、最高人民检察院关于办理渎职刑事案件适用法律若干问题的解释（一）》；《最高人民法院、最高人民检察院、公安部、司法部关于依法惩治妨害新型冠状病毒感染肺炎疫情防控违法犯罪的意见》第 2 条第（七）项。

专家解读

根据上述法律法规及司法解释，该行为可能构成滥用职权罪、玩忽职守罪。

判断行为是否构成滥用职权罪，主要从以下几个方面进行考察：一是身份，根据《刑法》的规定，渎职犯罪的主体是国家机关工作人员，此外，在依照法律、法规规定行使国家行政管理职权的组织中从事公务的人员，或者在受国家机关委托代表国家机关行使职权的组织中从事公务的人员，或者虽未列入国家机关人员编制但在国家机关中从事公务的人员，在代表国家机关行使职权时，有渎职行为，也可以构成渎职犯罪。比如，受政府委托，在疫情防控工作中代表政府行使管理职权的小区物业部门工作人员，在代表国家机关行使职权时，有渎职行为的，也可以认定为具有渎职犯罪主体身份。二是职权，即行为人是否负有疫情防控的职责，渎职犯罪损害的是国家机关的正常管理活动，行为人手中必须有"权"，如果行为人不具备相关的职责，就无法认定其实施了渎职行为。三是后果，只有"致使公共财产、国家和人民利益遭受重大损失"的，才构成犯罪，判断是否造成"重大损失"是渎职犯罪的入罪标准，在《最高人民法院、最高人民检察院关于办理渎职刑事案件适用法律若干问题的解释（一）》中，从人身损伤、经济损失、社会影响等方面具体规定了如何认定"重大损失"。四是行为方式，滥用职权罪表现为违反或者超越法律规定的权限和程序使用职权，对权力的不正当使用，如超越职权、玩弄职权、擅离职守、假公济私等，导致出现严重后果。五是主观方面，滥用职权罪是故意犯罪，明知不可为而为之、明知应为而不为或者放任权力被滥用。

关于玩忽职守罪，主体身份、职权、结果要素的认定与滥用职权罪一致。玩忽职守罪与滥用职权罪的最主要区别在于：一是在主观方面，玩忽职守罪是过失犯罪，或者疏忽大意，或者过于自信；二是在行为表现方面，玩忽职守往往表现为工作马虎草率，不负责任或者放弃职守，导致出现严重后果。

关于滥用职权罪和玩忽职守罪的区分，两罪在客观方面存在不同：滥用职权罪表现在违反或者超越法律规定的权限和程序使用职权，对权力的不正当使用，导致出现严重后果；玩忽职守罪主要表现为工作马虎草率，不负责任或者放弃职守，导致严重后果。在主观方面，滥用职权罪是故意犯罪，即明知不可为而为之，或者明知应为而不为；玩忽职守罪是过失犯罪，疏忽大意或者过于自信，导致出现危害后果。

101. 卫生行政部门工作人员不履行或不认真履行疫情防控监管职责，导致新冠肺炎传播的，会受到何种刑事处罚？

法律依据

《刑法》第 409 条；《传染病防治法》第 53 条；《最高人民法院、最高人民检察院关于办理妨害预防、控制突发传染病疫情等灾害的刑事案件具体应用法律若干问题的解释》第 16 条；《最高人民法院、最高人民检察院、公安部、司法部关于依法惩治妨害新型冠状病毒感染肺炎疫情防控违法犯罪的意见》第 2 条第（七）项。

专家解读

根据上述法律法规及司法解释，该行为可能构成传染病防治失职罪。

本罪是针对特殊主体的渎职犯罪罪名，构成本罪的主体只有从事传染病防治的政府卫生行政部门的工作人员，这是指在各级政府卫生行政部门中对传染病的防治工作负有监督管理职责的人员。此外，在受政府卫生行政部门委托代表政府卫生行政部门行使职权的组织中从事公务的人员，或者虽未列入政府卫生行政部门人员编制但在政府卫生行政部门从事公务的人员，在代表政府卫生行政部门行使职权时，也符合本罪的主体要件。《传染病防治法》规定了卫生行政部门对传染病防治工作应当履行的职责，根据该规定，从事传染病防治的政府卫生行政部门的工作人员如果不履行或者不正确履行应尽的职责，导致传染病传播或流行的就构成本罪。

"传染病传播或者流行"，是指在一定范围内出现《传染病防治法》中规定的甲类、乙类或者丙类传染病的发生。此外，构成本罪还必须具备"情节严重"这一要件，根据《最高人民法院、最高人民检察院关于办理妨害预防、控制突发传染病疫情等灾害的刑事案件具体应用法律若干问题的解释》第 16 条的规定，构成本罪的、情节严重的主要包括：（一）对发生突发传染病疫情等灾害的地区或者突发传染病病人、病原携带者、疑似突发传染病病人，未按照预防、控制突发传染病疫情等灾害工作规范的要求做好防疫、检疫、隔离、防护、救治等工作，或者采取的预防、控制措施不当，造成传染范围扩大或者疫情、灾情加重的；（二）隐瞒、缓报、谎报或者授意、指使、强令他人隐瞒、缓报、谎报疫情、灾情，造成传染范围扩大或者疫情、灾情加重的；（三）拒不执行突发传染病疫情等灾害应急处理指挥机构的决定、命令，造成传染范围扩大或者疫情、灾情加重的；（四）具有其他严重情节的。

102. 疫情防控期间制造社会舆论煽动分裂国家、破坏国家统一、推翻社会主义制度的，触犯何种罪名？

法律依据

《刑法》第 103 条第 2 款、第 105 条第 2 款；《最高人民法院、最高人民检察院、公安部、司法部关于依法惩治妨害新型冠状病毒感染肺炎疫情防控违法犯罪的意见》第 2 条第（六）项。

专家解读

根据上述法律法规及司法解释，该行为可能触犯煽动分裂国家罪或煽动颠覆国家政权罪。

两罪侵犯的客体有所不同，煽动颠覆国家政权罪的客体是人民民主专政社会主义制度，涉及的是政治理念、政治信仰的问题。煽动分裂国家罪的客体是国家统一，主要涉及民族感情和爱国主义的问题。两罪的行为内容不同，前者是煽动分裂国家，即一分为二或一分为多。后者是煽动颠覆国家政权，另立新政权。

煽动分裂国家罪与煽动颠覆国家政权罪具有以下共同点：一是两罪均为一般主体，即达到刑事责任年龄、具有刑事责任能力的自然人，中国人、外国人、无国籍人都可以成为本罪的犯罪主体。二是两罪名都属于行为犯，即行为人只要有上述行为，无论是否得逞，是否造成严重后果，都构成犯罪。三是两罪的行为方式都是煽动行为，行为人以语言、文字、图像等方式对他人进行鼓吹挑动，意图使他人接受或者相信所煽动的内容而去实施所煽动的分裂国家或颠覆国家政权的行为。煽动的对象既可以是确定的，也可以是不确定的。至于被煽动的人员是否实施了分裂国家或颠覆国家政权推翻社会主义制度的行为，并不影响犯罪的成立。煽动行为并不以公然实施为必要，既可以当面直接煽动，也可以委托他人转达进行间接煽动。

《最高人民法院、最高人民检察院、公安部、司法部关于依法惩治妨害新型冠状病毒感染肺炎疫情防控违法犯罪的意见》中关于依法严惩造谣传谣犯罪规定，利用新冠肺炎疫情，制造、传播谣言，煽动分裂国家、破坏国家统一，或者煽动颠覆国家政权、推翻社会主义制度的，依照《刑法》第 103 条第 2 款、第 105 条第 2 款的规定，以煽动分裂国家罪或者煽动颠覆国家政权罪定罪处罚。

市场监管法篇

　　疫情暴发以来，广大市场经营者能勇于担当社会责任，诚实守信，依法经营，积极服务抗击疫情大局，甚至涌现出很多感人的事迹，但也存在一些经营者违反法律法规规定，借机发"疫情财"、不服从疫情期间管理等情形。为切实维护正常经济社会秩序，各个执法部门加强市场监管，依法严厉打击市场违法行为，努力保障生产生活平稳有序。

　　本篇以疫情期间社会公众关注的热点问题作为讨论范畴，从政府对市场经营主体监管的角度，依据多部法律法规作相应梳理与分析，涵盖社会公众关注的医疗用品销售、聚集性企业经营、电子商务、野生动物保护等方面，包含多个市场监管主体职权，如市场监管部门、海关部门、交通执法部门、教育监管部门、林业执法部门、公安部门等。希望向广大读者提供一份通俗易懂的操作指引，为市场主体规范经营、消费者依法维权、执法机关依法规范执法提供启发和帮助。

本篇负责人介绍

　　张帅，北京中策律师事务所律师、党支部书记，共青团北京市朝阳区律师协会团委书记，中国人民大学民商法硕士。

　　中国政法大学研究生法律援助中心指导教师；中国法学会中国法律咨询中心"法治百科"项目专家；连续三年获"北京市律师行业优秀共产党员"称号。

103. 便利店为了增加收益，在疫情期间未按规定取得许可和备案即销售医疗器械，应受到何种处罚？

法律依据

《中华人民共和国行政许可法》（以下简称《行政许可法》）第 12 条、第 81 条；《医疗器械监督管理条例》第 21 条、第 31 条、第 32 条、第 63 条、第 65 条、第 75 条；《医疗器械生产监督管理办法》第 8 条、第 61 条。

专家解读

市场主体在经营医疗器械过程中，应根据生产、销售的具体类别的医疗器械严格按照《行政许可法》《医疗器械监督管理条例》《医疗器械生产监督管理办法》及相关规定进行申请许可或者备案。

按照风险程度，国家将医疗器械分为三类：第一类医疗器械是风险程度低且实行常规管理就可以保证其安全有效的医疗器械，例如手术刀、手术剪、降温贴等，其生产活动由所在地设区的市级市场管理部门实行备案管理。经营活动全部放开，既不用申请许可也不用备案，只需取得市场管理部门核发的营业执照即可。第二类医疗器械是具有中度风险且需要严格控制管理，得以保证其安全有效的医疗器械，例如我们日常生活中常见的血压计、创可贴、制氧机等，其生产活动由省级市场管理部门实行许可管理，分别发给《医疗器械注册证》和《医疗器械生产许可证》。经营活动由设区的市级市场管理部门实行备案管理。第三类医疗器械是具有较高风险且需要采取特别措施严格控制管理，得以保证其安全有效的医疗器械，例如常见的静脉留置针、输液器、注射器、心脏支架等，其生产需要向省级市场管理部门申请生产许可，其销售需要向设区的市级市场管理部门申请许可并建立销售记录制度，分别发给《医疗器械注册证》《医疗器械生产许可证》《医疗器械经营许可证》。

根据《医疗器械监督管理条例》第 63 条、第 65 条、第 75 条及《医疗器械生产监督管理办法》第 61 条的规定，生产、经营未取得医疗器械注册证的第二类、第三类医疗器械的，未经许可从事第三类医疗器械经营活动的，处以没收违法所得，没收相应医疗器械、工具、设备、原材料等物品，并处以罚款。对无照销售第二类、第三类医疗器械情节严重的，将吊销医疗器械经营许可证。构成犯罪的，依法追究刑事责任；造成人身、财产或者其他损害的，依法承担赔偿责任。

104. 以普通、工业用途等非医用口罩冒充医用口罩进行销售的行为，应受到何种处罚？

法律依据

《医疗器械监督管理条例》第 4 条；《消费者权益保护法》第 20 条、第 56 条。

专家解读

医用口罩应当属于医疗器械。根据《关于医用一次性防护服等产品分类问题的通知》，自 2003 年 5 月 15 日起将医用一次性防护服、医用防护口罩和医用手术口罩划为第二类医疗器械进行管理。根据《医疗器械监督管理条例》第 4 条的规定，第二类医疗器械是具有中度风险，需要严格控制管理以保证其安全、有效的医疗器械。医用口罩在国内上市应依法取得医疗器械产品注册证，生产者应取得医疗器械生产许可证，经营者应进行第二类医疗器械经营备案。因此，医用口罩应当按照第二类医疗器械标准进行严格管理。

销售者应合规销售医用口罩。疫情防控组／国家卫生健康委疫控局发布的《新型冠状病毒感染不同风险人群防护指南》和《预防新型冠状病毒感染的肺炎口罩使用指南》中推荐的口罩类型有四种：一次性使用医用口罩、医用外科口罩、KN95/N95 及以上颗粒物防护口罩、医用防护口罩。

以普通、工业用途等非医用口罩冒充医用口罩进行销售的行为，涉嫌违反《消费者权益保护法》。根据《消费者权益保护法》第 20 条及第 56 条的规定，经营者向消费者提供有关商品或者服务的质量、性能、用途、有效期限等信息，应当真实、全面，不得作虚假或者引人误解的宣传。对商品或者服务作虚假或者引人误解的宣传的，除承担相应的民事责任外，由工商行政管理部门或者其他有关行政部门责令改正，可以根据情节单处或者并处警告、没收违法所得、处以违法所得一倍以上 10 倍以下的罚款，没有违法所得的，处以 50 万元以下的罚款；情节严重的，责令停业整顿、吊销营业执照。

据此，建议消费者应当掌握医用口罩辨别知识，保持警惕，注意分辨口罩真假，注意以下两方面：第一，注意观察口罩外包装的标志是否齐全。应当包括产品名称、规格、型号、生产许可证编号、医疗器械注册证编号等。第二，掌握查询口罩等医疗器械产品信息的方法。主要方法如下：打开国家药品监督管理局网站，点击"医疗器械"下的"医疗器械查询"，根据口罩外包装上标识的产地、注册证编号，查询注册人名称下对应的产品。通过以上步骤，可以看到弹出的产品信息中有显示该产品的名称，消费者能够据此判断该口罩是否符合标准，如产品名称显示"一次性使用医用外科口罩"，该口罩即为合格。

105. 疫情期间，医药经营者明知在售"口罩"侵犯注册商标权仍进行销售，应受到何种处罚？

法律依据

《商标法》第 56 条、第 57 条、第 60 条、第 61 条、第 65 条、第 67 条。

专家解读

商标侵权即商标侵权行为，是指行为人未经商标权人许可，在相同或类似商品上使用与其注册商标相同或近似的商标，或者其他干涉、妨碍商标权人使用其注册商标，损害商标权人合法权益的其他行为。侵权人通常需承担停止侵权的责任，明知或应知是侵权商品而仍予以生产或者销售的行为人还要承担赔偿的责任；情节严重的，还要承担刑事责任。

根据《商标法》第 57 条第（三）项的规定，销售侵犯注册商标专用权的商品属侵犯注册商标专用权。故医药经营者明知在售"口罩"侵犯注册商标权仍进行销售的，构成侵犯注册商标专用权。根据《商标法》第 60 条、第 61 条的规定，因该侵权行为引起纠纷的，由当事人协商解决；不愿协商或者协商不成的，商标注册人或者利害关系人可以向人民法院起诉，也可以请求工商行政管理部门处理。工商行政管理部门处理时，认定侵权行为成立的，责令立即停止侵权行为，没收、销毁侵权商品和主要用于制造侵权商品、伪造注册商标标识的工具，并根据违法经营额处以罚款。若双方对赔偿数额存在争议，可以请求处理其纠纷的工商行政管理部门调解，也可以向人民法院起诉。

商标权利人应关注市场，必要时要求各分销商关注同类商品包装上的标识，发现侵权行为时及时制止，并可以向市场监督管理部门投诉，对于废次标识物要及时有效地销毁，避免不法人员的利用，给商标权利人造成不应有的损害。

106. 疫情期间，经营者销售"三无"产品，牟取非法利益，应受到何种处罚？

法律依据

《消费者权益保护法》第 55 条；《侵权责任法》第 43 条；《中华人民共和国产品质量法》（以下简称《产品质量法》）第 27 条、第 49 条至第 54 条。

专家解读

"三无"一般指无生产日期、无质量合格证（或生产许可证）以及无生产者名称。根据《产品质量法》第27条的规定，产品或其包装上应包含：产品质量检验合格证明；有中文标明的产品名称、生产厂厂名和厂址；根据产品的特点和使用要求，需要标明产品规格、等级、所含主要成分的名称和含量的，用中文相应予以标明；需要事先让消费者知晓的，应当在外包装上标明，或者预先向消费者提供有关资料；限期使用的产品，应当在显著位置清晰地标明生产日期和安全使用期或者失效日期；使用不当，容易造成产品本身损坏或者可能危及人身、财产安全的产品，应当有警示标志或者有中文警示说明。经营者销售"三无"产品的行为侵犯了国家对产品质量的管理制度，扰乱了市场经营秩序，同时也侵犯了消费者的合法权益。

对于生产者或销售者销售"三无"产品，消费者可依据《消费者权益保护法》第55条关于欺诈行为的规定，要求经营者增加赔偿消费者受到的损失，增加赔偿的金额为消费者购买商品的价款或者接受服务的费用的三倍；增加赔偿的金额不足五百元的，为五百元。此外，消费者如果发现商家销售"三无"产品，也可向市场监督管理部门投诉。市场监督管理部门可将"三无"产品送至法定产品质量检验机构对产品的质量进行检验，如检验机构认定为不合格产品，依据《产品质量法》第50条的规定，可责令停产、停售，没收违法产品，并处罚款，情节严重的，吊销营业执照；构成犯罪的，依法追究刑事责任。

相 关 案 例

根据群众举报，行唐县市场监督管理局对行唐县某大药房开展现场检查。经查，该药房销售的口罩无法提供进货凭证，属于"三无"产品。行唐县市场监督管理局依法对该药房存在的违法行为处以 1000 元罚款。①

107. 疫情期间，药品经营者捏造、散布涨价信息、哄抬物价，应当承担怎样的法律责任？

法律依据

《中华人民共和国价格法》（以下简称《价格法》）第 14 条、第 40 条；《价格违法行为行政处罚规定》第 6 条至第 9 条；《突发公共卫生事件应急条例》第 52 条；《突发事件应对法》第 49 条；《市场监管总局关于新型冠状病毒感染肺炎疫情防控期间查处哄抬价格违法行为的指导意见》。

专家解读

根据《价格法》第 14 条等相关规定，经营者在进行经营活动时，为了牟取高额利润，以明显高出市场的价格出售商品的行为违反了我国《价格法》的规定。经营者在主观上具有推动价格上涨的故意，并且在客观上具有推动价格过高过快上涨的行为，主要包括三类：（1）捏造、散布涨价信息；（2）大量囤积；（3）利用其他手段哄抬价格。"捏造"即虚构不存在

---

① 《河北省市场监督管理局公布疫情防控期间违法典型案件（第三批）》，国家市场监督管理总局网站，见 http://www.samr.gov.cn/zt/jjyq/jjyx/202002/t20200202_310933.html，2020 年 2 月 2 日访问。

的事实，意图使他人产生误解的行为；"散布"指有一定程度的对外公开行为，如果经营者只是将自己捏造的涨价信息写在纸上并收藏起来，因其没有对外公开，不可能对社会产生影响，不应当被定性为违法行为。由于经营者捏造、散布虚假消息或者囤积居奇的行为，会给市场带来一系列的不良影响，破坏市场价格的平衡。在特殊情况下，例如在新冠肺炎疫情防控期间，虽然经营者短时间没有造成价格上涨，但由于民众对口罩的需求，会产生一定的误信、误传，从而导致市场整体价格上涨。也就是说，认定价格违法行为，不一定要求必须实际发生了价格的过快过高上涨，如果经营者有捏造、散布涨价信息或囤积居奇的行为，已经具备推动价格上涨的重大可能性的，也可能以价格违法行为论处。

根据《价格违法行为行政处罚规定》第 6 条的规定，疫情期间，药品经营者捏造、散布涨价信息、哄抬物价的，责令改正，没收违法所得，并处罚款；情节严重的，责令停业整顿，或者由工商行政管理机关吊销营业执照。

当前正处在疫情防控关键时期，部分商品物价出现上涨，消费者应认识到，商家追求利润在适当程度上是被认可的，毕竟在不同的市场供求关系中，部分商品价格也有上涨的情况，所以在面对价格上涨时，要客观理性认识价格上涨的原因，合理消费。消费者若发现经营者有捏造、散布涨价信息等违法行为，可向市场监督管理部门举报，运用法律手段维护自己的合法权益。

相 关 案 例

2020 年 1 月 26 日，四川省南部县市场监督管理局根据舆情反映，对南部县草市街某劳保用品店进行检查。经查，当事人自

1月24日开始，在微信朋友圈中发布"新型病毒横行，口罩供不应求，希望大家定量购买，以防侵染病毒"等内容，对消费者宣传"口罩缺货，到处都在涨价"。将购进价格为2.95元/只的"天虹牌"劳保用品防尘口罩不断抬价销售，1月24日、25日、26日，销售价格分别抬至5元/只、10元/只、20元/只。当事人行为涉嫌构成哄抬价格的违法行为。①

108. 药品经营者销售用于防治新冠肺炎的假药、劣药，应承担怎样的法律责任？

法律依据

《中华人民共和国药品管理法》（以下简称《药品管理法》）第98条、第116条至第118条；《刑法》第141条、第142条。

专家解读

药品经营者销售假药、劣药，不仅不利于患者的治疗，在新冠肺炎疫情暴发的敏感时期，更有可能威胁到其他人的生命健康安全，针对该种违法行为，应当依法予以严厉打击。对此种行为，应当关注以下几点：第一，行为人应当是假药、劣药的销售者；第二，行为人明知其销售的

① 《疫情防控期间价格违法典型案件（第四批）》，国家市场监督管理总局网站，见 http://www.samr.gov.cn/zt/jjyq/zjdt/202002/t20200203_310966.html，2020年2月3日访问。

药品未经批准，并且实施了销售假药的行为；第三，行为人销售的非法产品，应属于假药或劣药。

根据《药品管理法》第 98 条的规定，有下列情形之一的，为假药：（一）药品所含成分与国家药品标准规定的成分不符；（二）以非药品冒充药品或者以他种药品冒充此种药品；（三）变质的药品；（四）药品所标明的适应症或者功能主治超出规定范围。有下列情形之一的，为劣药：（一）药品成分的含量不符合国家药品标准；（二）被污染的药品；（三）未标明或者更改有效期的药品；（四）未注明或者更改产品批号的药品；（五）超过有效期的药品；（六）擅自添加防腐剂、辅料的药品；（七）其他不符合药品标准的药品。

实践中，对于难以判断是否属于"假药""劣药"的，司法机关可以根据地市级以上药品监督管理部门出具的认定意见等相关材料进行认定。必要时，可以委托省级以上药品监督管理部门设置或者确定的药品检验机构进行检验。

根据《药品管理法》第 116 条至第 118 条的规定，生产、销售假药、劣药的，将面临没收违法药品和违法所得、罚款等行政处罚，情节严重的，将责令其停产停业整顿，吊销证明文件及许可证，对法定代表人、主要负责人、直接负责的主管人员和其他责任人员，没收违法收入并处罚款，终身禁止从事药品生产经营活动，并可以由公安机关处五日以上十五日以下的拘留。此外，销售假药、劣药情节严重的，应当按照《刑法》第 141 条、第 142 条，以生产、销售假药罪或生产、销售劣药罪定罪处罚。

在新冠肺炎疫情防控期间，不法分子知法犯法，利用患者急于治好疾病的心理，通过虚假的宣传手段，承诺治好疾病或者宣称有预防作用，吸引消费者购买其违法生产、销售的假药、劣药，这些非法产品不仅不能起到防治的效果，还存在巨大的安全隐患。鉴于新冠肺炎的高传染性，隐瞒病情，私下购买假药、劣药不仅会使自己得不到及时治疗，还会对他人生命健康安全造成威胁。因此，建议患者到正规的医疗机构进行诊疗，选择合法、安全的药品和治疗方案，及时问诊，不要延误疾病的诊治。

109. 疫情期间，私家车司机未执行疫情期间的管控政策，私自开私家车进行拉客的行为，应受到何种处罚？

法律依据

《中华人民共和国道路运输条例》（以下简称《道路运输条例》）第 10 条、第 63 条；《刑法》第 225 条。

专家解读

私家车司机不按照疫情期间的管控政策，私自开车拉客的行为，应当属于非法营运行为，该行为构成要素，主要有以下几点。

私家车没有营运证明。根据《道路运输条例》第 10 条的规定，申请从事客运经营的，应当依法向工商行政管理机关办理有关登记手续后，按照规定提出申请并提交相关材料，道路运输管理机构予以许可的，向申请人颁发道路运输经营许可证，并向申请人投入运输的车辆配发车辆营运证。故私家车并没有车辆运营证，依照法律的规定，其无权开展营运行为，属于非法经营，这就是我们常说的"黑车"。

私家车实施营运行为。所谓"营运行为"，是指面向社会公众提供的、具有商业性的道路运输活动。据此，"营运行为"主要有以下两个构成要件：第一，服务对象应当是社会公众。社会公众是指不特定的任何人，私家车非法营运，是为不特定人提供服务，表现在私法上就是承运人与旅客之间要有运输合同关系。第二，私家车应以营利为目的。私家车以营利为目的实施了非法营运行为，因此若没有金钱交易行为或不能查证有金钱交易行为，就不能认定为非法营运。

根据《道路运输条例》第 63 条的规定，疫情管控期间，私自开私家车拉客的行为将面临行政处罚，包括责令停止运营、没收违法所得并处罚款。情节严重构成犯罪的，按照《刑法》第 225 条非法经营罪依法追究刑事责任。

据此，建议拒绝乘坐非法营运的私家车。非法营运本身就存在较大的安全隐患，疫情防控期间乘坐非法营运的私家车安全风险更是进一步加大。为了自身及家人安全健康着想，请拒绝乘坐非法营运车辆。确需外出和乘坐交通工具时，请佩戴口罩，选乘正规合法营运车辆，自觉远离非法营运的私家车。此外，如遇到没有营运证明的私家车拉客，在确保自己的合法权益不受侵害的同时，应积极向公安机关举报。

110. 聚集性营业场所，未按疫情防控通知停止营业，应如何处罚？

法律依据

《治安管理处罚法》第 50 条。

专家解读

新冠肺炎传染性较强，某些患者在潜伏期内也无明显症状，若放任聚集性营业场所，如餐馆、酒店、KTV 等继续营业，可能导致病毒迅速蔓延，不利于疫情的控制。并且疫情暴发时处于冬季，气温较低，室内一般门窗紧闭，空气不流通，如果有潜在感染者在场所内活动，其他所有人员都可能成为密切接触者，增加了疫情传播的风险。

值此非常时期，北京、湖北、黑龙江等地区均出台了新措施以应对新冠肺炎疫情，其中就包括要求聚集性营业场所停止营业的措施。以北京地区为例，北京市市场监督管理局与北京市卫生健康委员会、北京市商务局联合印发了《关于进一步加强疫情防控期间群体性聚餐管控的通知》，明确要求，禁止餐饮服务经营者和个人组织、承办各类群体性聚餐活动，对于前期已经订餐的，餐饮服务经营者应尽快与订餐单位或个人取得联系，立即取消聚餐活动或延期举办。

根据《治安管理处罚法》第 50 条的规定，拒不执行人民政府在紧急状态情况下依法发布的决定、命令的，处以罚款；情节严重的，处五日以上十日以下拘留，可以并处罚款。为有效防控新冠肺炎疫情，坚决打赢疫情防控阻击战，餐馆、酒店、KTV 等聚集性营业性场所应当严格遵守所在地区的规定，否则根据《治安管理处罚法》的规定，聚集性营业场所顶风作案，拒不执行防疫措施，应承担相应的行政法律责任。

疫情期间，聚集性营业场所应当严格遵守所在地区的防疫相关规定。配合政府以及有关部门的工作，坚决打赢疫情防控阻击战。对于疫情期间必须开放的聚集性营业场所，如超市、药店等，应当采取防控新冠肺炎疫情的保障措施。主要包括：第一，用消毒清洁剂进行无死角杀菌消毒；第二，在室内温度达标的前提下，对各主入口开放通风，确保场所内空气流通；第三，工作人员在岗位上，应坚持佩戴口罩并进行体温监测等。

111. 疫情防控期间，教育机构擅自开课的，法律后果是什么？

法律依据

《公司法》第 213 条；《传染病防治法》第 42 条、第 77 条；《刑法》第 330 条；《治安管理处罚法》第 50 条。

专家解读

根据《传染病防治法》第 42 条的规定，新冠肺炎疫情防控期间，县级以上地方人民政府应当立即组织力量，按照预防、控制预案进行防治，切断传染病的传播途径，必要时，报经上一级人民政府决定，可以采取停工、停业、停课的紧急措施并予以公告。

根据《公司法》第 213 条的规定，利用公司名义从事危害国家安全、社会公共利益的严重违法行为的，吊销营业执照。教育机构在新冠肺炎疫情期间违规授课、擅自开展线下培训等行为，根据案件事实认定属于从事危害国家安全、社会公共利益的严重违法行为的，市场监督管理部门有权吊销其营业执照。根据《传染病防治法》第 77 条的规定，教育机构擅自开课，违反本法规定并导致传染病传播、流行，给他人人身、财产造成损害的，应当依法承担民事责任。《治安管理处罚法》第 50 条还规定拒不执行人民政府在紧急状态情况下依法发布的决定、命令的，或者阻碍国家机关工作人员依法执行职务的，处警告或罚款，情节严重的，处行政拘留。若违反《刑法》第330条的规定，构成妨害传染病防治罪的，将对单位及其直接负责的主管人员和其他直接责任人员追究刑事责任。

新冠肺炎疫情期间，为了维护人民群众生命安全和身体健康，同时保障学生的课程进度，各级教育部门尽一切努力，鼓励学校、教育机构开展在线教育。学生们可以通过网络、电视、移动终端等方式在线学习，争取做到"停课不停学"，携手打赢疫情防控阻击战。

相 关 案 例

2020年2月3日，北京市朝阳区市场监督管理局会同北京市朝阳区教育委员会联合开展调查，经查，某教育培训机构在疫情防控期间擅自开展高考艺术（美术）考前辅导培训经营活动。该教育培训机构于1月29日组织72名学生及10名老师在经营场所内进行绘画练习及培训。北京市市场监督管理局拟依据《公司法》第213条的规定，对该机构处以吊销营业执照的行政处罚。①

---

① 《北京朝阳教育机构擅自开课面临行政处罚》，中国质量新闻网，见 http://www.cqn.com.cn/zgzlb/content/2020-02/11/content_8170219.htm，2020年2月11日访问。

112. 政府对新冠肺炎疫情医疗废物的监管职责和监管内容有哪些？

法律依据

《中华人民共和国固体废物污染环境防治法》（以下简称《固体废物污染环境防治法》）第 67 条；《医疗废物管理条例》第 4 条、第 22 条、第 33 条、第 43 条。

专家解读

医疗废物是指医疗卫生机构在医疗、预防、保健以及其他相关活动中产生的具有直接或者间接感染性、毒性以及其他危害性的废物，按照《医疗废物分类目录》共分五类。在此次疫情中，产生的医疗废物主要是感染性废物，包括发热门诊、隔离病房(区)、隔离重症监护病房(室) 等留观、疑似、确诊新冠肺炎患者场所产生的医疗垃圾和生活垃圾等。值得注意的是，集中隔离医学观察点的密切接触者在没有排除患病可能的前提下，产生的生活垃圾、口罩等也需要按照医疗废物收集和处理。

医疗废物具有高传染性，处理不当会造成极大危害，因此严格规范医疗废物的处置方法，加强政府监管是非常有必要的。其必要性主要体现在以下两个方面：第一，加强医疗废物的监督管理有利于控制疾病的传播。由于医疗废物含有大量的病菌、传染性病毒以及各种放射性物质和化学性物质，容易造成交叉传染。并且在疫情期间，医疗废物携带大量新冠病毒，更需要妥善处理。如若疏忽，一方面会引发医院感染，给患者、医务工作人员造成健康威胁；另一方面也会引发社会公害，导致病毒扩散。第二，加强医疗废物的监督管理有利于保护环境。医疗废物成分复杂且特殊，很难被自然界吸收、分解，因此应该严格规范医疗废物的处置方式，加强政府监管，否则会对自然造成难以逆转的伤害。

疫情期间，需要政府积极履行职责，加强对医疗废物的监管，其主要职责包括以下几个方面：第一，疫情期间建设医疗废物处置设施、制定过渡性处置方案。此次新冠肺炎疫情感染人数众多，特别是武汉地区，上万感染者产生了大量的医疗废物，建立一批新的医疗废物处置设施、制定过渡性处置方案是非常有必要的。根据《医疗废物管理条例》第4条、第33条的规定，县级以上地方人民政府负责组织建设医疗废物集中处置设施。在尚未建成医疗废物集中处置设施期间，有关地方人民政府应组织制定符合环境保护和卫生要求的医疗废物过渡性处置方案，确定医疗废物收集、运送、处置方式和处置单位。第二，对医疗废物处置项目及处置机构作出行政许可。根据《医疗废物管理条例》第22条的规定，从事医疗废物集中处置活动的单位，应当向县级以上人民政府环境保护行政主管部门申请领取经营许可证；未取得经营许可证的单位，不得从事有关医疗废物集中处置的活动。因此，政府负有经过评估后，向符合条件的处置机构作出经营许可的职责。此外，需要政府及其各部门作出的行政许可还包括医疗废物处置建设项目的环评许可、医疗废物集中处置单位的排污许可。第三，对政府执法行为进行监管。根据《固体废物污染环境防治法》第67条及《医疗废物管理条例》第43条的规定，县级以上各级人民政府卫生行政主管部门、环境保护行政主管部门或者其他有关部门，应按照规定履行监督检查职责，有玩忽职守、失职、渎职等不履行职责行为的，依照法律规定予以行政处罚，构成犯罪的，依法追究其刑事责任。

113. 疫情期间，个人境外购买的医疗物品入境时是否会被海关征用？

法律依据

《关于调整进出境个人邮递物品管理措施有关事宜》；《慈善捐赠物资免征进口税收暂行办法》第2条；《关于防控新型冠状病毒感染的肺炎疫情进口物资免税政策的公告》。

专家解读

个人在境外购买医疗物资，主要有两种入境方式：一是随身携带医疗物资入境；二是邮寄方式入境。个人入境随身携带的医疗物资，由本人现场申报。经海关核实后，按照以下原则验放处理：第一，个人自用且数量合理的（由海关在规定限值以下适度从宽核定），不征收税费；第二，经核实确属个人自用，但是数量已经超出合理数量的，由海关根据相关法律规定征收行邮税；第三，经核实医疗物资属于商业用途，由海关作为货物处理，个人需依法向海关缴纳进口关税、增值税等。邮寄医疗物资的，海关将采取个案处理方式优先办理通关手续。邮寄方式包括未在商务、海关等主管部门登记的跨境电商邮寄、境外亲友邮寄等。

值得注意的是，根据《慈善捐赠物资免征进口税收暂行办法》第2条的规定，对境外捐赠人无偿向受赠人捐赠的直接用于慈善事业的物资，免征进口关税和进口环节增值税。同时，为进一步支持疫情防控工作，财政部、海关总署和国家税务总局发布《关于防控新型冠状病毒感染的肺炎疫情进口物资免税政策的公告》，公告中决定适度扩大《慈善捐赠物资免征进口税收暂行办法》规定的免税进口范围，对捐赠用于疫情防控的进口物资，免征进口关税和进口环节增值税、消费税。

疫情期间物资匮乏，即使全国海关加班加点为医疗物资办理通关手续，也仍然存在通关速度缓慢的情况。此时，网络上就有人散布谣言，称海关扣留、征用医用物资。对此，天津、宁波、大连、上海等地海关均明确表示，不会征用口罩等医疗物资。此外，对于入境的疫情防控物资，海关开通了绿色通道，加速验放。无论是货物还是个人物品，海关通常都不会征用。但是，如果海关经抽检发现相关物资不符合境内外的技术标准，允许其流入市场会严重危害人民群众的生命健康，则海关依法有权予以暂扣并作出退运等处理。

$114.$ 电子商务经营者违法出售国家重点保护动物及其制品，应受何种处罚？

法律依据

《电子商务法》第13条；《中华人民共和国野生动物保护法》（以下简称《野生动物保护法》）第27条、第32条、第48条。

专家解读

疫情期间，各地均在严厉打击野生动物的交易行为，但在某些电子商务平台上依然能看到出售国家重点保护动物，以及其他一些野生动物活体或标本的信息，可以说网络正在给这些非法行为提供便利。

根据《野生动物保护法》第 27 条的规定，禁止出售、购买、利用国家重点保护野生动物及其制品，行为人只要实施了出售国家重点保护野生动物及其制品的行为，并且其出售行为未经有关主管部门批准，也未按照规定取得相应证明，该行为就具有违法性，应当受到处罚并承担相应的法律责任。电子商务经营者如实施上述出售行为，同样应当承担相应的法律责任。根据《电子商务法》第 13 条的规定，电子商务经营者不得销售或者提供法律、行政法规禁止交易的商品或者服务。而出售国家重点保护的野生动物正是《野生动物保护法》所禁止的行为，并且根据《野生动物保护法》第 32 条的规定，禁止网络交易平台、商品交易市场等交易场所，为违法出售、购买、利用野生动物及其制品或者禁止使用的猎捕工具提供交易服务。可以看出，包括电子商务平台在内的所有电子商务经营者都应该严格遵守上述法律规定，拒绝出售国家重点保护的野生动物及其制品。

国家市场监督管理总局、农业农村部、国家林业局作出决定，自 26 日起至全国疫情解除期间，禁止野生动物交易活动。因此，在新冠肺炎疫情期间，不只是国家重点保护野生动物，包括其他非国家重点保护野生动物的交易行为都是被禁止的，并且该联合发文中对电商平台交易野生动物的行为也作出禁止性的规定。

根据《野生动物保护法》第 48 条的规定，非法出售、购买、利用国家重点保护野生动物及其制品的，由县级以上人民政府野生动物保护主管部门或者市场监督管理部门按照职责分工没收野生动物及其制品和违法所得，并处野生动物及其制品价值 2 倍以上 10 倍以下的罚款；情节严重的，吊销人工繁育许可证、撤销批准文件、收回专用标识；构成犯罪的，依法追究刑事责任。并且为贯彻落实严厉打击野生动物交易的政策方针，国家市场监督管理总局于 2020 年 2 月 6 日发布了《市场监管总局关于依法从重从快严厉打击新型冠状病毒疫情防控期间违法行为的意见》，在该意见中明确了对野生动物及其制品的非法交易行为，在依法可以选择的处罚种类和处罚幅度内顶格处罚。

据此，专家建议对于疫情期间违规出售野生动物的行为，应当严厉打击，有效防止野生动物的扩散以及转运贩卖，作为电子商务平台经营者也应当认识到出售野生动物所造成的危害，严格把控自身经营，同时消费者在浏览各电商平台时，若发现个别商家顶风作案，应及时向公安机关举报或拨打"12315"平台热线举报。

115. 疫情期间，非法猎捕、杀害野生动物，应当承担何种法律责任？

法律依据

《野生动物保护法》第 2 条、第 20 条至第 23 条、第 45 条、第 46 条；《刑法》第 341 条。

专家解读

根据《野生动物保护法》第 2 条的规定，该法保护的野生动物，是指珍贵、濒危的陆生、水生野生动物和有重要生态、科学、社会价值的陆生野生动物。鉴于当前正值新冠肺炎疫情防控的关键时期，一些野生动物又有可能携带新冠病毒。严厉打击野生动物的交易、猎捕、食用行为也成为全国各地疫情防控的重要举措之一。以海南省为例，海南省森林公安局在全省范围内开展"春雷行动"，严厉打击非法猎捕、买卖野生动物违法犯罪。

为实现野生动物资源的可持续利用，针对野生动物的猎捕行为，国家规定了严格的管理措施：第一，禁止捕猎、杀害国家重点保护野生动物。根据《野生动物保护法》第 21 条的规定，禁止捕猎、杀害国家重点保护野生动物。如有法律规定的特殊情况，需向主管部门申请特许猎捕证。第二，我国实行捕猎许可证制度。根据《野生动物保护法》第 22 条、第 23 条的规定，猎捕非国家重点保护野生动物的，应当依法取得县级以上地方人民政府野生动物保护主管部门核发的狩猎证，并且服从猎捕量限额管理。猎捕者应当按照特许猎捕证、狩猎证规定的种类、数量、地点、工具、方法和期限进行猎捕。持枪猎捕的，应当依法取得公安机关核发的持枪证。第三，在自然保护区、禁猎（渔）区、禁猎（渔）期内，禁止猎捕等行为。根据《野生动物保护法》第 20 条的规定，在相关自然保护区域和禁猎（渔）区、禁猎（渔）期内，禁止猎捕以及其他妨碍野生动物生息繁衍的活动，但法律法规另有规定的除外。此外，禁猎区和禁猎期以及禁止使用的猎捕工具和方法，由县级以上人民政府或者其野生动物行政主管部门规定。

根据《野生动物保护法》第 45 条、第 46 条的规定，违反法律有关规定猎捕、杀害国家重点保护野生动物的，将被没收违法工具和违法所得，吊销特许猎捕证，并处罚款。情节严重构成犯罪的，根据《刑法》第 341 条的规定，按非法猎捕、杀害珍贵、濒危野生动物罪或非法狩猎罪定罪处罚。

公益慈善法篇

抗击新冠肺炎疫情期间，湖北省多个地区先后出现物资短缺、医护力量不足等情况。国家迅速调度，统一指挥，派出多支医疗队驰援湖北，推出了一系列决断有力的帮扶政策和应急举措。广大社会组织公开募捐善款、发布行业倡议、参与志愿服务，发挥了积极作用。国内外爱心人士纷纷伸出援助之手慷慨解囊，捐赠物资，涌现了一大批公益慈善的感人事迹。

直面疫情，广大慈善组织及社会公众应当如何合法、合规、合理地开展慈善活动？本篇围绕群众关注的公益慈善问题提出法律建议，希望通过这种方式助力抗击疫情，同力协契。

本篇负责人介绍

程阳，北京市兰台律师事务所高级合伙人、律师。

主要社会兼职：北京市劳动和社会保障法专业委员会副主任，北京市劳动和社会保障法学会劳动法分会理事。

长期为大型企业提供合规、劳动人事、民商争议解决法律服务。出版《劳动纠纷实战解析》《劳动疑难问题操作指引》《HR 每天学点劳动法——第一本法律日志书》等书籍，负责《企业法律顾问实务操作全书》劳动法律部分，在多家报纸和媒体上发表专业文章。为国家骨干仲裁员培训班、国家高级公务员劳动仲裁员培训班、河北省人社厅仲裁员培训班等提供培训。

116. 新冠肺炎疫情期间，爱心人士如何识别慈善组织？

法律依据

《慈善法》第8条至第10条；《中华人民共和国慈善组织认定办法》（以下简称《慈善组织认定办法》）第2条、第4条、第10条；《中华人民共和国企业所得税法实施条例》（以下简称《企业所得税法实施条例》）第84条。

专家解读

慈善组织，是指依法成立、符合本法规定，以面向社会开展慈善活动为宗旨的非营利性组织。慈善组织可以采取基金会、社会团体、社会服务机构等组织形式，有如下三个方面的特征：一是依法成立。慈善组织具有独立的主体资格，能对外独立承担责任，对于未经民政部门批准设立或未经民政部门认定，以慈善组织的名义对外开展活动，属于违法行为。二是以开展慈善活动为宗旨。慈善组织开展慈善活动应面向社会公众，应依据平等、公开、公平的原则确定受益对象，而非针对某一特定的主体。对于个别为了特定成员共同的利益或成员之间相互受益的组织或团体，不能认定为慈善组织。三是慈善组织具有非营利性。实践中，可以结合《企业所得税法实施条例》第84条的规定来把握。对于非营利性的理解，首先不是经济学上的无利润，也不是不从事经营活动，而是用以界定组织性质的词汇，它是指这种组织的运作目的不是获取利润，慈善组织的非营利性集中表现为不分配财产及其孳息。

慈善组织是开展慈善活动的重要力量。鉴于慈善组织有专门从事慈善事业的专业人士，民政部门对于慈善组织信息公开等方面的监管相对严格，因此，爱心人士通过慈善组织进行捐赠是一种较为合理的参与慈善的方式。

为判断某一社会组织是否属于慈善组织，可以通过慈善中国官方网站（http://cishan.chinanpo.gov.cn/platform/login.html）慈善组织查询栏目进行查询。

相 关 案 例

2020 年 1 月 27 日，蔡某使用其个人身份信息，通过互联网注册了名为"武汉市慈善会"的微信公众号，并使用其下载、修改的武汉市慈善总会会徽对微信公众号进行修饰、伪装。"武汉市慈善会"公众号开通后，陆续有多名群众通过网络搜索到该公众号并进行关注，部分群众通过该公众号的对话功能咨询捐款事宜。蔡某在微信对话中欺骗咨询群众说公众号的捐款功能还在完善中，暂时无法直接捐款，并误导群众通过扫描其本人提供的微信支付"二维码"进行捐款。1 月 27 日 16 时至 22 时，共有 112 名群众通过该方式向蔡某个人微信支付账户累计转入人民币 8800 余元，其中最大一笔为人民币 3000 元。1 月 28 日晚，广东省揭阳市公安局接到被害人报警后于次日立案侦查，并在重庆市奉节县抓获犯罪嫌疑人蔡某。[①]

---

① 《全国检察机关依法办理妨害新冠肺炎疫情防控犯罪典型案例（第一批）》，最高人民检察院官网，见 https://www.spp.gov.cn/spp/xwfbh/wsfbt/202002/t20200211_454256.shtml#2，2020 年 3 月 11 日访问。

117. 抗击新冠肺炎疫情过程中，红十字会的法定职责有哪些？

法律依据

《中华人民共和国红十字会法》（以下简称《红十字会法》）第 2 条、第 7 条、第 10 条、第 11 条、第 19 条至第 21 条。

专家解读

中国红十字会是中华人民共和国统一的红十字会组织，是从事人道主义工作的社会救助团体。从组织机构来看，全国建立中国红十字会总会。中国红十字会总会对外代表中国红十字会。上下级红十字会的人财物相互独立，但存在业务指导关系。从组织类型来看，中国红十字会总会是免于登记的社会团体，但地方红十字会需要依法登记。实践中，地方各级红十字会，有的由属地民政部门登记管理，有的由属地事业单位登记管理局或机构编制委员会办公室登记管理。

从职责来看，红十字会履行下列职责：（一）开展救援、救灾的相关工作，建立红十字会应急救援体系。在战争、武装冲突和自然灾害、事故灾难、公共卫生事件等突发事件中，对伤病人员和其他受害者提供紧急救援和人道救助；（二）开展应急救护培训，普及应急救护、防灾避险和卫生健康知识，组织志愿者参与现场救护；（三）参与、推动无偿献血、遗体和人体器官捐献工作，参与开展造血干细胞捐献的相关工作；（四）组织开展红十字志愿服务、红十字青少年工作等人道主义服务活动等职责。通过对比可以看出，红十字会的职责与慈善活动的范围有一定交叉，但红十字会更侧重于人道主义服务活动。

在抗击新冠肺炎疫情过程中，红十字会依法可以开展紧急救援工作，参与推动无偿献血、组织开展红十字会志愿服务工作，组织开展募捐活动，接受自然人、法人以及其他组织捐赠的款物等相关活动。

相 关 案 例

截至 2020 年 2 月 19 日 24 时，湖北省红十字会（含省红十字基金会）共接受用于新冠肺炎疫情防控社会捐赠款物共计 112293.81 万元。其中，接受捐赠资金 100761.44 万元，接受捐赠物资价值 11532.37 万元。在湖北省新冠肺炎疫情防控指挥部物资与市场保障组统筹协调下，所接受的捐赠资金和物资按照捐赠方意愿及疫情防控需要安排使用。其中，接受捐赠资金已安排使用 86177.92 万元，计划使用捐赠资金 14583.52 万元；已运抵湖北省各地的捐赠物资价值 11020.28 万元。①

---

① 《湖北省红十字会接受使用新型冠状病毒肺炎疫情防控社会捐赠款物动态》，湖北省红十字会网站，见 http://www.hbsredcross.org.cn/xxgk/71625.jhtml，2020 年 3 月 11 日访问。

118. 慈善组织在新冠肺炎疫情期间开展活动应当遵循哪些基本要求？

法律依据

《慈善法》第 12 条、第 14 条、第 15 条、第 32 条、第 40 条。

专家解读

根据《慈善法》的相关规定，慈善组织开展活动需要满足如下几个方面的基本要求。

第一，不能违反法律法规的有关规定从事、资助危害国家安全和社会公共利益的活动，开展慈善活动需要符合章程规定的宗旨和业务范围。具体到新冠肺炎疫情防控工作，此次疫情属于《慈善法》第 3 条所称的突发公共卫生事件，一般的表现形式是对外募捐与疫情防控相关的物资，具体除货币外，还包括口罩、防护面罩、呼吸机、消毒液及其他防护设备等，开展此种类型的募捐活动，章程规定的宗旨和业务范围中需要包括公共卫生事业、救灾、人类健康、预防疾病等相关字样。

第二，任何人不得利用关联关系损害慈善组织、受益人的利益和社会公共利益。既包括慈善组织的发起人、主要捐赠人以及管理人员不得利用其与慈善组织之间的关联关系损害相关方的利益，又包括捐赠人与慈善组织约定捐赠财产的用途和受益人时，不得指定捐赠人的利害关系人作为受益人。如存在关联关系，在作出相关决策时除了需要进行回避外，对有关交易情况应当向社会公开。

第三，在开展募捐、接受捐赠和选择受益人时不得接受或施以附加违反法律法规和违背社会公德的条件。开展募捐活动，不得摊派或变相摊派，不得妨碍公共秩序、企业生产经营和居民生活。实践中，常见的一种违规形式表现为在接受捐赠时，慈善组织给予捐赠人过多的商业宣传，将捐赠数额和商业宣传进行绑定。如慈善组织根据捐赠人捐赠财产的多少给予捐赠人不同标准(授牌、慈善组织给捐赠人的产品或企业形象做广告等)的商业利益回报，不符合公益性目的。

119. 抗击新冠肺炎疫情过程中，慈善组织可以开展哪些慈善募捐活动?

法律依据

《慈善法》第 21 条至第 23 条、第 26 条、第 28 条。

专家解读

慈善组织可以进行面向公众的公开募捐和面向发起人、理事会成员和会员等特定对象的定向募捐。

慈善组织开展公开募捐活动，应当取得公开募捐资格。依法登记满 2 年的慈善组织，可以向其登记的民政部门申请公开募捐资格;法律、行政法规规定自登记之日起可以公开募捐的基金会和社会团体，由民政部门直接发给公开募捐资格证书。是否取得公开募捐资格可通过慈善中国官方网站慈善组织查询栏目进行查询确认。不具有公开募捐资格的组织或个人基于慈善目的，可以与具有公开募捐资格的慈善组织合作，由该慈善组织开展公开募捐并管理募得款物。

根据《慈善法》第 23 条的规定，公开募捐的方式包括以下几种：（一）在公共场所设置募捐箱；（二）举办面向社会公众的义演、义赛、义卖、义展、义拍、慈善晚会等；（三）通过广播、电视、报刊、互联网等媒体发布募捐信息；（四）其他公开募捐方式。慈善组织采取前款第一项、第二项规定的方式开展公开募捐的，应当在其登记的民政部门管辖区域内进行，确有必要在其登记的民政部门管辖区域外进行的，应当报其开展募捐活动所在地的县级以上人民政府民政部门备案。为了尽量避免重复募捐甚至网络欺诈、电信诈骗等现象，慈善组织通过互联网开展公开募捐的，应当在国务院民政部门统一或者指定的慈善信息平台[①]发布募捐信息，并可以同时在其网站发布募捐信息。

120. 开展抗击新冠肺炎疫情慈善活动过程中，慈善组织开展定向募捐应遵循哪些要求？

法律依据

《慈善法》第 28 条至第 32 条；《慈善组织信息公开办法》第 15 条。

---

① 《民政部关于发布慈善组织互联网公开募捐信息平台名录的公告》（民政部公告第 434 号），民政部网站，见 http://www.mca.gov.cn/article/xw/tzgg/201806/2018 0600009425.shtml，2020 年 3 月 13 日访问。

专家解读

慈善组织自登记之日起即可开展定向募捐，慈善组织开展定向募捐，应当遵循下列要求。

第一，限定在慈善组织的发起人、理事会成员和会员等特定对象的范围内，不得采取或变相采取公开募捐方式。募捐活动的对象特定是定向募捐的最基本特征，如通过微博、微信、抖音等移动自媒体发布、转发接受捐款捐物的信息或链接，那么因其面向的对象不特定，则不能认定为属于定向募捐。

第二，向募捐对象说明募捐目的。慈善组织开展的募捐活动应当具有明确的慈善目的，且慈善目的应当符合《慈善法》第 3 条规定和慈善组织章程规定的慈善宗旨和业务范围。为抗击新冠肺炎疫情进行的定向募捐，需要向特定的捐赠对象说明，接受的财物用于支援武汉或其他疫情较为严重的地区，从而更为有效地防控新冠肺炎疫情。

第三，向募捐对象说明募得财物用途等事项。慈善组织开展定向募捐时，应当及时向捐赠人告知募捐情况、捐赠款物管理使用情况。捐赠人要求将捐赠款物管理使用情况向社会公开的，慈善组织应当向社会公开。

第四，应当尊重和维护募捐对象的合法权益，保障募捐对象的知情权，确保捐赠自愿的原则，不得通过虚构事实等方式欺骗、诱导募捐对象实施捐赠，也不得摊派或变相摊派募捐。

121. 开展抗击新冠肺炎疫情慈善活动过程中，慈善组织开展公开募捐应遵循哪些要求？

法律依据

《慈善法》第 24 条至第 27 条；《慈善组织公开募捐管理办法》第 10 条至第 20 条。

专家解读

慈善组织开展公开募捐活动的主要要求如下。

第一，制定募捐方案。募捐方案包括募捐目的、起止时间和地域、活动负责人姓名和办公地址、接受捐赠方式、银行账户、受益人、募得款物用途、募捐成本、剩余财产的处理等。

第二，募捐方案应报送登记的民政部门备案。慈善组织应在开展公开募捐活动的 10 日前将募捐方案报送登记的民政部门备案。公开募捐活动进行中，募捐方案的有关事项发生变化的，慈善组织应当在事项发生变化之日起 10 日内向其登记的民政部门补正并说明理由。有业务主管单位的慈善组织，还应当同时将募捐方案报送业务主管单位。

慈善组织为应对此次新冠肺炎疫情，无法在开展公开募捐活动前办理募捐方案备案的，应当在公开募捐活动开始后 10 日内补办备案手续。

第三，履行信息公开义务。开展公开募捐，应当在募捐活动现场或者募捐活动载体的显著位置，公布募捐组织名称、公开募捐资格证书、募方案、联系方式、募捐信息查询方法等。慈善组织还应当依法定期将公开募捐情况和慈善项目实施情况向社会公开。

第四，依法管理和使用捐赠财产。慈善组织应加强对募得捐赠财产的管理，依据法律法规、章程规定和募捐方案使用捐赠财产。确需变更募捐方案规定的捐赠财产用途的，应当召开理事会进行审议，报其登记的民政部门备案，并向社会公开。

第五，其他要求。慈善组织开展公开募捐活动应当按照本组织章程载明的宗旨和业务范围，确定明确的募捐目的和捐赠财产使用计划；应当履行必要的内部决策程序；应当使用本组织账户，不得使用个人和其他组织的账户；应当建立公开募捐信息档案，妥善保管、方便查阅。

122. 抗击新冠肺炎疫情期间，自然人、法人和其他组织开展的慈善捐赠与民事赠与有什么区别？

法律依据

《慈善法》第 34 条；《合同法》第 185 条。

专家解读

《慈善法》第 34 条规定，本法所称慈善捐赠，是指自然人、法人和其他组织基于慈善目的，自愿、无偿赠与财产的活动。《合同法》第 185 条规定，赠与合同是赠与人将自己的财产无偿给予受赠人，受赠人表示接受赠与的合同。根据上述定义可以看出，慈善捐赠和民事赠与均是基于自愿，不求回报地赠与财产的行为，二者之间有诸多相似之处，同时也存在明显的差别，主要体现在以下几个方面。

第一，目的不同。慈善捐赠是基于慈善目的，捐赠的财产主要用于《慈善法》第3条规定的慈善活动，而民事赠与主要基于私益目的，其覆盖的范围更为广泛。

第二，受益人是否特定不同。在慈善捐赠中，因慈善活动具有公益性，除定向捐赠（通过慈善组织的受益人筛选机制先行确定受益人）外，捐赠人一般不知道最终的受益人是谁；而民事赠与一般是针对特定对象的赠与，故受益人在民事赠与法律关系成立生效时是特定的，民事赠与的受赠人就是受益人。

第三，适用的法律以及监管要求不同。慈善捐赠主要受《慈善法》以及配套的慈善领域相关法律法规等的规范，因涉及公共利益，除受民政部门等相关部门监管外，还接受公众的监督；而民事赠与则主要受《民法总则》《合同法》等相关民事法律的约束，因法律关系存在于平等民事主体之间，一般不受行政部门监管及公众监督。

第四，享受的优待政策不同。公民、法人或其他组织通过向有公益性捐赠税前扣除资格的慈善组织进行捐赠，可以在一定限额内享受相应的税收减免优待政策，而民事赠与则没有相应税收方面的优惠政策。

123. 捐赠人参加抗击新冠肺炎疫情慈善捐赠活动时，可以捐赠哪些财产？抗疫物资的捐赠者享有哪些权利？

法律依据

《慈善法》第 36 条、第 38 条、第 39 条、第 42 条、第 80 条；《民政部关于动员慈善力量依法有序参与新型冠状病毒感染的肺炎疫情防控工作的公告》第 3 条；《关于采购或捐赠防疫医用耗材有关事项的公告》；《关于及时查处和从严打击制售假冒伪劣口罩等个人防护用品的通知》。

专家解读

捐赠财产的范围包括货币、实物、房屋、有价证券、股权、知识产权等有形和无形财产。此次抗击新冠肺炎疫情过程中，接受捐赠的财产类型主要包括货币、口罩、防护服、消毒液等。《民政部关于动员慈善力量依法有序参与新型冠状病毒感染的肺炎疫情防控工作的公告》规定，慈善组织应当根据湖北省武汉市等疫情严重地区的需求确定募捐方案，首先帮助筹集用于疫情防控的物资，包括：医用防护服、N95 口罩、医用（外科）口罩、正压隔离衣、防护面罩、护目镜、消毒液等。现阶段慈善组织暂不为疫情严重地区募集和转送与疫情防控无关的物资，下一步根据疫情严重地区的需求再适时调整募捐方案。

捐赠人捐赠财产应当满足以下基本要求：第一，拟捐赠的财产应当是捐赠人有权处分的财产。如某公司股东拟从公司的财产中拿出 100 万元向湖北省红十字会进行捐赠，用于抗击新冠肺炎疫情，但根据该公司的章程规定以及财务管理制度的要求，超过 50 万元的捐赠须经董事会表决通过后方可执行，因此在未经董事会同意的情况下，该股东以公司名义进行捐赠，属于无权处分公司财产。第二，捐赠的财产应当是合法财产。在抗击新冠肺炎疫情的关键时期，如通过走私或者诈骗获取的医疗物资，相关捐赠如果已经被使用，那么因此造成的损失，应该由捐赠人自行承担。第三，捐赠人捐赠的财产应该具有使用价值，符合安全、卫生、环保等标准。为便于识别采购、捐赠耗材能否作为医用，实现及时有效采购捐赠，武汉市新冠肺炎疫情防控指挥部应急保障组于 2020 年 1 月 29 日发布《关于采购或捐赠防疫医用耗材有关事项的公告》，分别明确了采购境内医疗器械生产企业产品和境外医疗器械生产企业产品的相关标准。为了严格控制可能存在的假冒伪劣口罩等情况的出现，市场监督总局下发《关于及时查处和从严打击制售假冒伪劣口罩等个人防护用品的通知》，强调对防疫急需的口罩等个人防护用品加强执法稽查工作。[①] 第四，捐赠本企业生产的产品，需要承担产品质量责任，如因使用相关产品导致人身或财产损害的，捐赠企业需要承担相应的赔偿责任。

《慈善法》规定了捐赠人享有的权利，具体可以细分为以下几种：一是知情权。捐赠人可以通过向被捐赠人查询、复制体现捐赠财产管理使用的相关资料。如捐赠人将财产捐赠给慈善组织，慈善组织有义务及时主动地向捐赠人反馈有关情况，如捐赠人通过慈善组织将财产定向捐赠给受益人，也可以直接向受益人了解有关财产使用的情况。二是获得救济的权

---

① 《中国官方严打疫情期间非法制售假冒伪劣防护用品行为》，中国新闻网，见 http://www.chinanews.com/gn/2020/02-08/9083792.shtml，2020 年 3 月 13 日访问。

利。在捐赠人发现慈善组织违反捐赠协议的约定，擅自改变捐赠财产用途或滥用捐赠财产的情况，可以要求慈善组织自行改正，慈善组织拒不改正的，可以向民政部门进行投诉举报，或通过向人民法院起诉，解决纠纷。三是要求接受捐赠的慈善组织开具捐赠票据并享受税收优惠的权利。

124. 新冠肺炎疫情期间，捐赠人应当如何进行慈善捐赠？

法律依据

《慈善法》第 21 条、第 23 条、第 35 条；《红十字会法》第 22 条；《中华人民共和国公益事业捐赠法》（以下简称《公益事业捐赠法》）第 10 条、第 11 条；原国家卫生和计划生育委员会、国家中医药管理局《卫生计生单位接受公益事业捐赠管理办法（试行）》第 5 条；民政部社会组织管理局、民政部慈善事业促进和社会工作司《慈善组织、红十字会依法规范开展疫情防控慈善募捐等活动指引》。

专家解读

新冠肺炎疫情期间，捐赠人可以通过以下方式进行慈善捐赠。

第一，通过慈善组织互联网募捐项目进行慈善捐赠。首先，关注项目发布平台是否为官方网站平台或民政部指定的 20 家慈善募捐平台；其次，需要通过慈善中国网站查询项目发起的慈善组织是否具有公开募捐资格；再次，关注该公开募捐项目的说明或方案中是否公布募捐组织名称、公开募捐资格证书、募捐方案、联系方式、募捐信息查询方法等内容；最后，关注相关项目是否能够做到公开透明，是否及时有效对接受捐赠和物资使用的情况进行公开公示。

第二，通过向红十字会进行慈善捐赠。根据《红十字会法》的规定，红十字会可以依法进行募捐活动，故红十字会可以作为抗击新冠肺炎疫情接受捐赠的主体。同时，根据《慈善法》的相关规定，只有获得公开募捐资格的慈善组织才可以公开对外开展募捐活动，所以红十字会对外公开进行募捐的，应当依法取得公开募捐资格。实践中，红十字会不全都属于慈善组织，即使是慈善组织也不全都具有公开募捐资格。具体可以通过慈善中国官方网站慈善组织查询栏目进行查询确认。

第三，通过向公益性事业单位捐赠。根据《公益事业捐赠法》的规定，公益性非营利的事业单位可以依照本法接受捐赠，其中包括依法成立的，从事公益事业的不以营利为目的的医疗卫生机构。因此，在疫情应对工作过程中发挥重大作用的医院等医疗机构也可以接受捐赠。需要注意的是，有权接受公益捐赠的是事业单位，且其不以营利为目的。在判断医疗机构是否具有接受公益捐赠资格时，可通过事业单位在线网站进行查询并结合卫生计生部门官方网站公布的下属医疗卫生计生单位目录进行确定。

第四，《慈善法》第35条规定，捐赠人可以直接向需要救助的受益人捐赠，根据《慈善法》关于慈善捐赠的定义，直接向受益人捐赠也需要满足慈善目的，与其他捐赠方式相比，直接向受益人捐赠不能享受税收优惠。不允许捐赠人以定向捐赠的名义指定其利害关系人作为受益人。

第五，《公益事业捐赠法》第11条规定，在发生自然灾害时或者境外捐赠人要求县级以上人民政府及其部门作为受赠人时，县级以上人民政府及其部门可以接受捐赠。结合此次新冠肺炎疫情的相关情况，县级以上人民政府及其部门依法可以接受捐赠，并对捐赠财产进行管理。县级以上人民政府及其部门可以将受赠财产转交公益性社会团体或者公益性非营利的事业单位，也可以按照捐赠人的意愿分发或兴办公益事业，但是不得以本机关作为受益对象。

125. 慈善组织在接受抗击新冠肺炎疫情物资捐赠时，需要注意哪些合规问题?

法律依据

《慈善法》第 38 条至第 40 条、第 53 条；中国人民银行、民政部《社会组织反洗钱和反恐怖融资管理办法》第 11 条；民政部《关于规范基金会行为的若干规定（试行）》第 1 条。

专家解读

慈善组织在接受物资捐赠的环节，需要注意以下几个方面的合规问题。

第一，慈善组织在接受捐赠时，应当向捐赠人开具由财政部门统一监（印）制的捐赠票据。捐赠票据应当载明捐赠人、捐赠财产的种类及数量、慈善组织名称和经办人姓名、票据日期等。

第二，捐赠人匿名或放弃接受捐赠票据的，慈善组织应当做好相关记录。如果慈善组织的组织形式是基金会，捐赠人不需要捐赠票据的，或匿名捐赠的，也应当开具捐赠票据，由基金会留存备查。

第三，慈善组织接受捐赠物资，捐赠人要求签订书面捐赠协议的，慈善组织应当与捐赠人签订书面捐赠协议。

第四，捐赠人与慈善组织约定捐赠物资的用途和受益人时，不得指定捐赠人的利害关系人作为受益人。慈善组织应当依法确认业务活动相关受益人的身份，确保受益人符合规定条件。

第五，慈善组织在接受捐赠物资时，不得利用慈善捐赠违反法律规定宣传烟草制品，不得利用慈善捐赠以任何方式宣传法律禁止宣传的产品和事项。

第六，接受食品、药品、医疗器械等捐赠物品时，应当确保物品在到达最终受益人时仍处于保质期内且具有使用价值。

第七，接受企业捐赠本企业生产的产品，应当要求企业提供产品质量认证证明或产品合格证，以及受赠物品的品名、规格、种类、数量等相关资料。

126. 捐赠人承诺捐赠抗击新冠肺炎疫情物资后不履行捐赠义务，将承担什么法律后果？

法律依据

《慈善法》第 41 条；《合同法》第 188 条。

专家解读

《慈善法》第 41 条规定，捐赠人通过广播、电视、报刊、互联网等媒体公开承诺捐赠，或捐赠财产用于"扶贫、济困；扶老、救孤、恤病、助残、优抚；救助自然灾害、事故灾难和公共卫生事件等突发事件造成的损害"，并签订书面捐赠协议，上述情形下，捐赠人违反捐赠协议逾期未交付捐赠财产的，慈善组织或其他接受捐赠的人可以要求交付；捐赠人拒不交付的，慈善组织和其他接受捐助的人可以依法向人民法院申请支付令或提起诉讼。该法同时规定，捐赠人公开承诺捐赠或签订书面捐赠协议后经济状况显著恶化，严重影响其生产经营或家庭生活的，经向属地民政部门报告并向社会公开说明情况后，可以不再履行捐赠义务。

《合同法》第 188 条规定，具有救灾、扶贫等社会公益、道德义务性质的赠与合同或经过公证的赠与合同，赠与人不交付赠与的财产的，受赠人可以要求交付。

因此次新冠肺炎疫情属于突发公共卫生事件，为抗击新冠肺炎疫情进行捐赠属于公益活动的范畴，在新冠肺炎疫情防控期间公开承诺捐赠以及为抗击新冠肺炎疫情签订书面捐赠协议，除非发生经济状况显著恶化，严重影响其生产经营或家庭生活的情况，捐赠人均应履行相关承诺。否则慈善组织和接受捐赠的人可以向人民法院申请支付令或提起诉讼。

127. 新冠肺炎疫情期间，境外捐赠抗疫物资有哪些要求？

法律依据

《公益事业捐赠法》第 15 条；《慈善法》第 80 条第 2 款；《关于防控新型冠状病毒感染的肺炎疫情进口物资免税政策的公告》；《海关总署关于用

于新型冠状病毒感染的肺炎疫情进口捐赠物资办理通关手续的公告》；《慈善捐赠物资免征进口税收暂行办法》。

专家解读

境外捐赠抗击新冠肺炎疫情物资主要有两种情况：一种是外国政府向中国捐赠的物资，如俄罗斯向武汉捐赠超过 23 吨的人道主义物资；日本向中国捐赠 100 万只口罩，对于这种境外政府间的捐赠，尚没有相关规定予以规范。另一种是指境外非政府组织、境外企业、外国人、华侨等从境外捐赠物品至国内，问题中所述境外捐赠物资即是第二种情况。

境外捐赠物资，除了需满足《慈善法》关于捐赠财产一般性的要求外，还需要办理入境手续，由受赠人办理；如进口捐赠物资按国家规定属于配额、特定登记和进口许可证管理的商品的，受赠人应当向有关部门申请配额、登记证明和进口许可证，进口地海关凭证验放。如果是华侨向境内捐赠的，县级以上人民政府侨务部门可以协助办理有关入境手续，为捐赠人实施捐赠项目提供帮助。

针对此次抗击新冠肺炎疫情活动的海外捐赠，财政部、海关总署、国家税务总局联合发布了《关于防控新型冠状病毒感染的肺炎疫情进口物资免税政策的公告》，扩大了境外捐赠物资的免税范围，除了免征进口关税和进口环节增值税外，还增加了进口环节消费税，同时扩大了进口物资的范围，增加试剂、消毒物品、防护用品、救护车、防疫车、消毒用车、应急指挥车。海关总署也发布了《关于用于新型冠状病毒感染的肺炎疫情进口捐赠物资办理通关手续的公告》等规定，为全力保障进口药品、消毒物品、防护用品、救治器械等防控物资快速通关，开通了绿色通关通道。紧急情况下可先登记放行，再按规定补办相关手续。用于防控疫情的涉及国家进口药品管理准许证的医用物资，海关可凭医药主管部门的证明先予放行，后补办相关手续。对于《慈善捐赠物资免征进口税收暂行办法》所列有关物资，紧急情况下海关先登记放行，再按规定补办减免税相关手续。

128. 新冠肺炎疫情期间，慈善组织接受捐赠后，应当如何管理使用慈善财产？

法律依据

《慈善法》第 30 条、第 52 条、第 55 条、第 60 条、第 71 条、第 73 条、第 99 条；《慈善组织公开募捐管理办法》第 19 条、第 20 条；《关于接收防治新型冠状病毒感染的肺炎捐赠的公告》（第 4 号）；《湖北省新型冠状病毒感染的肺炎疫情防控指挥部通告》。

专家解读

慈善组织对于捐赠财产的使用可以概括为如下几点原则性要求。

第一，对于接受捐赠的物资，因其具有公共财产的属性，任何组织和个人都不得进行私分、挪用、截留或侵占。慈善组织开展慈善活动中，需要充分高效利用慈善财产，遵循管理费用最少的原则，厉行节约，减少不必要的浪费。

第二，按照募捐方案、捐赠人意愿或捐赠协议处分其接受的捐赠款物。为实现公益目的，公益捐赠的受益者应该是不特定人，如果按照捐赠人意愿或捐赠协议的约定处置款物，捐赠人不能指定与捐赠人有利害关系的受益人。《慈善法》第 30 条赋予了政府突发紧急事件中对捐赠物资的调配作出安排的权利。在此次武汉抗击新冠肺炎疫情过程中，湖北省武汉市新冠肺炎疫情防控指挥部于 2020 年 1 月 23 日发布《关于接收防治新型冠状病毒感染的肺炎捐赠的公告》（第 4 号），指定武汉市慈善总会负责接收捐款和通用物资，武汉市红十字会负责接收医用耗材、防护用品等专项物资。湖北省新型冠状病毒感染的肺炎疫情防控指挥部于 2020 年 1 月 26 日发布《湖北省新型冠状病毒感染的肺炎防控指挥部通告》，确定了三个接受捐赠的主体：湖北省红十字会、湖北省慈善总会、湖北省青少年发展基金会，同时明确除定向捐赠外，原则上由湖北省新型冠状病毒感染的肺炎疫情防控指挥部统一调配使用。疫情防控指挥部统一调配使用时，也应当遵循《慈善法》的规定，进行充分的信息公开。

第三，及时公开捐赠款物的收入和使用情况，并确保信息公开的真实、完整和及时。针对应对疫情发起的专项募捐项目，为了确保公众的知情权，需要定期对外公开接受捐赠财物的使用情况。如湖北省慈善总会在其官方网站上实时公布接受捐赠的情况，并以在官方网站发布《湖北省慈善总会新冠肺炎疫情防控捐赠数据简报》和《湖北省慈善总会新冠肺炎防控捐赠资金管理使用公示》的方式对接受捐赠和使用捐赠物资情况进行公示。此外，慈善组织需要在募捐活动结束后的 3 个月内公布项目实施情况和募得款物的使用情况，必要时聘请专业第三方机构进行审计，并将审计结果向社会公布。

第四，对于无法按照捐赠目的使用的捐赠财产，需要变更捐赠财产用途的，须向民政部门备案。鉴于捐赠财产属于社会公共财产，捐赠财产不能返还给捐赠人，在疫情结束后，相关捐赠财产的管理和使用，应当按照近似原则来处理。慈善组织变更募捐方案中规定的捐赠财产的用途的，需要到民政部门进行备案，同时在网站上进行公示。考虑到此次抗击新冠肺炎疫情过程中，捐赠人数较多，实践中无法一一征询捐赠人的意见，应由发起公开募捐项目的慈善组织登记的民政部门负责监督管理剩余财产的管理和使用。

129. 新冠肺炎疫情结束后，慈善项目终止后的剩余财产应当如何处理？

法律依据

《慈善法》第 57 条。

专家解读

新冠肺炎疫情结束、慈善项目终止后捐赠财产有剩余的，不能收为国有，慈善组织可以对剩余财产进行处置，但是，其处置权要依照以下规则来行使。

首先，应当尊重当事人的意愿。募捐方案中一般会明确规定剩余财产的处理方式，捐赠人进行捐赠实际上相当于认可了募捐方案中有关剩余财产的处理办法。通过捐赠协议进行捐赠的，协议中明确剩余财产的处理办法的，应当按照协议来处理剩余财产。需要注意的是，募捐方案和捐赠协议在约定剩余财产的处理时也应该遵守"近似原则"，而不能有任何返还捐赠人和违背慈善宗旨的约定，更不得向出资人、设立人或会员分配剩余财产。

其次，按照"近似原则"来处理，将剩余财产用于目的相同或者相近的其他慈善项目。慈善组织的募捐方案未规定或者捐赠协议未约定的，对于剩余捐赠财产的处理，国际上通行的做法是要遵循"近似原则"，即应当将剩余财产用于与原慈善项目相同或者近似的其他慈善项目。[①]《慈善法》第 57 条也作出相类似的规定。因此，为抗击新冠肺炎疫情开展慈善活动的慈善组织，在慈善项目终止后，其剩余财产的用途不能因项目的终止而改变，而是应当用于目的相同或者相近的其他慈善项目，并向社会公开。

130. 新冠肺炎疫情期间，慈善组织开展慈善活动的支出及管理成本应当遵循什么要求？

法律依据

《慈善法》第 60 条；民政部、财政部、国家税务总局《关于慈善组织开展慈善活动年度支出和管理费用的规定》第 3 条至第 14 条。

专家解读

新冠肺炎疫情期间，慈善组织为抗击新冠肺炎疫情，开展慈善活动的支出及管理费用也应当遵循《慈善法》及相关法律法规的规定。

开展慈善活动、服务人民群众是慈善组织设立和存续发展的宗旨。慈善组织通过多种方式募集财产的目的，在于实现慈善宗旨，而不是消极地

---

① 全国人大内务司法委员会内务室、民政部政策法规司编著：《中华人民共和国慈善法学习问答》，中国法制出版社 2016 年版，第 159 页。

维持慈善组织的存续，也不是一味地发展壮大慈善组织本身。因此，为了实现慈善宗旨，慈善组织应当积极开展慈善活动，持续地对慈善事业进行投入，充分、高效地运用慈善财产，并遵循管理费用最必要原则，厉行节约，减少不必要的开支，尽可能地将慈善组织的财产充分用于慈善目的。

《慈善法》第 60 条在规定上述原则的基础上，也对如何履行上述原则作出了具体规定，即用慈善活动的年度支出和年度管理费用两个标准来对慈善组织的活动进行了限定。慈善活动支出体现慈善组织为了履行慈善宗旨而进行的投入，按照积极、充分、高效的原则，不能低于一定的标准。管理费用是慈善组织维持自身存在和运营的成本，按照必要和节约的原则，不能高于一定的标准。

具体来说，具有公开募捐资格的基金会开展慈善活动的年度支出，不得低于上一年总收入的 70% 或者前 3 年收入平均数额的 70%；年度管理费用不得超过当年总支出的 10%，特殊情况下，年度管理费用难以符合前述规定的，应当报告其登记的民政部门并向社会公开说明情况。具有公开募捐资格的基金会以外的慈善组织开展慈善活动的年度支出和管理费用的标准，由国务院民政部门会同国务院财政、税务等部门依照前款规定的原则制定。捐赠协议对单项捐赠财产的慈善活动支出和管理费用有约定的，按照其约定。

为进一步明确慈善组织开展慈善活动的年度支出和管理费用，民政部、财政部、国家税务总局共同制定了《关于慈善组织开展慈善活动年度支出和管理费用的规定》，分别细化了具有公开募捐资格的基金会、社会团体、社会服务机构和不具有公开募捐资格的基金会、社会团体、社会服务机构开展慈善活动的年度支出和管理费用标准。该规定同时明确慈善组织年度慈善活动支出和年度管理费用应当在年度工作报告中进行详细披露，并依法向社会公开。新冠肺炎疫情期间，开展慈善活动的基金会、社会团体、社会服务机构，应当严格执行相关要求。

131. 新冠肺炎疫情期间，开展抗击疫情的慈善服务应当遵循哪些基本要求？

法律依据

《慈善法》第 61 条至第 63 条；《志愿服务条例》第 15 条、第 20 条、第 21 条、第 25 条。

专家解读

新冠肺炎疫情期间，慈善组织、其他组织和个人为抗击疫情，可以向社会或他人提供志愿无偿服务以及其他非营利性服务。开展慈善服务应当遵循以下基本要求。

一是要保证慈善服务质量。随着社会分工不断细化、慈善活动领域不断细分，其专业化要求越来越高。此次新冠肺炎疫情的防控，新型冠状病毒作为以前从未在人体中发现的冠状病毒新毒株，对于参与防护人员的专业要求比较高。因此，《慈善法》第 61 条规定，慈善组织开展慈善服务，可以自己提供或者招募志愿者提供，也可以委托有服务专长的其他组织提供。参与抗击新冠肺炎疫情的慈善组织提供慈善服务的方式有多种，应当根据自身情况和提供的服务领域特点，有区别地进行。无论采取哪种方式提供慈善服务，都应当保证慈善服务质量，从而实现慈善目的。

二是要维护受益人和志愿者合法权益。《慈善法》第 62 条规定，开展慈善服务，应当尊重受益人、志愿者的人格尊严，不得侵害受益人、志愿者的隐私。抗击新冠肺炎疫情期间，慈善组织安排志愿者提供慈善服务，应当同时保障受益人和志愿者的合法权益。就受益人而言，慈善组织、志愿者应当尊重志愿服务对象人格尊严，不得侵害志愿服务对象个人隐私，不得向志愿服务对象收取或者变相收取报酬。就志愿者而言，慈善组织安排的慈善服务应当与志愿者的年龄、知识、技能和身体状况相适应，不得要求志愿者提供超出其能力的志愿服务。安排志愿者参与可能发生人身危险的志愿服务活动前，应当为志愿者购买人身意外伤害保险。

三是要执行国家或者行业组织制定的标准和规程。随着慈善服务领域的扩大和细分，很多慈善组织逐渐涉足医疗康复、教育培训等需要专门技能的领域。实践中，在这些专业性较强的慈善服务领域，出现了专业人员缺乏、服务不规范、服务质量参差不齐等情况。因此，《慈善法》第 63 条规定，开展医疗康复、教育培训等慈善服务，需要专门技能的，应当执行国家或者行业组织制定的标准和规程。慈善组织招募志愿者参与慈善服务，需要专门技能的，应当对志愿者开展相关培训。慈善组织不能因为慈善服务的非营利性而放松服务标准，而是应当符合法律法规或行业标准的要求。

四是要严格执行自愿和非营利的原则。慈善服务作为志愿服务单位、志愿者基于慈善目的，向社会或他人提供志愿无偿服务及其他非营利性服务。抗击新冠肺炎疫情活动中，任何组织和个人不得强行指派志愿者、慈善组织提供服务，不得以志愿服务名义进行营利性活动。

132. 新冠肺炎疫情期间，慈善组织招募志愿者开展慈善服务应当尽到哪些义务？

法律依据

《慈善法》第 64 条至第 66 条、第 68 条；《志愿服务条例》第 12 条至第 20 条；民政部《志愿服务记录办法》第 4 条。

专家解读

新冠肺炎疫情防控过程中，志愿者是参与抗击疫情的重要力量。志愿者以自己的时间、知识、技能、体力、爱心等开展各种无偿服务，帮助新冠肺炎疫情期间陷于困境的人民群众。慈善组织招募志愿者开展慈善服务应当尽到以下义务。

第一，公示相关信息、告知潜在风险。新冠肺炎疫情具有传染性强、潜伏期长、风险大、抗击周期持久等特点，志愿者参与志愿服务项目将面临各种各样的风险。志愿者参与抗击新冠肺炎疫情的志愿服务，将可能遭受人身、财产权益的损害。因此，慈善组织为抗击新冠肺炎疫情而招募志愿者时，应当说明与志愿服务有关的真实、准确、完整的信息以及在志愿服务过程中可能发生的风险，让志愿者对参与慈善服务的潜在风险有充分的认识。

第二，根据需要签订协议。慈善组织还应当根据慈善服务的具体情况，确定是否应当与志愿者签订协议，明确双方的权利和义务，约定服务的内容、方式、时间、地点、工作条件和安全保障措施等。必要时，可以由慈善组织、志愿者、志愿服务对象签订三方协议。

第三，实名登记，记录、录入相关信息和出具志愿服务记录证明。抗击疫情期间，慈善组织招募志愿者开展慈善服务的，应当对志愿者进行实名登记，如实记录志愿者的个人基本信息、志愿服务情况、培训情况、表彰奖励情况、评价情况等信息，按照统一的信息数据标准录入"全国志愿服务信息系统"（www.chinavolunteer.cn）。志愿者参与慈善服务，在不求回报、积极奉献社会的同时，也在获得相关履历评价、记录证明等方面存在一定的诉求。根据志愿者的要求，慈善组织应当无偿、如实出具志愿服务记录证明。对志愿者进行实名登记和做好相关的记录，既有利于慈善组织规范管理、掌握开展慈善服务的情况，也是慈善组织对志愿者应当履行的法定义务。

第四，合理安排志愿服务工作，提供必要的工作保障。新冠肺炎疫情期间，慈善组织作为志愿服务活动的规划者、指导者和调动者，应当合理安排志愿者开展志愿服务，即使志愿者从事与其年龄、知识、技能和身体状况相适应的活动，不得要求志愿者提供超出其能力的志愿服务。慈善组织安排志愿者参与的志愿服务需要专门知识、技能的，应当根据需要开展相关培训。开展专业志愿服务活动，应当执行国家或者行业组织制定的标准和规程。法律、行政法规对开展志愿服务活动有职业资格要求的，志愿者应当依法取得相应的资格。此外，慈善组织还应当为志愿者参与慈善服务提供必要的物质条件，为参与可能发生人身危险的慈善服务的志愿者购买相应的人身意外伤害保险。

133. 抗击新冠肺炎疫情慈善服务过程中，发生人身、财产损害的法律责任应如何承担？

法律依据

《慈善法》第 106 条、第 109 条；《志愿服务条例》第 36 条至第 39 条；《民法总则》第 180 条；《侵权责任法》。

专家解读

抗击新冠肺炎疫情慈善服务过程中，发生人身、财产损害的法律责任可以分为行政责任、民事责任和刑事责任。

行政责任方面。新冠肺炎疫情期间，违反《慈善法》规定，构成违反治安管理行为的，由公安机关依法给予治安管理处罚。此外，《志愿服务条例》分别明确了志愿服务组织泄露志愿者有关信息、侵害志愿服务对象个人隐私，志愿服务组织、志愿者向志愿服务对象收取或变相收取报酬，志愿服务组织不依法记录志愿服务信息或出具志愿服务记录证明，以志愿服务名义进行营利性活动等情形下的法律责任。

民事责任方面。抗击新冠肺炎疫情期间，因慈善服务发生人身、财产损害的民事责任，可分为慈善服务造成他人损害和慈善服务造成志愿者损害两种情形。

首先，慈善服务造成他人损害的，主要有以下两种情况：一是由慈善组织通过自己的工作人员提供慈善服务，对受益人、第三人造成损害的，根据《民法总则》《侵权责任法》的相关规定，应当由慈善组织来承担；二是慈善组织招募的志愿者提供服务造成侵权责任的，慈善组织和志愿者之间虽然没有订立劳动合同，但志愿者所参与的慈善服务活动对外是以所在慈善组织的名义进行的。根据《慈善法》第 106 条的规定，对于因志愿者造成受益人、第三人损害的（无论志愿者是否存在故意或者重大过失），应当由慈善组织依法承担赔偿责任。此外，若志愿者存在故意或者重大过失情形的，慈善组织承担责任之后可以向其追偿。

其次，志愿者在参与慈善服务过程中受到损害的，也分为两种情形：一种是根据《慈善法》的规定，慈善组织安排志愿者参与慈善服务，应当与志愿者的年龄、文化程度、技能和身体状况相适应。慈善组织应当为志愿者参与慈善服务提供必要条件，保障志愿者的合法权益。慈善组织安排志愿者参与可能发生人身危险的慈善服务前，应当为志愿者购买相应的人身意外伤害保险。如果慈善组织没有履行上述法律规定的职责，因过错使志愿者在参与慈善服务过程中受到损害的，慈善组织应当依法承担赔偿责任。另一种是根据《民法总则》第 180 条的规定，不可抗力是指不能预见、不能避免且不能克服的客观情况。如果对志愿者造成的损害是由于不可抗力造成的，那么，慈善组织不必承担赔偿责任。但是，考虑到志愿者提供的服务本身是无偿的，不同于其他有偿的服务，慈善组织应当根据具体情况给予志愿者适当的补偿。

刑事责任方面。根据《慈善法》第 109 条的规定，违反《慈善法》规定，构成犯罪的，依法追究刑事责任。在为抗击新冠肺炎疫情进行的慈善服务中，应当对侵害志愿者人身、财产权益，构成犯罪的相关当事人，依法追究刑事责任。

_____ 相 关 案 例 _____

2020 年 1 月 31 日 15 时 30 分，社区志愿者许某在闵行区某小区门口开展防疫工作时，按规定拦下一辆欲进入该小区的外来机动车，许某向该车驾驶员解释规定后，该车驾驶员与许某发生争执，并电话通知犯罪嫌疑人凌某等到场。凌某及其妻子吴某到场后，对小区疫情防控规定不满，辱骂志愿者，双方便发生口角。犯罪嫌疑人凌某随即上前推搡许某，不顾他人劝阻徒手将许某摔倒在地并骑坐在许某的身上对许某进行殴打，致许某全身多处软组织受伤、腰椎压缩性骨折，鉴定构成轻伤二级。上海市公安局闵行分局接警后将凌某抓获，并于 2 月 6 日依法对涉嫌寻衅滋事罪的犯罪嫌疑人凌某刑事拘留。①

134. 抗击新冠肺炎疫情过程中，捐赠人进行的哪些公益捐赠可以享受税收优惠？是否有额度和年限限制？

法律依据

《慈善法》第 80 条；《公益事业捐赠法》第 24 条、第 25 条；《中华人

_____

① 《殴打防疫志愿者致其骨折，上海一男子被判 1 年 6 个月》，上海网警巡查执法官方账号，见 https://baijiahao.baidu.com/s?id=1658888621627202252&wfr=spider&for=pc，2020 年 3 月 13 日访问。

民共和国企业所得税法》第 9 条;《中华人民共和国个人所得税法》第 6 条;《企业所得税法实施条例》第 51 条;《中华人民共和国个人所得税法实施条例》第 19 条;《财政部、国家税务总局关于中国医药卫生事业发展基金会捐赠所得税政策问题的通知》;《财政部、国家税务总局、民政部关于公益性捐赠税前扣除有关问题的通知》第 1 条;《财政部、国家税务总局、民政部关于公益性捐赠税前扣除有关问题的补充通知》第 1 条;《财政部、税务总局关于支持新型冠状病毒感染的肺炎疫情防控有关捐赠税收政策的公告》第 1 条至第 3 条;《国家税务总局关于支持新型冠状病毒感染的肺炎疫情防控有关税收征收管理事项的公告》第 1 条、第 2 条;《关于防控新型冠状病毒感染的肺炎疫情进口物资免税政策的公告》第 1 条至第 3 条。

专家解读

公益性捐赠税前扣除资格是社会组织两项重要的税收优惠措施之一,系捐赠者将其所得进行公益性捐赠时享受税前扣除的税收优惠政策。企业或个人通过获得公益性捐赠税前扣除资格的公益性社会团体或县级以上人民政府及其组成部门和直属机构,用于公益事业的捐赠支出,可以按规定进行所得税税前扣除,县级以上人民政府及其组成部门和直属机构的公益性捐赠税前扣除资格不需要认定。

捐赠人在确定拟捐赠的公益性社会团体是否取得公益性捐赠税前扣除资格时,可以登录慈善中国官方网站通过"慈善组织查询"栏目进行查询确认。需要注意的是,企业或个人需在名单所属年度内向名单内的公益性社会团体进行的公益性捐赠,才可享受相应的税收优惠。而且捐赠人享受税收优惠政策,需获取具有公益性捐赠税前扣除资格的社会组织开具的捐赠票据或《非税收入一般缴款书》收据联(需加盖该单位的印章)。

具体到额度和年限，对于企业而言，在年度利润总额12%以内的部分，准予在计算应纳税所得额时扣除；超过年度利润总额12%的部分，准予结转以后3年内在计算应纳税所得额时扣除。对于个人而言，捐赠额未超过纳税人申报的应纳税所得额30%的部分，可以从其应纳税所得额中扣除，应纳税所得额的扣减一般只能在发生捐赠的当年进行扣除。此外，需要注意的是，对于企业、事业单位、社会团体和个人等社会力量，通过中国医药卫生事业发展基金会用于公益救济性捐赠，准予在缴纳企业所得税和个人所得税前全额扣除。

新冠肺炎疫情期间，为支持新冠肺炎疫情防控工作，财政部、国家税务总局、海关总署先后出台鼓励公益捐赠的数项捐赠税收政策。新出台政策的具体措施包括：

第一，企业或个人通过公益性社会组织或县级以上人民政府及其部门等国家机关捐赠应对疫情的现金和物品允许企业所得税或个人所得税税前全额扣除。

第二，企业或个人直接向承担疫情防治任务的医院捐赠应对疫情物品允许企业所得税或个人所得税税前全额扣除。

第三，单位和个体工商户无偿捐赠应对疫情的货物免征增值税、消费税、城市维护建设税、教育费附加、地方教育附加。

第四，适度扩大《慈善捐赠物资免征进口税收暂行办法》规定的免税进口范围，对捐赠用于疫情防控的进口物资，免征进口关税和进口环节增值税、消费税。

上述措施均自2020年1月1日开始执行，其中前三项优惠政策适用的截止日期将视疫情控制情况另行公告，第四项优惠政策适用的截止日期为2020年3月31日。

135. 新冠肺炎疫情期间，慈善组织弄虚作假骗取税收优惠应承担什么责任？

法律依据

《慈善法》第 103 条、第 109 条；《中华人民共和国税收征收管理法》（以下简称《税收征收管理法》）第 64 条；《刑法》第 201 条。

专家解读

新冠肺炎疫情期间，慈善组织弄虚作假骗取税收优惠应承担以下责任。

第一，由税务机关依法查处。《税收征收管理法》第 64 条规定，纳税人、扣缴义务人编造虚假计税依据的，由税务机关责令限期改正，并处 5 万元以下的罚款。纳税人不进行纳税申报，不缴或者少缴应纳税款的，由税务机关追缴其不缴或者少缴的税款、滞纳金，并处不缴或者少缴的税款 50% 以上 5 倍以下的罚款。骗取税收优惠客观上导致了不缴或少缴税款，逃避了缴纳税款义务，属于逃税行为。根据上述规定，若慈善组织弄虚作假骗取税收优惠，则税务机关应当区分不同情况，依法进行查处。

第二，情节严重的，由民政部门吊销登记证书并予以公告。"情节严重"一般是指骗取税收优惠的次数多、数额大、造成的社会影响恶劣等。若慈善组织弄虚作假骗取税收优惠且情节严重的，民政部门将对其实施吊销登记证书的行政处罚。此外，慈善组织被依法吊销登记证书后，还应当将吊销登记证书的情况进行公告，向全社会进行公示，以避免被吊销登记证书的慈善组织欺骗群众继续开展活动。

第三，逃避缴纳税款数额较大并且占应纳税额 10% 以上的，承担刑事责任。《刑法》第 201 条规定，纳税人采取欺骗、隐瞒手段进行虚假纳税申报或者不申报，逃避缴纳税款数额较大并且占应纳税额 10% 以上的，处 3 年以下有期徒刑或者拘役，并处罚金；数额巨大并且占应纳税额 30% 以上的，处 3 年以上 7 年以下有期徒刑，并处罚金。因此，若慈善组织弄虚作假骗取税收优惠，数额较大并且占应纳税额 10% 以上的，应承担相应的刑事责任。

136. 抗击新冠肺炎疫情过程中，慈善组织应当向社会公开哪些慈善信息？

法律依据

《慈善法》第 72 条、第 73 条；《慈善组织信息公开办法》第 3 条至第 13 条。

专家解读

抗击新冠肺炎疫情过程中，慈善组织应当在统一信息平台向社会公开如下慈善信息。

一是基本信息。慈善组织的基本信息包括：（一）经民政部门核准的章程；（二）决策、执行、监督机构成员信息；（三）下设的办事机构、分支机构、代表机构、专项基金和其他机构的名称、设立时间、存续情况、业务范围或者主要职能；（四）发起人、主要捐赠人、管理人员、被投资方以及与慈善组织存在控制、共同控制或者重大影响关系的个人或者组织（以下简称重要关联方）；（五）本组织的联系人、联系方式，以本组织名义开通的门户网站、官方微博、官方微信或者移动客户端等网络平台；（六）本组织的信息公开制度、项目管理制度、财务和资产管理制度。基本信息中属于慈善组织登记事项的，由民政部门予以公开，慈善组织可以免予公开。具有公开募捐资格的慈善组织应当公开的基本信息还包括：按年度公开在本组织领取报酬从高到低排序前五位人员的报酬金额；本组织出国（境）经费、车辆购置及运行费用、招待费用、差旅费用的标准。

二是年度工作报告和财务会计报告。具有公开募捐资格的慈善组织的年度财务会计报告须经审计。

三是具有公开募捐资格的慈善组织应当定期向社会公开其募捐情况和慈善项目实施情况。需要注意的是，公开其募捐情况和慈善项目实施情况有时限要求，公开募捐周期超过六个月的，至少每 3 个月公开一次募捐情况，公开募捐活动结束后 3 个月内应当全面公开募捐情况；慈善项目实施周期超过六个月的，至少每 3 个月公开一次项目实施情况，项目结束后三个月内应当全面公开项目实施情况和募得款物使用情况。

四是重大资产变动、重大投资、重大交易及资金往来的具体内容和金额。慈善组织在发生重大资产变动、重大投资、重大交易及资金往来后 30 日内，向社会公开具体内容和金额。

五是关联交易等行为的具体内容和金额。慈善组织在下列关联交易等行为发生后 30 日内，应当在统一信息平台向社会公开具体内容和金额：（一）接受重要关联方捐赠；（二）对重要关联方进行资助；（三）与重要关联方共同投资；（四）委托重要关联方开展投资活动；（五）与重要关联方发生交易；（六）与重要关联方发生资金往来。

137. 抗击新冠肺炎疫情过程中，慈善信息公开有哪些注意事项？

法律依据

《慈善法》第 62 条、第 71 条、第 76 条；《传染病防治法》第 7 条；《政府信息公开条例》第 54 条、第 55 条；《医疗卫生服务单位信息公开管理办法（试行）》第 25 条；《慈善组织信息公开办法》第 20 条。

专家解读

当前防控疫情过程中，医院、红十字会等诸多非行政机关掌握了相关涉及疫情的信息，可能有当事人会向医院、红十字会等申请公开有关信息，如要求医院公开具体的死亡人数和救治新冠肺炎患者的具体情况等信息，向红十字会申请公开捐赠物资的使用、发放情况等信息。依据《传染病防治法》等法律法规，医院、红十字会属于提供公共服务的组织，并非法律、法规授权的具有管理公共事务职能的组织，当事人向医院、红十字会申请公开有关疫情的信息，不适用《政府信息公开条例》第 54 条规定，医院、红十字会等并非政府信息公开的法定主体。但是，为保障社会公众的知情权，医院、红十字会应当依据《政府信息公开条例》第 55 条、《医疗卫生服务单位信息公开管理办法（试行）》《慈善组织信息公开办法》等相关规定在其职责范围内向公众主动公开有关疫情的相关信息，如疫情预防控制措施及实施情况、捐赠物资使用情况等，以便公众掌握相关情况，更好地防控疫情。当事人认为医院、红十字会等未履行信息公开义务的，根据《政府信息公开条例》第 55 条的规定，公民、法人或其他组织可以向有关主管部门或者机构申诉，接受申诉的部门或机构应当及时调查处理并将处理结果告知申诉人。《医疗卫生服务单位信息公开管理办法(试行)》第 25 条规定，公民、法人或其他组织认为医疗卫生服务单位未依法履行信息公开义务的，可以向医疗卫生服务单位相关部门或者上级主管部门投诉举报。《慈善组织信息公开办法》第 20 条规定，慈善组织不及时公开应当公开的事项或者公开的事项不真实的，任何单位或者个人可以向民政部门投诉、举报。

抗击新冠肺炎疫情过程中，慈善组织进行信息公开时还应当注意以下事项。

一是公开信息时应当做到真实、完整、及时。根据《慈善法》第 71 条的规定，慈善组织、慈善信托的受托人应当依法履行信息公开义务。信息公开应当真实、完整、及时。也就是说，慈善组织在公开信息时不得弄虚作假、不得选择性公开且应当保证信息的时效性。抗击新冠肺炎疫情过程中，这三个原则尤为重要。

二是公开信息时应当以公开为原则，以不公开为例外。《慈善法》第 71 条规定了慈善信息公开的"真实、完整、及时"三个原则，但"完整"并不意味着"无一例外"。根据《慈善法》第 76 条的规定，以下信息不得公开。

第一，涉及国家秘密、商业秘密、个人隐私的信息。这是信息公开除外的一般性原则，许多法律、行政法规均依此原则对信息公开作出了例外规定。因此，所有涉及国家秘密、商业秘密、个人隐私的信息均不得公开，否则须依法承担相应的法律责任。需要说明的是，《慈善法》第62条规定，开展慈善服务，应当尊重受益人、志愿者的人格尊严，不得侵害受益人、志愿者的隐私。因此，尽管《慈善法》第76条没有对受益人的信息进行单独规定，但我们理解该条所规定的"个人隐私"也包含受益人的隐私。

第二，捐赠人、慈善信托的委托人不同意公开的姓名、名称、住所、通讯方式等信息。捐赠人、慈善信托的委托人明确表示不愿意公开上述信息的，慈善组织应尊重捐赠人、慈善信托的委托人的意愿，不得公开上述信息。因为这些信息不是慈善组织自身的信息，也不会与社会公众发生直接关联，因此，不公开不会侵害公众的知情权，也不会影响到公众对慈善组织的监督。

138. 哪些政府部门对抗击新冠肺炎疫情过程中的慈善活动负有监督管理职责？

法律依据

《慈善法》第6条、第92条。

专家解读

对慈善活动的日常监督管理职责主要由民政部门承担，其他有关部门在各自职责范围内做好相关工作。具体来说，包括以下几个方面。

第一，县级以上人民政府民政部门对慈善活动进行监督检查，对慈善行业组织进行指导。根据《慈善法》第 6 条的规定，国务院民政部门主管全国慈善工作，县级以上地方各级人民政府民政部门主管本行政区域内的慈善工作。民政部门是慈善组织的登记管理机关和慈善活动的监督管理部门，由于慈善组织是慈善活动的主要载体，所以民政部门以慈善组织为主要监督对象。

第二，财政、税务、审计等部门对慈善活动承担着不同的监管职责。财政、税务、审计部门要依法对慈善组织的财务会计、享受税收优惠和使用公益事业捐赠统一票据、财务会计报告的审计等情况进行监督管理。

第三，教育、卫生等领域的主管部门在各自职责范围内对慈善组织进行监督管理。由于慈善活动包括促进教育、科学、文化、卫生、体育等事业的发展，这些领域的主管部门在各自的职责范围内对慈善组织进行监督管理。

第四，税务、公安等部门还承担着对慈善组织相应违法行为进行处罚的职责。例如，《慈善法》第 103 条规定，慈善组织弄虚作假骗取税收优惠的，由税务机关依法查处。再如，《慈善法》第 107 条规定，自然人、法人或者其他组织假借慈善名义或者假冒慈善组织骗取财产的，由公安机关依法查处。

139. 新冠肺炎疫情期间，民政部门对涉嫌违法的慈善组织可以采取哪些措施，应当遵循什么程序？

法律依据

《慈善法》第 93 条、第 94 条；《中华人民共和国行政处罚法》（以下简称《行政处罚法》）第37条；《中华人民共和国商业银行法》（以下简称《商业银行法》）第30条。

专家解读

根据《慈善法》第93条的规定，新冠肺炎疫情期间，县级以上人民政府民政部门对涉嫌违法的慈善组织，有权采取以下措施。

一是对慈善组织的住所和慈善活动发生地进行现场检查。根据《行政处罚法》第37条、《慈善法》第94条的规定，县级以上人民政府民政部门对慈善组织有关单位和个人进行检查或者调查时，检查人员或者调查人员不得少于二人，应当向当事人或者有关人员出示合法证件和检查、调查通知书，并应当制作检查笔录。此外，检查人员或者调查人员与当事人有直接利害关系的，应当回避。

二是要求慈善组织作出说明，查阅、复制有关资料。民政部门作为慈善活动的监督检查机关，有权要求涉嫌违法的慈善组织就相关事项作出说明，并查阅、复制有关资料。但是需要注意的是，不能任意扩大查阅、复制资料的范围。

三是向与慈善活动有关的单位和个人调查与监督管理有关的情况。县级以上人民政府民政部门对有关单位和个人进行检查或者调查时，检查人员或调查人员不得少于二人，并应当出示合法证件和检查、调查通知书。

四是经本级人民政府批准，可以查询慈善组织的金融账户。根据《商业银行法》第30条的规定，对单位存款，商业银行有权拒绝任何单位或者个人查询，但法律、行政法规另有规定的除外。《慈善法》第93条对民政部门查询涉嫌违法的慈善组织金融账户作了特别规定，即属于《商业银行法》第30条中"法律、行政法规另有规定的除外"的情形。

五是法律、行政法规规定的其他措施。本项是兜底条款，如果法律、行政法规规定了其他措施的，民政部门也可以采取，也就是说，除了上述四项监督检查措施之外，民政部门还可以依据其他法律、行政法规规定，对涉嫌违法的慈善组织实施其他监督检查措施。例如，依据《行政处罚法》第 37 条的规定，行政机关在证据可能灭失或者以后难以取得的情况下，经行政机关负责人批准，可以先行登记保存。

140. 针对参与抗击新冠肺炎疫情的慈善组织的监督管理，主要有哪些专门制度？

法律依据

《慈善法》第 95 条、第 97 条；《慈善组织认定办法》第 11 条；《社会组织信用信息管理办法》第 9 条；《社会组织登记管理机关受理投诉举报办法（试行）》第 10 条、第 11 条。

专家解读

针对参与抗击新冠肺炎疫情的慈善组织的监督管理，主要有以下专门制度。

一是慈善组织及其负责人信用记录制度。慈善组织及其负责人信用记录主要是指县级以上人民政府民政部门在依法履职过程中生成和获取的与慈善组织及其负责人信用状况有关的记录。建立慈善组织及其负责人信用记录制度，对于转变政府部门管理方式、完善慈善组织监管制度、规范慈善组织健康有序发展都具有十分重要的意义。慈善组织及其负责人的信用建设是社会信用体系建设的重要组成部分，将慈善组织及其负责人信用记录制度纳入整体社会信用体系建设之中，将其在慈善活动和相关活动中的信用记录纳入整体的社会信用记录，能够有效地约束慈善组织及其从业人员的行为，实现全社会对慈善活动的有效监督。

二是慈善组织评估制度。慈善组织评估就是根据慈善组织的特征，以特定统一的指标体系为评议标准，遵循规范的科学方法和操作程序，通过定性和定量的对比分析，对慈善组织在一定时间段的组织管理情况、业务活动情况和通过活动所产生的社会效益及影响等作出客观、公正和准确的判断。建立慈善组织评估制度，开展慈善组织评估工作，有利于加强慈善组织自身建设，实现慈善组织自我管理、自我完善和自我监督；有利于政府管理部门全面了解慈善组织的运作状况，进而有针对性地进行监管，实现政府监管方式的科学化和规范化；有利于开拓社会公众与慈善组织的制度化沟通渠道，强化社会对慈善组织的检查和监督，更好地动员、利用社会力量对慈善组织进行多方位监督；有利于为政府向慈善组织转移职能和购买服务提供依据，充分发挥慈善组织在社会治理和公共服务中的积极作用。

三是投诉举报制度。《慈善法》第97条规定，任何单位和个人发现慈善组织、慈善信托有违法行为的，可以向民政部门、其他有关部门或者慈善行业组织投诉、举报。民政部门、其他有关部门或者慈善行业组织接到投诉、举报后，应当及时调查处理。为规范民政部门受理投诉举报工作，民政部专门制定了《社会组织登记管理机关受理投诉举报办法（试行）》，对投诉举报受理、调查核实、查处等程序予以规范。

诉讼仲裁法篇

新冠肺炎疫情的暴发对包括诉讼、仲裁、调解、信访等在内的各类纠纷的解决工作产生了严重影响。最高人民法院、最高人民检察院、人力资源和社会保障部、中国国际贸易促进委员会以及各地仲裁委员会等机构陆续出台了众多规范性司法文件，以便妥善处理疫情防控期间的纠纷解决工作。为便于当事人了解和掌握纠纷解决政策的最新变化，本篇就诉讼立案、开庭、送达、证据调查、财产保全、申诉信访、强制执行、延期与中止、商事仲裁、劳动仲裁、行政复议等法律问题，邀请来自高校和司法实务部门的法学法律专家进行解答。

本篇负责人介绍

刘君博，中央财经大学法学院副教授、硕士生导师，法学博士。现任中央财经大学诉讼法教研室主任、北京市房山区人民法院副院长（挂职）。

曾在《中国法学》《中外法学》《清华法学》《法学》《法律科学》《当代法学》等核心期刊发表专业学术论文 10 余篇，参编教材、专著 4 部，主持、参加国家社科基金、司法部、中国法学会、北京市社科基金等课题多项。曾获中国法学会第六届董必武青年法学成果奖二等奖。

史智军，北京市第三中级人民法院民一庭法官，法学博士（在读）。北京市法学会不动产法研究会理事，入选北京市政法系统"十百千"人才工程第三层次人才，长期从事民商事审判工作，审理的《王某诉李某抵押合同纠纷案》入选《最高人民法院公报》案例，撰写的案例先后多次荣获全国法院系统优秀案例分析评选活动二等奖、三等奖；在《法律适用》《人民司法》《民事审判指导与参考》《人民法院报》等期刊发表文章 40 余篇。

141. 在疫情防控期间，当事人如何到人民法院立案、开庭？

法律依据

《最高人民法院关于新冠肺炎疫情防控期间加强和规范在线诉讼工作的通知》；《最高人民法院关于人民法院推行立案登记制改革的意见》第 4 条；《中华人民共和国民事诉讼法》（以下简称《民事诉讼法》）第 146 条。

专家解读

在疫情防控期间，为了减少人员出行和聚集，切实维护诉讼参与人、法院干警的安全和健康，最高人民法院发布了《最高人民法院关于新冠肺炎疫情防控期间加强和规范在线诉讼工作的通知》，暂停了其线下诉讼服务和信访接待工作，那么在疫情防控期间，当事人如何到人民法院立案、开庭？对此需要结合现有法律和政策进行解读。

对于当事人如何立案，在疫情防控期间，最高人民法院、北京市高级人民法院、天津市高级人民法院、河北省高级人民法院等各地人民法院陆续发布通知，建议当事人利用网上诉讼服务平台进行网上立案，对于不便于网上立案的，当事人可以直接邮寄诉讼材料至相关人民法院。同时，《最高人民法院关于人民法院推行立案登记制改革的意见》中也强调推行网上立案，为当事人行使诉权提供便利。

对于当事人如何开庭，存在以下三种情况：其一，根据《最高人民法院关于新冠肺炎疫情防控期间加强和规范在线诉讼工作的通知》，在疫情防控期间，当事人不同意案件在线办理的，不得强制适用在线诉讼，可依据法律规定向人民法院申请延期审理。当事人因受新冠肺炎疫情影响无法按期参加庭审的，可根据《民事诉讼法》第 146 条的规定，向人民法院申请延期开庭审理。在案件审理过程中，当事人因受疫情影响无法按期到庭的，也可以参照上述规定申请延期。其二，在疫情防控期间，人民法院原则上推迟开庭活动。此时，当事人需要等待人民法院通知，在变更后的时间点进行庭审。其三，各级各地人民法院陆续发布依托移动微法院、智慧法院等网上平台，进行网上开庭等诉讼活动的通知。当事人同意网上开庭的可以通过移动微法院等网络平台进行网上开庭、视频庭审等诉讼活动。另外，对于一些因特殊原因需要线下开庭的，当事人、人民法院必须在做好疫情防控的前提下才能进行线下开庭审理。

142. 在疫情防控期间，人民法院如何开展送达、证据调查工作？

法律依据

《民事诉讼法》第 64 条、第 86 条至第 88 条、第 92 条；《最高人民法院关于适用〈中华人民共和国民事诉讼法〉的解释》第 135 条；《最高人民法院关于进一步加强民事送达工作的若干意见》第 14 条；《最高人民法院关于新冠肺炎疫情防控期间加强和规范在线诉讼工作的通知》。

专家解读

根据《民事诉讼法》的规定，在常规情形下，人民法院就送达工作而言，存在六种送达方式，分别为直接送达、留置送达、委托送达、邮寄送达、公告送达、电子送达。证据调查工作一般也是在线下进行。

各级人民法院可以加大电子送达适用力度，通过移动微法院、全国统一送达平台、电子邮件、即时通信账号等电子方式送达诉讼文书，使案件诉讼进程不因疫情防控影响而停止，确保案件审理得到有序推进。但是，适用电子送达方式，必须按照法律规定征得受送达人同意，且不得突破法律规定的文书范围，即一般不适用于判决书、裁定书、调解书。

对于人民法院的证据调查工作，在疫情防控期间，主要有以下两种做法：其一，改期进行，如广州市中级人民法院、深圳市中级人民法院发布通知，除公告送达的案件外，原定于 2 月 3 日以后一段时间内的开庭、调查、听证等诉讼活动，原则上改期，具体变更时间另行通知；其二，利用互联网平台在线进行，根据《最高人民法院关于新冠肺炎疫情防控期间加强和规范在线诉讼工作的通知》的规定，在疫情防控期间，要积极依托中国移动微法院、诉讼服务网等平台全面开展证据交换等在线诉讼活动。当事人通过电子化方式提交诉讼材料和证据材料的，经过人民法院审核通过后，可以不再提交纸质原件。另外，确需在线下进行证据调查工作的，需在做好防护的前提下进行。

143. 在疫情防控期间，当事人如何进行申诉信访？

法律依据

《最高人民法院关于新型冠状病毒疫情防控期间诉讼服务和申诉信访工作的通告》；《最高人民检察院关于新型冠状病毒疫情防控期间以来信、网络和电话方式接待群众来访工作的公告》。

专家解读

在疫情防控期间，对于申诉信访工作，最高人民法院、最高人民检察院都发布了相关通知。根据《最高人民法院关于新型冠状病毒疫情防控期间诉讼服务和申诉信访工作的通告》和《最高人民检察院关于新型冠状病毒疫情防控期间以来信、网络和电话方式接待群众来访工作的公告》的规定可知，在疫情防控期间，最高人民法院以及最高人民检察院的群众来访接待场所暂时关闭，恢复接待时间视疫情形势变化另行通知。

疫情防控期间，在关闭群众来访接待场所的情况下，当事人进行申诉信访的，可以通过网络、邮寄、电话三种方式进行。第一种方式：当事人可以通过中国法院网、移动微法院、12309 中国检察网等网络平台来进行申诉信访活动，并需要将申诉书、身份证明、证据材料及法律文书等相关文件压缩后作为附件上传至上述网络平台。第二种方式：在不能通过线上方式进行申诉信访活动时，当事人可以通过邮寄方式将需要提交的信访或申诉材料如申诉书、身份证明、证据材料及所有法律文书等邮寄至相关人民法院或检察院的申诉信访部门。第三种方式：当事人可以通过拨打12368 人工语音诉讼服务热线或者当地公布的信访投诉电话、12309 检察服务热线向各级人民法院或人民检察院进行申诉和信访，反映有关问题。

144. 在疫情防控期间，当事人如何申请强制执行？

法律依据

《民事诉讼法》第 236 条、第 239 条；《民法总则》第 194 条；《最高人民法院执行局关于做好防控新型冠状病毒感染肺炎疫情期间执行工作相关事项的通知》。

专家解读

在常规情形下，根据《民事诉讼法》的规定，发生法律效力的民事判决、裁定、调解书和其他应当由人民法院执行的法律文书，当事人必须履行。一方拒绝履行的，对方当事人可以向人民法院申请强制执行。在疫情防控期间，当事人如何申请强制执行？

根据最高人民法院执行局以及各省、自治区、直辖市发布的关于疫情防控期间有关诉讼执行工作的通知，在疫情防控期间为了配合疫情防控工作，建议当事人通过网上诉讼平台或依托移动微法院 APP 申请网上立案。因此，在疫情防控期间，当事人可以通过网上诉讼平台向人民法院申请强制执行。另外，当事人存在特殊情况不适用网上诉讼平台的，也可以通过电话联系人民法院立案、执行部门并通过邮寄方式提交强制执行申请材料，但应注明准确的联系方式和送达地址。

各级人民法院因防控、抗击疫情导致暂停、暂缓实施相关执行措施和事项的，要依照法律、司法解释规定及时办理案件期限顺延手续。如果当事人在申请强制执行时效期间的最后 6 个月内，因确诊、疑似新冠肺炎等情况被依法隔离无法如期向人民法院申请强制执行，也无法通过网上诉讼平台、特快专递等渠道提起强制执行申请的，可依据法律规定主张时效中止。但要注意，自中止时效的原因消除之日起 6 个月内，应积极行使请求权。同时，强制执行申请人应保存好确诊、疑似新冠肺炎的相关诊疗凭证或是相关隔离决定、通知等证明予以佐证。

145. 在疫情防控期间，当事人申请网上调解、网上开庭需要注意哪些事项？

法律依据

《最高人民法院关于新冠肺炎疫情防控期间加强和规范在线诉讼工作的通知》；《最高人民法院关于适用〈中华人民共和国民事诉讼法〉的解释》第 143 条。

专家解读

在疫情防控期间，由于疫情的影响，最高人民法院及各级人民法院陆续发布通知，暂时关闭线下诉讼服务场所，鼓励引导当事人进行网上立案、调解、审理等诉讼活动。疫情防控期间，当事人在申请网上调解、网上开庭时需要注意下列事项。

其一，《最高人民法院关于新冠肺炎疫情防控期间加强和规范在线诉讼工作的通知》规定，当事人明确同意在线开庭，但不按时参加或者庭审中擅自退出的，除经查明确属网络故障、设备损坏、电力中断或者不可抗力等原因外，可以认定为"拒不到庭"和"中途退庭"，分别按照诉讼法及相关司法解释的规定处理；在线庭审应当以在线视频方式进行，不得采取书面或者语音方式。因此，当事人在申请网上调解、网上开庭时，首先要确保自身存在能够进行网上调解、网上开庭的条件。

其二，《最高人民法院关于新冠肺炎疫情防控期间加强和规范在线诉讼工作的通知》规定，当事人同意案件在线办理的，应当在信息系统确认、留痕，确保相关诉讼活动的法律效力。因此，当事人在申请网上调解、网上开庭时要根据人民法院的相关提示进行，以确保能够在信息系统确认、留痕，确保相关诉讼活动的法律效力。当事人对在线达成的调解协议如果需要司法确认的，可以在法官指导下在线提出司法确认申请。

其三，当事人及其诉讼代理人通过在线方式申请网上调解、网上开庭的，应当依照提示正确上传相关材料。须进行线上身份认证，准确填写相关身份信息，确保身份的真实性。按照要求上传申请书、主体资格证明、证据目录及证据等必要诉讼材料图片。通过电子化方式提交相关诉讼材料，经人民法院审核通过后，可以不再提交纸质原件。

其四，当事人在申请网上调解时，首先需要了解自己的案件是否属于《最高人民法院关于适用〈中华人民共和国民事诉讼法〉的解释》第143条规定的不得调解的案件。上述条款规定，适用特别程序、督促程序、公示催告程序的案件，婚姻等身份关系确认案件以及其他根据案件性质不能进行调解的案件，不得调解。当事人在申请网上开庭时对于《通知》规定的不适用在线庭审的情况也应当注意。《最高人民法院关于新冠肺炎疫情防控期间加强和规范在线诉讼工作的通知》规定，民商事案件一般可以采取在线方式开庭，但案件存在双方当事人不同意在线庭审、不具备在线庭审技术手段、需现场查明身份、核对原件、查验实物等情形的，不适用在线庭审。

146. 在疫情防控期间，当事人如何申请延期审理？

法律依据

《民事诉讼法》第 83 条、第 146 条；《最高人民法院关于新冠肺炎疫情防控期间加强和规范在线诉讼工作的通知》；《最高人民法院关于严格规范民商事案件延长审限和延期开庭问题的规定》；《最高人民法院关于人民法院通过互联网公开审判流程信息的规定》。

专家解读

新冠肺炎疫情的发生属于重大突发公共卫生事件，具有突发性、难以预料性，具有不可避免和不能克服的客观情况，符合《民事诉讼法》第 146 条第(一) 项中的正当理由，当事人因此可以向人民法院申请延期审理。

当事人因新冠肺炎正在治疗、隔离期间，或者受疫情影响以及因疫情防控等原因无法参加庭审等诉讼活动的，如北京市各级人民法院、上海市各级人民法院、广东省高级人民法院、广州市中级人民法院等均通知可依法申请延期审理。并且各地各级人民法院均建议当事人可以采用邮寄、电话（相关人民法院案件受理通知书上所留电话或诉讼服务中心的电话）、信息服务平台（法院审判信息网、移动微法院 APP、诉讼服务微信公众号）等方式申请延期审理。诉讼主体的在线诉讼活动，与线下诉讼活动具有同等效力。根据《最高人民法院关于新冠肺炎疫情防控期间加强和规范在线诉讼工作的通知》的规定，在诉讼程序方面，强调了疫情防控期间该延期审理的案件原则上延期审理，对于符合诉讼中止条件的案件，依法中止审理或执行，对于申请诉讼期间顺延的，要根据实际情况依法充分保障当事人合法权益。对于情况紧急的案件，应当在做好防护措施的前提下开庭审理，有条件的可以采用视频开庭形式。若没有条件完成在线提交延期审理申请，当事人如确需来院参加诉讼活动，须佩戴口罩并在安检口接受体温检测后现场递交延期申请。

根据法律规定，人民法院应当将案件的延期开庭审理的情况及事由，按照《最高人民法院关于人民法院通过互联网公开审判流程信息的规定》，及时向当事人及其法定代理人、诉讼代理人公开。当事人及其法定代理人、诉讼代理人有异议的，可以依法向受理案件的人民法院申请监督。

147. 在疫情防控期间，如何对羁押中的犯罪嫌疑人进行讯问？

法律依据

《刑事诉讼法》第 116 条至第 121 条；《最高人民检察院关于在防控新型冠状病毒肺炎期间刑事案件办理有关问题的指导意见》。

专家解读

在疫情防控期间，对不同情况要具体处理，主要区分为疫情暴发前已经羁押的犯罪嫌疑人和疫情发生后羁押的犯罪嫌疑人，对于前者，公安机关、检察机关在讯问犯罪嫌疑人时，按照《刑事诉讼法》等法律规定进行讯问并加强卫生安全防范，而对于后者特别是针对办理妨害新冠肺炎疫情防控的犯罪嫌疑人，办案人员要格外注重自身安全，提升防范意识，增强在履行羁押、讯问等职能时的自我保护能力和防范能力。除依法必须当面接触的情形外，可以尽量采取书面审查方式，同时可以采取视频等方式讯问犯罪嫌疑人，以减少人员的聚集、见面交谈。

各地检察机关应加强与公安机关的沟通协调，对被刑事拘留的犯罪嫌疑人不予讯问的，可以通过刑事执行检察部门或看守所向犯罪嫌疑人送达听取犯罪嫌疑人意见书，书面听取意见，由犯罪嫌疑人填写并签字后及时收回审查附卷。

疫情期间，律师可以通过电话、信息、邮件等远程方式与案件承办人员进行沟通，对羁押中犯罪嫌疑人的讯问工作及时监督。

148. 在疫情防控期间，人民检察院审查逮捕、起诉需要注意哪些事项？

法律依据

《刑事诉讼法》第 169 条、第 171 条；《人民检察院刑事诉讼规则》

第 255 条至第 258 条；《最高人民检察院关于在防控新型冠状病毒肺炎期间刑事案件办理有关问题的指导意见》。

专家解读

结合上述法律规定，对于正在受理的审查逮捕、起诉案件，检察机关应当切实贯彻最高人民检察院提出的宽严相济刑事政策，宽严相济也是我国基本的司法政策之一。《最高人民检察院关于在防控新型冠状病毒肺炎期间刑事案件办理有关问题的指导意见》指出，各级检察机关在办理审查逮捕、审查起诉案件时，应综合考虑嫌疑人是否具有社会危险性、犯罪危害性大小、犯罪情节是否恶劣等因素，坚持可捕可不捕的不捕，可诉可不诉的不诉。该从严的从严，比如对于危害疫情防控、严重扰乱社会秩序的犯罪行为，依法从严把握。而检察机关对于情节轻微，未造成危害后果的，宜做相对不起诉处理，以减少人员接触与聚集，防止疫情的传播。

根据法律规定，在不同的阶段采取相应的对策和措施。在侦查阶段，若拘留期限届满未被决定逮捕的犯罪嫌疑人，要予以释放或者变更与解除强制措施。在审查起诉阶段，办案人员应当严格遵守办案期限。需要特别强调的是，人民检察院办理审查起诉的案件，必须严格依照法律规定的案件办结，对于犯罪嫌疑人未被羁押的案件，即使法律没有明确规定审查起诉的期限，也不能久拖不决，而应当切实保障犯罪嫌疑人的人身权利，提高办案质量和工作效率。

疫情防控期间，要保障诉讼程序规范合法，严格规范卷宗移送。严格做好消毒工作，在确保送达安全的前提下，减少人员接触，必要时可先送达电子卷宗进行案件审查；严格做好场所消毒，每天上班、下班做好检察事务服务中心办公场所的消毒工作，要求工作人员与办理相关业务的人员规范佩戴口罩、在经院大门处登记并测量体温正常后方可入院。

注意做好保密工作。对于疫情期间在线办公以及工作场所的变化等情况，严格要求执行相关保密规定，做到工作在家不泄密、网上办公不泄密。

注意强化沟通协调。人民法院、人民检察院、公安机关、司法行政机关要加强沟通协调，确保案件及时合法地完成审查逮捕与审查起诉工作，以提高司法公信力。

149. 在疫情防控期间，犯罪嫌疑人在押期间如何计算？

法律依据

《刑事诉讼法》第 105 条；《最高人民检察院关于在防控新型冠状病毒肺炎期间刑事案件办理有关问题的指导意见》；《最高人民检察院关于审查起诉期间犯罪嫌疑人脱逃或者患有严重疾病的应当如何处理的批复》。

专家解读

结合上述法律规定，期间开始的时和日不算在期间以内，对犯罪嫌疑人的在押期间的计算，法律有严格规定，办案人员应当严格遵守《刑事诉讼法》关于延长、重新计算羁押期限的规定，不得随意延长、重新计算羁押期限，如果在规定的期限内不能办结的，可以合法采取取保候审或者监视居住的办法。取保候审、监视居住期间，不计入办案期限。

根据《刑事诉讼法》关于期间计算的规定，出于对犯罪嫌疑人的合法权益的保护，期间的最后一日为节假日的，以节假日后的第一日为期满日期，但犯罪嫌疑人、被告人或者罪犯在押期间，应当至期满之日为止，不得因节假日而延长。比如5月1日是我国法律明确规定的劳动节，在押的嫌疑人，应当是5月1日到期，而不是5月4日到期。对于非羁押的犯罪嫌疑人，审查逮捕期限以节假日后的第一日为期满日。对于已经刑事拘留的犯罪嫌疑人，拘留期限届满未能作出逮捕决定的，应当变更或解除强制措施。对于审查起诉阶段，犯罪嫌疑人被羁押的，办案期限以二次退回补充侦查、三次延长审查期限为限，退查和延长应当以符合法律规定且客观必要为原则。

150. 在疫情防控期间，当事人如何申请商事仲裁立案、开庭？

法律依据

《中华人民共和国仲裁法》第41条、第74条；《突发事件应对法》第13条；《中国国际经济贸易仲裁委员会仲裁规则（2015版）》第37条；《中国国际经济贸易仲裁委员会关于新冠肺炎疫情防控期间工作安排的补充通知》。

专家解读

在现行法律法规中，对邮寄仲裁申请书没有禁止性规定，且全国范围内中国国际经济贸易仲裁委员会、北京仲裁委员会、深圳国际仲裁院、济南仲裁委员会等均建议当事人优先选择电话、电子邮件等方式进行联系，同时明确当事人及其代理人因新冠肺炎正在接受治疗、隔离观察或受到交通管制等无法按期提交案件材料、无法正常参加庭审等仲裁活动的，可依照仲裁规则的相关规定申请延期。

多个仲裁委员会均开通网上立案、电话调解、书面审理等服务。当事人、代理人在新冠肺炎疫情防控期间如因纠纷需要向仲裁委员会申请立案或提交证据材料的，可优先选择网上或邮寄方式立案以及通过邮寄、电子邮件等方式提交材料，减少外出，降低风险。

为做好新冠肺炎疫情防控工作，最大限度地减少人员聚集流动，切实保障诉讼群众的生命安全和身体健康，当事人、诉讼代理人因疫情防控不能按期参加庭审的，符合申请延期开庭的正当理由也可申请延期开庭审理，而具体延期开庭是否允许和确定的时间则由仲裁庭决定。

多个仲裁委员会均公布了新冠肺炎疫情防控期间的工作安排通知。

151. 在疫情防控期间，当事人如何申请劳动争议仲裁？

法律依据

《劳动人事争议仲裁办案规则》第 28 条、第 38 条；《中华人民共和国劳动争议调解仲裁法》（以下简称《劳动争议调解仲裁法》）第 27 条；《人力资源社会保障部办公厅关于妥善处理新型冠状病毒感染的肺炎疫情防控期间劳动关系问题的通知》。

专家解读

为减少人员聚集，阻断疫情传播，疫情防控期间多省（自治区、直辖市）实行交通管制，部分当事人和仲裁代理人参与仲裁存在困难；线下申请劳动争议仲裁也可能导致新冠肺炎聚集性传播的后果。在疫情防控期间，当事人如何申请劳动争议仲裁？

在疫情防控期间，当事人线下申请仲裁面临两大现实难题：一是面临交通管制，出行不便；二是大量人员在线下聚集可能导致疫情传播。实际上，随着各地劳动仲裁院的网络智慧平台建设，网上立案、在线仲裁／调解已经较为成熟。在当前疫情防控形势下，若当事人因劳动人事争议纠纷需要申请仲裁调解的，可优先选择网络途径。在线处理劳动人事纠纷不仅方便快捷，而且还能尽量减少双方往返和聚集次数，降低风险。目前多地劳动仲裁院已经采取网上立案、网上审理、网上调解的措施。以浙江省劳动人事争议调解仲裁网络平台为例，当事人、仲裁代理人可于注册后线上申请网络调解或网络仲裁。具体流程为：在官方网站注册／登录，登记并提交申请，等待仲裁委审核立案。若需要调解的，则可等待分派调解专家。提交证据材料也可通过该网络平台进行，书面申请的则被要求将相关材料邮寄至仲裁院。

若当事人因新冠肺炎正在治疗、隔离期间或受到交通管制原因不能在法定仲裁时效期间申请劳动人事争议仲裁的，仲裁时效中止。从中止时效的原因消除之日起，仲裁时效期间继续计算。而因前述原因无法参加近期庭审的，则可根据《劳动人事争议仲裁办案规则》第38条的规定，申请延期审理。

《劳动争议调解仲裁法》第27条规定，劳动争议申请仲裁的时效期间为一年。因不可抗力或者有其他正当理由，当事人不能在本条第一款规定的仲裁时效期间申请仲裁的，仲裁时效中止。从中止时效的原因消除之日起，仲裁时效期间继续计算。2020 年 1 月 24 日，《人力资源社会保障部办公厅关于妥善处理新型冠状病毒感染的肺炎疫情防控期间劳动关系问题的通知》第 3 条载明，因受疫情影响造成当事人不能在法定仲裁时效期间申请劳动人事争议仲裁的，仲裁时效中止。从中止时效的原因消除之日起，仲裁时效期间继续计算。因受疫情影响导致劳动人事争议仲裁机构难以按法定时限审理案件的，可相应顺延审理期限。

152. 在疫情防控期间，当事人如何向各地政府机关申请行政复议？

法律依据

《国务院办公厅关于延长 2020 年春节假期的通知》；《中华人民共和国行政复议法》（以下简称《行政复议法》）第 9 条；《中华人民共和国行政复议法实施条例》（以下简称《行政复议法实施条例》）第 41 条。

专家解读

受到新冠肺炎疫情影响，目前部分地区行政机关根据当地实际情况作出了暂停行政复议当面接待的措施。而不能暂停的，则要求当事人全程佩戴口罩，配合做好体温检测、身份信息登记等工作，如有发热等症状的，将被登记、劝返，告知到定点医疗机构发热门诊就医。不同于平常，如非必要，一般不建议当事人当面申请行政复议或递交材料。

关于申请方式。在新冠肺炎疫情防控期间，考虑到申请人可能受到交通管制的影响，不便出行，同时也为避免人员流动造成交叉感染风险，倡导以邮寄、传真等方式申请行政复议。各地行政机关陆续发布相关公告，目前多数行政复议机构已开通受理邮寄、传真方式递交申请的通道。若当地机关具备相应条件，已经建立网络平台的，当事人也可以考虑更为方便快捷的网上申请方式。而行政复议的审理原则上以书面审理为主，建议当事人优先使用电话、传真等方式联系复议工作人员，尽量减少出行，尽量避免当面接触，尽量避免到窗口现场提交复议材料，降低传播风险。有条件的，也可以通过视频、电话、网络、委托等形式参与后续的审理。

关于申请期限。根据《国务院办公厅关于延长 2020 年春节假期的通知》及各地推迟复工的安排，行政复议的申请时间届满日也相应顺延，若在 1 月 24 日至 2 月 2 日之间到期的，顺延至 2 月 3 日。如果当事人因新冠肺炎感染正在治疗、隔离期间，或者受到交通管制等无法及时提交行政复议申请的，则适用《行政复议法》第 9 条关于"因不可抗力或者其他正当理由耽误法定申请期限的，申请期限自障碍消除之日起继续计算"的规定，申请期限相应顺延至当事人出院、解除隔离或可以出行之时。而如果已经是在行政复议的审理期间，当事人因前述原因不能参加行政复议的，则适用《行政复议法实施条例》第 41 条的规定，依法中止行政复议，直至当事人的障碍事由消除。

153. 法定期间或人民法院指定期间在疫情防控期内发生届满情形的，能否因疫情防控事由而顺延？

法律依据

《民事诉讼法》第 82 条、第 83 条；《北京市海淀区人民法院关于新型冠状病毒感染肺炎疫情防控期间审判执行工作安排的公告》。

专家解读

因疫情防控事由导致当事人完成某种诉讼行为有困难，法定期间或人民法院指定期间在疫情防控期内发生届满情形的，该期间能否顺延，如何顺延，需要针对不同的期间类型，分别讨论。

一是对法定期间和指定期间的分类：法定期间是由法律直接规定的期间，如立案期间、公告期间、上诉期间等；指定期间是人民法院能够根据具体诉讼的实际情况依职权而指定的期间，如举证期间等。二是依期间能否变动，分为可变期间与不变期间。可变期间即人民法院可根据当事人的申请或依职权变更的期间，如举证期间等。不变期间是指该期间非因法律规定的情形，不允许人民法院或当事人变更的期间，如上诉期间、公告期间等。

《民事诉讼法》第 83 条规定，当事人因不可抗拒的事由或者其他正当理由耽误期限的，在障碍消除后的 10 日内，可以申请顺延期限，是否准许，由人民法院决定。全国人大常委会法制工作委员会已权威答复，此次新冠肺炎疫情为不可抗力事件，属于当事人无力克服或无法预防的事由。因此，当事人可在该疫情消除后 10 日内申请人民法院顺延期限。不过，如果当事人可通过其他方式继续行使诉讼权利的，人民法院也可以不准许顺延期限。如据《北京市海淀区人民法院关于新型冠状病毒感染肺炎疫情防控期间审判执行工作安排的公告》，在疫情防控期间可以通过网上方式进行立案、开庭、调解等工作，亦可通过邮寄方式向人民法院递交起诉状、证据材料。若当事人可以这些方式完成相应诉讼行为，人民法院有权不准许顺延期限。

人民法院决定准许顺延期限后，顺延的期限因法定期间和指定期间而有所不同。从上述分析可以看出，法定期间和指定期间在疫情防控期间届满的，顺延的处理存在差异。一是法定期间的顺延。法定期间应以实际耽误的期间为依据来计算顺延期间的长短。如裁定上诉的法定期间为 10 日，当事人在上诉期间开始后的第 5 日被确诊感染导致无法在近期提出上诉，人民法院经审查决定顺延期限的，应当自当事人治愈出院之日再往后顺延为感染所耽误的 5 日，因该期间为不变期间。二是指定期间的顺延。不同于固定顺延天数的法定期间，人民法院可以根据具体情况，决定顺延期限的长短。如人民法院指定了举证期间后，当事人在举证期间届满前因疫情防控事由无法举证，人民法院可以决定待相关事由消除后顺延举证期间及期间天数。

154. 若国际贸易合同因疫情导致无法履行的，如何申请开具不可抗力证明？

法律依据

《联合国国际货物销售合同公约》第 79 条；《中国国际贸易促进委员

会章程》第 7 条；《中国贸促会商事认证平台申请新冠疫情不可抗力事实性证明操作流程》。

专家解读

国际货物买卖合同成立后，有时客观情况会发生非当事人所能控制的变化，失去原有履行合同的基础，对此，法律可以免除未履行或未完全履行合同一方对另一方的违约责任，也就是不可抗力免责。《联合国国际货物销售合同公约》第 79 条将其表述为，当事人对不履行义务，不负责任，如果他能证明此种不履行义务，是由于某种非他所能控制的障碍，而且对于这种障碍，没有理由预期他在订立合同时能考虑到或能避免或克服它或它的后果。而在国际货物买卖合同中，通常会约定不可抗力条款，条款中一般会设置不可抗力的证明机构。受此次疫情影响，很多企业复工推迟，货物生产与物流供应链受到严重影响，继而导致国际贸易合同无法履行。企业如何申请开具不可抗力证明呢？证明机构又是谁？

根据国务院批准的《中国国际贸易促进委员会章程》的规定，这一证明机构为中国国际贸易促进委员会。近期，中国国际贸易促进委员会（以下简称"贸促会"）发表公告，称受新冠肺炎疫情影响而无法履行国际贸易合同的企业可向贸促会申请办理与不可抗力相关的事实性证明。企业可以通过贸促会的线上认证平台（http://www.rzccpit.com/）、QQ 群、电话等方式与当地的贸促会联系办理证书，实现"不见面办公"，维护企业的合法权益，帮助企业减少损失。

要申请办理不可抗力证明，企业需提交的佐证材料：企业所在地政府、机构出具的证明／公告；海陆空相关延运、延飞、取消等通知／证明；出口货物买卖合同、货物订舱协议、货运代理协议、报关单等；其他所能提供的材料。具体操作流程可以参见贸促会办理不可抗力证明公告的附件——《中国贸促会商事认证平台申请新冠疫情不可抗力事实性证明操作流程》。

········· 相 关 案 例 ·········

受疫情影响，国际班列停运，中国首家油气能源垂直领域的工业品跨境产业互联网平台——某国际电子商务有限公司，无法按照合同约定日期向境外客户交付货物，涉及货物金额约 1400 万元人民币。根据双方合同条款，如供货商不能按时或按量供应货物，每日需缴付未供货物或不足货物金额罚金最高达 70 万元，并且超期 1 个月后采购方有权单方面取消合同，供应商必须退还所有已付款项。该公司第一时间向客户解释了疫情期间交通受阻的情况，并希望可以保留订单、延迟交付货物。对方要求提供第三方部门出具的证明文件。

在了解到贸促会可出具不可抗力事实性证明后，该公司于 2 月 4 日深夜紧急联系当地贸促会，2 月 5 日贸促会开通绿色通道，指导企业上传资料、及时审核、快速出具了新冠肺炎疫情有关的不可抗力的事实性证明。该公司收到证明文件后第一时间将电子版发给外方客户，得到客户的理解和认可，同意在疫情好转后延期交付，项目可以继续执行，挽回了约 1400 万元的合同，减免了 70 万元的违约金。①

---

① 《部分外贸企业受疫情影响无法按期履约 "不可抗力事实性证明"有助降低违约责任风险》，证券日报网，见 http://www.zqrb.cn/finance/hangyedongtai/2020-02-17/A1581949516662.html，2020 年 3 月 13 日访问。

155. 在疫情防控期间，当事人如何在民事案件中申请财产保全？

法律依据

《民事诉讼法》第 100 条、第 101 条；《最高人民法院关于适用〈中华人民共和国民事诉讼法〉的解释》第 152 条；《最高人民法院关于人民法院办理财产保全案件若干问题的规定》第 1 条。

专家解读

面对当下的疫情，如果当事人确有财产保全的需要，可以通过网上提交保全申请书，财产保全线索，担保材料，申请人、被申请人的身份信息证明等担保所需材料完成申请。若存在需要通过身份验证，以此确定申请材料真实性、担保人真实意愿等情况，可以采用视频庭审形式进行。借助于以上形式，当事人可在"无接触"的情形下，完成申请。

此外，人民法院建立了网络执行查控系统，可以在很短时间内，通过互联网查控被执行人遍布全国范围内的存款、车辆等主要财产。故此，人民法院在作出裁定书后，可通过网络方式对保全财产采取查询、冻结、查封等执行措施。对于防疫期间的诉讼保全工作，人民法院原则上均可在线上开展，如果确需线下操作的，应当严格执行各人民法院、保全财产所在地区有关疫情防控的相关规定，采取妥当的执行措施。

156. 在疫情防控期间，债务人在案件中主张因疫情暴发对合同履行构成障碍的，举证问题如何解决？

法律依据

《民法总则》第 180 条；《民事诉讼法》第 64 条；《合同法》第 117 条、第 118 条。

专家解读

在疫情防控期间，或者因为疫情严重程度，或者因为政府的管控措施，部分合同如租赁合同、建设工程施工合同在履行过程中会出现难以正常履行的障碍。此时，结合疫情的防控程度和合同的履行情况，如果能够确定疫情在合同履行期间构成了不可抗力，那么根据《合同法》第 117 条的规定，当事人是可以全部或部分免除责任的，但前提是当事人一定要能够就此提供证据证明，所以，合同当事人树立起明确的证据意识非常重要。根据《民事诉讼法》第 64 条的规定，当事人对自己提出的主张，有责任提供证据，就证据的内容来说，主要集中在以下两个方面。

一是要注意保存疫情构成不可抗力的证据。在我国法律当中，不可抗力是指不能预见、不能避免且不能克服的客观情况，目前已确定新冠肺炎疫情事件构成不可抗力，然而是否能适用不可抗力相关条款免除全部或部分责任，需要通过证据综合判断，所以，受到影响的合同债务人一定要保留好相关的证据，其内容一般包括政府部门通知、公告、命令等；如果当事人是自然人，因患病治疗无法履行合同，要注意保留相关诊疗证明文件。

二是要注意保存通知合同另一方当事人的证据。《合同法》第 118 条规定，当事人一方因不可抗力不能履行合同的，应当及时通知对方，以减轻可能给对方造成的损失，并应当在合理期限内提供证明。所以，因受疫情的影响而难以正常履行合同的当事人，一定要就上述情况及时通知对方，否则应当承担相关责任。当事人应当在疫情及相关防控措施对其履行合同造成影响后的尽短时间内发出通知。如遇到邮政、快递等业务在疫情期间可能出现的暂停、延缓等情况，应当通过电子通信等手段及时通知。通知的内容应至少包括发生疫情的情况、对合同履行造成的障碍两大方面。此外，还可视情况在通知中加入对合同履行的预期、愿与对方协商解决合同履行障碍等方面的内容。

157. 在疫情防控期间，民事案件中证人到庭作证问题应如何处理？

法律依据

《民事诉讼法》第 72 条、第 73 条；最高人民法院《民事诉讼程序繁简分流改革试点方案》。

专家解读

《民事诉讼法》第 72 条规定，凡是知道案件情况的单位和个人，都有义务出庭作证。有关单位的负责人应当支持证人作证。审判实践中，证人一般应到人民法院出庭作证，接受审判人员和当事人的询问。

但就此次新冠肺炎疫情来说，不仅确诊人数众多，且传染性极强，在此情形下，很多地方的人民法院在处理证人作证的问题时，将减少接触、防范风险作为基本原则。依照《民事诉讼法》第 73 条的规定，证人因自然灾害等不可抗力或者其他有正当理由不能出庭的，经人民法院许可，可以通过书面证言、视听传输技术或者视听资料等方式作证。所以，此次疫情期间，很多地方的人民法院在遵循法律规定的基础上，最大限度地利用了书面证言、视听资料、视频传输等方式解决证人出庭问题。具体来说，在疫情防控期间，证人作证的处理方式也可以分为两种。其一，如果当事人均可以到庭，只是证人因为身在疫区或因疫情防控而无法到庭作证，那么可以采取提供书面证言或者录像光盘等方式进行作证；其二，如果各方当事人均无法到庭，人民法院依照最高人民法院《民事诉讼程序繁简分流改革试点方案》的规定进行在线视频方式开庭的，证人可以通过在线视频的方式完成"出庭"作证。至于具体细节上，人民法院应要求证人在作证之前签署保证书，并在法庭上宣读保证书的内容；证人应如实陈述事实，作虚假陈述将承担相应的法律后果，上述环节完全可以通过技术得以解决，在很多人民法院的同步视频庭审中，证人可以通过扫描二维码的方式，在移动设备上就保证书和笔录进行签字。

158. 在疫情防控期间，民事案件能否中止审理？

法律依据

《民事诉讼法》第 150 条；《最高人民法院关于适用〈中华人民共和国民事诉讼法〉的解释》第 246 条；《最高人民法院关于认真贯彻落实中央全面依法治国委员会第三次会议精神　切实做好防控新型冠状病毒感染肺炎疫情期间审判执行工作的通知》；《最高人民法院关于在防治传染性非典型肺炎期间依法做好人民法院相关审判、执行工作的通知》。

专家解读

一般情况下，人民法院受理案件后，应当依照法定程序连续进行，经过法定阶段作出裁判。但有时，也会出现某种无法克服和难以避免的特殊情况，使诉讼程序不能进行或者不宜进行，需要使诉讼程序暂时停止。根据《民事诉讼法》及其司法解释的规定，人民法院在审理案件过程中，如出现一方当事人死亡、丧失诉讼行为能力、因不可抗拒的原因不能参加诉讼等法定情形时，应暂停本案一切诉讼活动，裁定中止诉讼。那么，在疫情防控期间，民事案件能否中止审理呢？对此，应当根据法律规定，结合案件受疫情影响的具体情形加以解读。

2020 年 2 月，最高人民法院下发了《关于认真贯彻落实中央全面依法治国委员会第三次会议精神　切实做好防控新型冠状病毒感染肺炎疫情期间审判执行工作的通知》，其中在诉讼程序方面，强调了疫情防控期间该延期审理的案件原则上延期审理，对于符合诉讼中止条件的案件，依法中止审理或执行，对于申请诉讼期间顺延的，要根据实际情况依法充分保障当事人合法权益。当事人在新冠肺炎疫情防控期间，如出现《民事诉讼法》第150条第（一）项、第（二）项、第（三）项、第（五）项中止诉讼情形的，较易判断，按照一般规则处理即可。而受疫情影响是否属于《民事诉讼法》第150条第（四）项规定的"一方当事人因不可抗拒的事由，不能参加诉讼的"情形，尚需进一步明确。在无明文规定的情况下，可以结合当前新冠肺炎疫情防控的现实情况，参照2003年6月颁布的《最高人民法院关于在防治传染性非典型肺炎期间依法做好人民法院相关审判、执行工作的通知》的规定，认定下列情形构成中止审理的情形：（一）当事人或者其他必须出庭的诉讼参与人或者诉讼参加人为新冠肺炎患者、疑似新冠肺炎患者或者被依法隔离人员的；（二）当事人或者其他必须出庭的诉讼参与人或者诉讼参加人因被采取隔离措施或被限制交通出行而不能参加诉讼活动的；（三）当事人因受理法院所在地新冠肺炎疫情较为严重或限制交通出行而提出中止诉讼的；（四）为有利于新冠状肺炎的防治，人民法院认为应当中止诉讼的其他情形。当然，是否裁定中止诉讼，人民法院还需结合各地区疫情防控情况和案件类型综合判断。

需要说明的是，中止诉讼的效力体现为：除了已经作出的财产保全和先予执行的裁定需要继续执行以外，一切属于本案诉讼程序的活动一律暂停，但已经进行的一切诉讼行为继续有效。中止诉讼的原因消除后，诉讼恢复，诉讼程序即从恢复之日起继续进行。

159. 在疫情防控期间，人民法院可否因疫情而延长民事案件的审理期限？

法律依据

《民事诉讼法》第 149 条、第 176 条；《最高人民法院关于严格规范民商事案件延长审限和延期开庭问题的规定》第 1 条。

专家解读

对于人民法院而言，每个案件都有一定的审理期限，依照《民事诉讼法》的规定，在常规情形下，一审普通程序案件的审限是 6 个月，简易程序案件的审限是 3 个月；针对判决上诉的二审案件的审限是 3 个月，针对裁定上诉的二审案件的审限是 30 日。然而，在此次新冠肺炎疫情防控期间，如果人民法院难以在常规期限内审结案件，可否延长审限？对此，需要结合现有的法律规定进行解读。

《民事诉讼法》第 149 条规定，人民法院适用普通程序审理的案件，应当在立案之日起 6 个月内审结。有特殊情况需要延长的，由本院院长批准，可以延长 6 个月；还需要延长的，报请上级人民法院批准。《最高人民法院关于严格规范民商事案件延长审限和延期开庭问题的规定》第 1 条规定，人民法院审理民商事案件时，应当严格遵守法律及司法解释有关审限的规定。适用普通程序审理的第一审案件，审限为 6 个月；适用简易程序审理的第一审案件，审限为 3 个月。审理对判决的上诉案件，审限为 3 个月；

审理对裁定的上诉案件，审限为 30 日。法律规定有特殊情况需要延长审限的，独任审判员或合议庭应当在期限届满 15 日前向本院院长提出申请，并说明详细情况和理由。院长应当在期限届满 5 日前作出决定。经本院院长批准延长审限后尚不能结案，需要再次延长的，应当在期限届满 15 日前报请上级人民法院批准。上级人民法院应当在审限届满五日前作出决定。

结合上述法律规定的内容，可知人民法院在审理案件过程中，如果在常规审限之内因为特殊情况无法审结案件的，经过本院院长或者上级人民法院批准，是可以延长审限的。那么，新冠肺炎疫情是否属于特殊情况呢？这个问题需要结合不同地域和个案的情况综合判断，具体来说，建立在两个基本的前提之下。第一个前提是需要区分案件是已经审理完毕还是未审理完毕。第二个前提是需要区分疫情和由此而引发的行政管控措施的程度。在案件已审理完毕时，如果因为疫情影响导致审判人员无法正常上班工作，则属于"特殊"情况，可依法定程序延长审限；反之，则审理期限无法因疫情延长。在案件尚未审理完毕时，如果因为疫情导致审判人员无法上班工作或当事人无法参加庭审，则属于"特殊"情况，可依照法定程序延长审限；反之，则审理期限无法因疫情而延长。

160. 在疫情防控期间，民事案件的除斥期间是否会因此而产生变化？

法律依据

《民法总则》第 194 条、第 199 条。

专家解读

法律规定或者当事人约定的撤销权、解除权等权利的存续期间，为除斥期间。关于除斥期间的规定散见于各法律法规、司法解释的具体规定。在我国法律规范中，适用除斥期间的权利主要有赠与人行使撤销权的期间、行使合同解除权的期间、建设工程承包人行使优先权的期间等。

除斥期间与诉讼时效都是对权利行使的时间限制。根据《民法总则》第194条的规定，在此次疫情事件构成不可抗力的情形下，当事人可以举证证明因疫情影响而导致其自身不能及时行使请求权的具体情形，进而请求诉讼时效中止。根据现有法律规定，除斥期间不适用有关诉讼时效中止、中断和延长的规定，一旦届满，权利人就丧失了实体权利。在民事诉讼中，即使当事人不援用除斥期间的抗辩，人民法院也会依职权主动审查。当下，因疫情暴发及相关防控措施，可能对撤销权、解除权的行使造成一定影响；但权利人仍应注意权利的存续期间，及时通过适当、可行的方式向相对人行使，避免因期间届满而失权。当然，从当事人的角度而言，如果权利确因经过除斥期间而消灭的，也可尝试与相对人协商采取补救措施，在对方同意的情况下重新设定合同，平衡双方的权利义务关系。此处，应特别注意，撤销因重大误解订立的合同或者显失公平的合同的期间、撤销因欺诈或者胁迫订立的合同期间以及债权人行使撤销权的期间在法律定性上通说均认为属于除斥期间；但经仔细探究不难发现，上述撤销权的行使期间与典型除斥期间还是有区别的，除斥期间届满丧失的是解除权等实体权利，而上述撤销权要通过诉讼、仲裁途径行使，而对这类行使诉权的期间能否适用中止、中断，目前没有明确的法律或司法解释的规定，有待于立法的进一步明确。目前在司法实务中仍将其作为除斥期间对待。

附录 本书所涉的部分法律依据

《慈善捐赠物资免征进口税收暂行办法》

《慈善组织认定办法》《慈善组织公开募捐管理办法》

《慈善组织信息公开办法》

《工伤保险条例》

《关于发行监管工作支持防控新型冠状病毒感染肺炎疫情相关安排的通知》

《关于防控新型冠状病毒感染的肺炎疫情进口物资免税政策的公告》

《关于贯彻执行〈中华人民共和国劳动法〉若干问题的意见》

《关于加强中央企业对外捐赠管理有关事项的通知》

《文化和旅游部办公厅关于全力做好新型冠状病毒感染的肺炎疫情防控工作暂停旅游企业经营活动的紧急通知》

《国家突发公共卫生事件应急预案》

《国务院办公厅关于改革完善仿制药供应保障及使用政策的意见》

《互联网新闻信息服务管理规定》

《价格违法行为行政处罚规定》

《劳动人事争议仲裁办案规则》

《联合国国际货物销售合同公约》

《民事诉讼程序繁简分流改革试点方案》

《女职工劳动保护特别规定》

《企业职工患病或非因工负伤医疗期规定》

《全国法院破产审判工作会议纪要》

《人民检察院刑事诉讼规则》

《上市公司信息披露管理办法》

《上市公司章程指引》

《上市公司重大资产重组管理办法》

《社会组织登记管理机关受理投诉举报办法（试行）》

《社会组织信用信息管理办法》

《深圳证券交易所股票上市规则》

《突发公共卫生事件应急条例》

《突发公共卫生事件与传染病疫情监测信息报告管理办法》

《医疗废物管理条例》

《医疗器械监督管理条例》

《医疗器械生产监督管理办法》等

《医疗卫生服务单位信息公开管理办法（试行)》

《志愿服务条例》

《中国国际经济贸易仲裁委员会关于新冠肺炎疫情防控期间工作安排的补充通知》

《中国国际经济贸易仲裁委员会仲裁规则（2015 版)》

《中国国际贸易促进委员会章程》

《中国人民银行、财政部、银保监会、证监会、外汇局关于进一步强化金融支持防控新型冠状病毒感染肺炎疫情的通知》

《中华人民共和国产品质量法》

《中华人民共和国传染病防治法》

《中华人民共和国传染病防治法实施办法》

《中华人民共和国慈善法》

《中华人民共和国道路运输条例》

《中华人民共和国电子商务法》

《中华人民共和国个人所得税法》

《中华人民共和国个人所得税法实施条例》

《中华人民共和国公司法》

《中华人民共和国公益事业捐赠法》

《中华人民共和国固体废物污染环境防治法》

《中华人民共和国广告法》

《中华人民共和国合同法》

《中华人民共和国红十字会法》

《中华人民共和国价格法》

《中华人民共和国劳动法》

《中华人民共和国劳动合同法》

《中华人民共和国劳动合同法实施条例》

《中华人民共和国劳动争议调解仲裁法》

《中华人民共和国旅游法》

《中华人民共和国民法总则》

《中华人民共和国民事诉讼法》

《中华人民共和国企业破产法》

《中华人民共和国企业所得税法》

《中华人民共和国企业所得税法实施条例》

《中华人民共和国侵权责任法》

《中华人民共和国商标法》

《中华人民共和国税收征收管理法》

《中华人民共和国突发事件应对法》

《中华人民共和国宪法》

《中华人民共和国消费者权益保护法》

《中华人民共和国刑事诉讼法》

《中华人民共和国行政处罚法》

《中华人民共和国行政复议法》

《中华人民共和国行政复议法实施条例》

《中华人民共和国行政诉讼法》

《中华人民共和国行政许可法》

《中华人民共和国药品管理法》

《中华人民共和国野生动物保护法》

《中华人民共和国证券法》

《中华人民共和国政府信息公开条例》

《中华人民共和国执业医师法》

《中华人民共和国治安管理处罚法》

《中华人民共和国仲裁法》

《中华人民共和国专利法》

《中华人民共和国专利法实施细则》

《专利实施强制许可办法》

《最高人民法院、最高人民检察院关于办理妨害预防、控制突发传染病疫情等灾害的刑事案件具体应用法律若干问题的解释》

《最高人民法院、最高人民检察院关于办理生产、销售伪劣商品刑事案件具体应用法律若干问题的解释》

《最高人民法院关于人民法院办理财产保全案件若干问题的规定》

《最高人民法院关于人民法院通过互联网公开审判流程信息的规定》

《最高人民法院关于审理建设工程施工合同纠纷案件适用法律问题的解释（二）》

《最高人民法院关于适用〈中华人民共和国公司法〉若干问题的规定（四）》

《最高人民法院关于适用〈中华人民共和国企业破产法〉若干问题的规定（三）》

《最高人民法院关于严格规范民商事案件延长审限和延期开庭问题的规定》

《最高人民检察院关于审查起诉期间犯罪嫌疑人脱逃或者患有严重疾病的应当如何处理的批复》

《财政部、国家税务总局、民政部关于公益性捐赠税前扣除有关问题的补充通知》

《财政部、国家税务总局、民政部关于公益性捐赠税前扣除有关问题的通知》

《财政部、国家税务总局关于中国医药卫生事业发展基金会捐赠所得税政策问题的通知》

《财政部、税务总局关于支持新型冠状病毒感染的肺炎疫情防控有关捐赠税收政策的公告》

《财政部关于企业加强职工福利费财务管理的通知》

《最高人民法院、最高人民检察院、公安部、司法部关于依法惩治妨害新型冠状病毒感染肺炎疫情防控违法犯罪的意见》

《市场监管总局关于新型冠状病毒感染肺炎疫情防控期间查处哄抬价格违法行为的指导意见》

《国家税务总局关于支持新型冠状病毒感染的肺炎疫情防控有关税收征收管理事项的公告》

国务院《保障农民工工资支付条例》

《国务院办公厅关于延长 2020 年春节假期的通知》

海关总署《关于用于新型冠状病毒感染的肺炎疫情进口捐赠物资办理通关手续的公告》

民政部、财政部、国家税务总局《关于慈善组织开展慈善活动年度支出和管理费用的规定》

《民政部关于动员慈善力量依法有序参与新型冠状病毒感染的肺炎疫情防控工作的公告》

民政部《关于规范基金会行为的若干规定（试行）》

民政部《志愿服务记录办法》

《慈善组织、红十字会依法规范开展疫情防控慈善募捐等活动指引》

《全国人民代表大会常务委员会关于〈中华人民共和国刑法〉第九章渎职罪主体适用问题的解释》

《全国人民代表大会常务委员会关于〈中华人民共和国刑法〉第三百八十四条第一款的解释》

《人力资源社会保障部、财政部、国家卫生健康委关于因履行工作职责感染新型冠状病毒肺炎的医护及相关工作人员有关保障问题的通知》

《人力资源社会保障部、全国总工会、中国企业联合会／中国企业家协会、全国工商联关于做好新型冠状病毒感染肺炎疫情防控期间稳定劳动关系支持企业复工复产的意见》

《人力资源社会保障部办公厅关于妥善处理新型冠状病毒感染的肺炎疫情防控期间劳动关系问题的通知》

原国家卫生和计划生育委员会、国家中医药管理局《卫生计生单位接受公益事业捐赠管理办法（试行）

原劳动部《工资支付暂行规定》

中国人民银行、民政部《社会组织反洗钱和反恐怖融资管理办法》

海关总署公告〔2010〕43 号《关于调整进出境个人邮递物品管理措施有关事宜》

中央网络安全和信息化委员会办公室《关于做好个人信息保护利用大数据支撑联防联控工作的通知》

《最高人民法院、最高人民检察院、公安部、司法部、国家卫生和计划生育委员会关于依法惩处涉医违法犯罪维护正常医疗秩序的意见》

《最高人民法院、最高人民检察院关于办理渎职刑事案件适用法律若干问题的解释（一）》

《最高人民法院、最高人民检察院关于办理非法利用信息网络、帮助信息网络犯罪活动等刑事案件适用法律若干问题的解释》

《最高人民法院、最高人民检察院关于办理环境污染刑事案件适用法律若干问题的解释》

《最高人民法院、最高人民检察院关于办理敲诈勒索刑事案件适用法律若干问题的解释》

《最高人民法院、最高人民检察院关于办理贪污贿赂刑事案件适用法律若干问题的解释》

《最高人民法院、最高人民检察院关于办理诈骗刑事案件具体应用法律若干问题的解释》

《最高人民法院关于进一步加强民事送达工作的若干意见》

《最高人民法院关于人民法院推行立案登记制改革的意见》

《最高人民法院关于审理非法行医刑事案件具体应用法律若干问题的解释》

《最高人民法院关于审理旅游纠纷案件适用法律若干问题的规定》

《最高人民法院关于审理掩饰、隐瞒犯罪所得、犯罪所得收益刑事案件适用法律若干问题的解释》

《最高人民法院关于审理政府信息公开行政案件若干问题的规定》

《最高人民法院关于适用〈中华人民共和国合同法〉若干问题的解释（二）》

《最高人民法院关于适用〈中华人民共和国民事诉讼法〉的解释》

《最高人民法院关于新冠肺炎疫情防控期间加强和规范在线诉讼工作的通知》

《最高人民法院关于新型冠状病毒疫情防控期间诉讼服务和申诉信访工作的通告》

《最高人民法院执行局关于做好防控新型冠状病毒感染肺炎疫情期间执行工作相关事项的通知》

《最高人民检察院、公安部关于公安机关管辖的刑事案件立案追诉标准的规定（二）》

《最高人民检察院关于新型冠状病毒疫情防控期间以来信、网络和电话方式接待群众来访工作的公告》

参考文献

1. 曹后军:《由两则案例谈劳动合同中止问题》,《中国劳动》2018 年第 2 期。

2. 曹燕:《劳动法中工资概念的反思与重构》,《法学家》2011 年第 4 期。

3. 陈兴良主编,周光权、车浩副主编:《刑法各论精释》(上、下),人民法院出版社 2015 年版。

4. 达庆东、田侃主编:《卫生法学纲要》第 4 版,复旦大学出版社 2011 年版。

5. 冯淑英:《劳动合同试用期若干实务问题探讨》,《山东审判》2015 年第 2 期。

6. 付子堂:《非典危机与突发公共卫生事件应急法律制度》,《西南政法大学学报》2003 年第 4 期。

7. 贺荣主编:《行政执法与行政审判实务——依法行政与行政诉讼》,人民法院出版社 2005 年版。

8. 黄丁全:《医事法新论》,法律出版社 2013 年版。

9. 侯玲玲:《劳动法上工资之界定》,《人民司法》2013 年第 11 期。

10. 姜瀛:《网络寻衅滋事罪"口袋效应"之实证分析》,《中国人民公安大学学报(社会科学版)》2018 年第 2 期。

11. 金锦萍：《〈慈善法〉实施后网络募捐的法律规制》，《复旦学报（社会科学版）》2017 年第 4 期。

12. 朗胜主编：《中华人民共和国刑法释义》第六版，法律出版社 2015 年版。

13. 雷孟林：《"黑车"认定分析》，《交通企业管理》2009 年第 4 期。

14. 李昌凤：《我国药品专利强制许可制度的缺陷及完善路径》，《行政与法》2019 年第 2 期。

15. 李适时主编：《中华人民共和国民法总则释义》，法律出版社 2017 年版。

16. 李自柱：《销售商销售"三无产品"不能免除侵权责任》，《人民司法》2012 年第 12 期。

17. 刘炫麟：《论传染病防控中的疫情报告制度》，《法律适用》2020 年第 5 期。

18. 马剑银：《"慈善"的法律界定》，《学术交流》2016 年第 7 期。

19. 全国人大内务司法委员会内务室编著：《中华人民共和国慈善法释义》，中国法制出版社 2016 年版。

20. 全国人大内务司法委员会内务室、民政部政策法规司编著：《中华人民共和国慈善法学习问答》，中国法制出版社 2016 年版。

21. 饶伊蕾：《殴打型寻衅滋事罪与故意伤害罪之辨析》，《人民法院报》2017 年 6 月 29 日。

22. 沈德咏主编：《最高人民法院民事诉讼法司法解释理解与适用》，人民法院出版社 2015 年版。

23. 沈德咏主编：《〈中华人民共和国民法总则〉条文理解与适用》，人民法院出版社 2017 年版。

24. 宋艺秋：《论突发事件中的个人信息保护》，《河南师范大学学报（哲学社会科学版)》2010 年第 5 期。

25. 王岳主编:《医事法》,人民卫生出版社 2019 年版。

26. 王守俊:《我国需要建立统一的劳动合同中止制度》,《中国劳动》2009 年第 10 期。

27. 汪建荣:《中国医疗法》,法律出版社 2018 年版。

28. 谢杰:《妨害新冠肺炎疫情防控犯罪问题的刑法分析》,《民主与法制时报》2020 年 2 月 11 日。

29. 解志勇主编:《卫生法学通论》,中国政法大学出版社 2019 年版。

30. 姚诗:《非法行医罪"情节严重"的解释立场与实质标准》,《政治与法律》2012 年第 4 期。

31. 易继明:《专利的公共政策——以印度首个专利强制许可案为例》,《华中科技大学学报(社会科学版)》2014 年第 2 期。

32. 张静、赵敏主编:《卫生法学》第 2 版,清华大学出版社 2020 年版。

33. 张明楷:《寻衅滋事罪探究》(上、下篇),《政治与法律》2008 年第 1 期、第 2 期。

34. 张明楷:《刑法分则的解释原理》(上、下),中国人民大学出版社 2011 年版。

35. 张新宝:《个人信息收集:告知同意原则适用的限制》,《比较法研究》2019 年第 6 期。

36. 邹海林:《债权申报若干基本问题研讨》,《中外法学》1994 年第 1 期。

37.《婚宴办不成了!想要退全款却被酒店拒绝了……怎么办?》,萧山网,见 http://www.xsnet.cn/news/shms/2020_2/3179011.shtml。

38.《起草者权威回应慈善法热点问题慈善法对个人求助行为不禁止》,中国人大网,见 http://www.npc.gov.cn/zgrdw/npc/xinwen/2016-03-22/content_1985847.htm。

39.《中消协调查疫情防护产品"砍单"商家，要求电商平台加强管理》，澎湃新闻，见 https://www.thepaper.cn/newsDetail_forward_5976218。

40.Coombs，W. Timothy，*Ongoing Crisis Communication-Planning*，*Managing and Responding*，New York：Sage Publication，Inc.，2014.